文化创意产业职业技能培训教材
影视动画职业技能培训系列丛书

材质与渲染制作

北京寒武创世数字科技有限公司　编

中国就业培训技术指导中心　审

電子工業出版社
Publishing House of Electronics Industry
北京·BEIJING

内 容 简 介

本书详细讲述了 3ds max 软件的灯光和材质渲染部分的内容。全书采用软件功能讲述与实例制作相结合的教学方法，详细介绍了材质编辑器、灯光的调节、默认渲染器以及高级渲染器 mental ray 的使用技巧和经验。

通过书中众多的典型实例，让读者在实战中学习，在实战中成长。通过实战使读者能够高效并独立地完成三维场景的材质、灯光和渲染并做出相对成熟的作品。

图书在版编目（CIP）数据

材质与渲染制作 / 北京寒武创世数字科技有限公司编. 北京：电子工业出版社，2010.3
（影视动画职业技能培训系列丛书）
文化创意产业职业技能培训教材
ISBN 978-7-121-10307-0

Ⅰ. 材… Ⅱ. 北… Ⅲ. 三维－动画－图形软件－技术培训－教材 Ⅳ. TP391.41

中国版本图书馆 CIP 数据核字（2010）第 017128 号

策划编辑：关雅莉
责任编辑：贾晓峰　　文字编辑：刘　凡
印　　刷：北京天宇星印刷厂
装　　订：三河市皇庄路通装订厂
出版发行：电子工业出版社
　　　　　北京市海淀区万寿路 173 信箱　邮编：100036
开　　本：787×1092　1/16　印张：11.25　字数：290 千字
印　　次：2010 年 3 月第 1 次印刷
印　　数：3 500 册　　定价：34.80 元

凡所购买电子工业出版社图书有缺损问题，请向购买书店调换。若书店售缺，请与本社发行部联系，联系及邮购电话：（010）88254888。

质量投诉请发邮件至 zlts@phei.com.cn，盗版侵权举报请发邮件至 dbqq@phei.com.cn。

服务热线：（010）88258888。

序

动漫产业是指以“创意”为核心，以动画、漫画为表现形式的生产和经营的产业。近年来，在有关政策和新技术传播手段的推动下，加上动漫企业的不懈努力，我国动漫产业得到了迅速发展，成为文化创意产业中发展最快的一个领域。我国动漫市场发展潜力巨大，人才需求广阔，得到了政府的高度重视。国务院办公厅在《关于推动我国动漫产业发展若干意见的通知》中提出将支持动漫人才的培养提高到增强产业发展后劲的高度上，要求扩大人才培养规模，改革人才培养模式。

当前，我国正处于由制造大国向原创大国迈进的关键时期，在这样一个时候我们应清醒地看到，在国内动漫产业振兴的同时还面临着人才的困惑。目前我国缺乏动漫游戏相关的人才，其中最缺的是实用型的操作人才和有创新能力的高端人才，人才的短缺已经在一定程度上制约了动漫游戏产业的健康有序发展。

为推动动漫游戏领域职业培训工作的健康、快速发展，培养和提高动画和游戏产业一线技能人才的就业质量，人力资源和社会保障部在《技能人才职业导向式培训模式标准研究》课题中设立了“动画、动漫”分课题，作为课题成果起草了《动画、动漫专项职业能力考核规范》。北京寒武创世数字科技有限公司作为课题的积极参与者和业界技能人才培养的推动者，在此基础上组织编写了《影视动画职业技能培训系列丛书》及《手机游戏职业技能培训系列丛书》。该系列丛书提倡以职业为导向，体现职业岗位的工作顺序，突出职业技能的培养。丛书的编写人员均是来自企业一线的资深从业人员，他们结合自己的实践体验和经验总结，将自身“全接触”的独特感受奉献给广大读者，可以说是为动画和手机游戏的初学者及从业人员提供了学习技能的有效途径，从而帮助他们进入动画和手机游戏创作的自由空间。

《影视动画职业技能培训系列丛书》包括原画设定、模型制作、动画制作、材质与渲染制作、特效制作、后期合成 6 个专项职业能力培训教程。《手机游戏职业技能培训系列丛书》包括手机游戏测试、策划、程序开发、美术设计 4 个专项职业能力培训教程。

动漫游戏在我国尚属新兴产业，以上两套丛书的编写均是本着从实践出发的原则进行的。希望该系列丛书的出版，能够对动漫游戏领域的职业培训工作产生启发和借鉴作用，为培养高质量的动漫游戏产业实用型和高端创意型骨干技能人才提供智力支持，从而为增强我国动漫游戏产业的综合竞争实力和促进社会就业增长作出贡献。

中国就业培训技术指导中心副主任

2009 年 11 月 4 日　北京

前　　言

为培养影视动画行业一线技能人才，北京寒武创世数字科技有限公司集结了一线的资深从业人员，用他们多年的实践经验编写了《影视动画职业技能培训系列丛书》，希望为影视动画行业的初学者及从业人员提供学习技能的有效途径。

《影视动画职业技能培训系列丛书》作为一套以职业技能培训为主的系列丛书，更加注重从业人员的实际操作和动手能力，针对影视动画制作过程中的各个岗位，为每一个岗位人员制定出一套完整实用的教学方案，使学习者学完之后，基本具备从事相关职业进行设计制作的能力。

丛书首先是循序渐进地讲解软件的应用核心知识；然后讲解如何将这些知识应用到实际工作的案例设计中，达到“学以致用”的效果；突出知识点在实际工作中的应用性，大量剖析了在实际案例设计知识时会产生的疑惑和困难，并穿插了大量的操作技巧、提示、注意等小栏目，为初级读者在学习过程中随时奉上贴心的技术指导，让学生在教材的引导和帮助下完成一个个学习任务，在完成任务过程中不断地体会到成功的喜悦，从而激发他们的学习兴趣、增强他们的自信心，获得更好的学习效果。

《影视动画职业技能培训系列丛书》包括原画设定、模型制作、动画制作、材质与渲染制作、特效制作、后期合成6个专项职业培训教程。

本书为其中的材质与渲染制作篇《材质与渲染制作》，主要分为基础材质和渲染及高级材质和渲染两大部分展开学习三维材质与渲染。基础材质与渲染从最基础的默认渲染器开始，通过典型实例，逐步深入地学习如何给物体拆分比较合理的UV坐标，如何选择最合理的灯光模式，如何调节出材质的最佳效果和渲染参数；高级材质和渲染从3ds max中自带的高级渲染器mental ray开始学习，通过对mental ray各项材质参数以及渲染参数的详细介绍并结合实例使读者逐步掌握复杂的场景渲染设置，然后通过卡通渲染器的介绍使阅读的趣味性得以提升。最后通过对渲染的技巧和应用更加详尽的介绍，如输出注意事项，网络渲染的设置；渲染闪烁问题分析和渲染闪烁问题的解决方案等，更深入地理解以及掌握三维材质及渲染应用技巧。

配书资源包包含本册教学实例源文件及素材（资源包可在www.hxedu.com.cn和www.hwchsh.cn查询）。

精彩的实例教学，系统、严谨的知识应用结构，以及作者从业多年的宝贵经验总结，就是本套书要带给大家的。

随着动漫游戏产业的迅速发展，其技术的更新改革也是日新月异，因此今后我们将本着从实践出发的原则，不断补充与完善丛书。

祝广大读者学习顺利，创作出更好更多的影视动画作品。

编　者

2010年1月

本丛书编委会

本书主编：卢　胤　卜军义

本书参编：赵　平　任　旭　吴诗乐　张　硕　王　琨　刘长平

Contents

目录

第 1 章　渲染器概述

渲染是三维制作中至关重要的一个环节，它伴随着建模、材质、动画等整个环节，只不过在各个环节中的用途有所区别而已。渲染器就是一个渲染的工厂，它的好与坏直接关系着最后输出图像的品质。

1.1　3ds max 渲染器介绍

在 3ds max 中有默认的扫描线渲染器和 mental ray 渲染器两种。扫描线渲染器在默认的情况下速度是很快的，但效果很一般。3ds max 也支持光线跟踪和光能传递，如果细心地调节一些参数，也可以得到好的效果。3ds max 的光线跟踪和光能传递，使渲染器的性能得到很大的提高。mental ray 是由德国的 Mental Images 公司开发的，在 3ds max 6.0 以前是以插件的形式出现，在 3ds max 6.0 版本中内置了，3ds max 9.0 mental ray 的版本升级为 3.5，在性能上又得到了进一步的完善和提高，并一直处于业内的领先地位。它广泛应用于建筑、游戏、电影等领域，良好的性能和优秀的质量得到了广大的用户青睐。Mental Images 公司还为用户提供完全开放式的 Shader（明暗器）编写，一些高级用户可以根据自己的需要编写一些 Shader。mental ray 本身带有很多优秀的材质、灯光和 Shader，并且对 3ds max 自身的大部分材质都能够很好地支持，同时它的光线跟踪算法可以实现高质量的反射、折射、焦散、全局照明、运动模糊、景深、贴图置换等效果，而且速度也比较快。在 3.5 的版本中新增加了很多实用功能，而且计算速度比以前的版本快很多。首先在最终聚集方面，mental ray 3.5 提供了新的预设功能，可以用更短的时间得到更好的渲染质量。mental ray 3.5 新增加了物理天光 Shader，可以通过指定太阳的位置和经纬度来实现真实的光照效果。而新增的两种 mental ray Shader 更加实用：一种是车漆 Shader，可以让你创作出很好的车漆效果；另一种是建筑专用材质，它也很强大，可控参数众多，实现的效果也多样化，为三维爱好者进行艺术创作提供了良好的渲染平台。

1.2　其他渲染器了解

3ds max 除了以上介绍的渲染器外，还有一些很好的外挂（插件）渲染器。

V-Ray 渲染器是由 ChaosGroup 和 Asgvis 公司出品，在中国由曼恒公司负责推广的一款高质量渲染软件，是目前业界最受欢迎的渲染引擎。基于 V-Ray 内核开发的有 V-Ray for 3ds max、Maya、Sketchup、Rhino 等诸多版本，为不同领域的优秀 3D 建模软件提供了高质量的图片和动画渲染。除此之外，V-Ray 也可以提供单独的渲染程序，方便使用者渲染各种图片。

V-Ray 渲染器提供了一种特殊的材质——V-Ray Mtl。在场景中使用该材质能够获得更加准确的物理照明（光能分布）、更快的渲染，反射和折射参数调节更方便。使用 V-Ray Mtl，可以应用不同的纹理贴图，控制其反射和折射，增加凹凸贴图和置换贴图，强制直接全局照明计算，选择用于材质的 BRDF。

V-Ray 光影追踪渲染器有 Basic Package 和 Advanced Package 两种包装形式。Basic Package 具有适当的功能和较低的价格，适合学生和业余艺术家使用。Advanced Package 包含几种特殊功能，适合专业人员使用。

其他的渲染器还有很多，如 Brazil、RenderMan、FinalRender、Maxwell 等，也都是比较不错的渲染器。如果想输出高质量的图像，无论使用哪个渲染器，都需要认真仔细地调节材质、灯光和渲染器的参数，毕竟渲染器只是一个用来渲染的工具。要想得到一个具有艺术表现力和感染力的作品，和自己的艺术修养、文化底蕴有很大的大关系。

1.3 渲染师应该具备的素质和需要掌握的技能

作为一个渲染师，首先要有一定的审美水平，对艺术有一定的了解，最好是美术专业或者是相关专业的人，这样才能对画面的颜色、冷暖具有敏锐的洞察力。一幅画面颜色一定要有主色调，可总结为大面积同类色，小面积对比色，这样的画面颜色才能在统一之中有变化，在变化之中求统一。其次需要有空间感，我们学习的是三维软件，所以对三维的场景要有一定的认知度，思维方式应该调整一下。如果一幅画面空间感弱，会给人一种平淡、无味的感觉。没有了一定的逻辑性，同时它的明暗关系肯定是不对的。再次就是绘画之中的近实远虚，要在三维渲染中体现出来，有时可以用一些特殊的效果来实现，如景深、模糊等方法。

作为渲染师应掌握的技能，首先是对软件的了解，其次是对软件的应用，再次就是对一些物理特性的了解。

作为一名渲染师，渲染器只是一个工具，但你必须了解它，熟知每一个参数的作用、它的调节会有什么样的效果、每个材质的特性、适合制作什么效果。平时对生活中的一些物件进行认真仔细的观察，有利于在三维中做出更加真实的材质。所以平时一定要多观察，一切来源于生活。

第 2 章 材质技术讲解

知识要点

- 学习和掌握 3ds max 的标准材质，会运用标准材质制作出常见材质效果。了解 UV 的概念和用途，掌握 UV 的拆分和贴图的运用，达到较好的配合。
- 掌握标准材质的使用方法和搭配。
- 掌握材质的类型和用途。
- 掌握 UV 贴图坐标的用途和拆分。

2.1 材质的基础

在 3ds max 中，材质部分是一个独立的部分，它为模型添加颜色、纹理、反射、折射等效果。虽然是独立的，但它又和模型、灯光、模型周围的环境有着直接的关系。例如一个玻璃瓶，它有反射和折射，周围的环境直接影响它的反射和折射，灯光也起着很关键的作用。那么怎么才能做好材质的调节呢？首先要了解各种材质的功能和用途；其次要了解材质和贴图间的搭配，以及灯光的调节。那么怎样调出材质编辑器呢？在主工具栏上单击或者按“M”键，都可以调出材质编辑器，如图 2-1 所示。

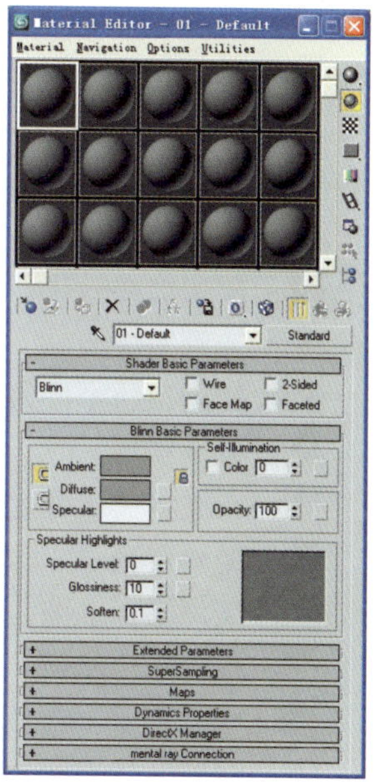

图 2-1

材质除了和灯光、环境有紧密的联系外，还和渲染器（渲染引擎）有很大关系。3ds max 随着版本的升级，功能也得到了进一步的提高，在 3ds max 5.0 中加入了先进的光能传递和光线跟踪，使其功能得到了很大的提高，3ds max 6.0 又加入了 mental ray 使 3ds max 如虎添翼，更令人振奋的是在 3ds max 9.0 中 mental ray 升级到 3.5 版本，增加了物理天光系统和建筑专用材质，使得 3ds max 的魅力大增。

在三维软件中，将表现对象的外观属性称为材质，这些属性都是软件后台以一种特定的算法来实现的。使用者在编辑材质的时候不必去考虑是怎么实现的，那是软件开发者的事情，只要知道怎么去调节参数和一些材质的特性来创造出丰富的材质效果即可。

材质实际上包含两种最基本的内容，即质感与纹理。质感泛指对象的基本属性，也就是通常所说的金属质感、玻璃质感、石头质感、皮肤质感等，一般是由明暗模式决定的。纹理是指对象的表面颜色、图案、凹凸和反射等特征。

材质在三维中可以简单地理解为是由明暗器和贴图组成的。这样就可以找一些相关的图片进行编辑、叠加、凹凸等处理，得到丰富的视觉效果。

1. 材质编辑器

在材质编辑器中有很多材质球可供编辑。其状态可以分为未激活状态（如图 2-2 中材质球 1）、激活状态（如图 2-2 中材质球 2）、赋予当前未激活状态（如图 2-2 中材质球 3）和赋予当前激活状态（如图 2-2 中材质球 4）。

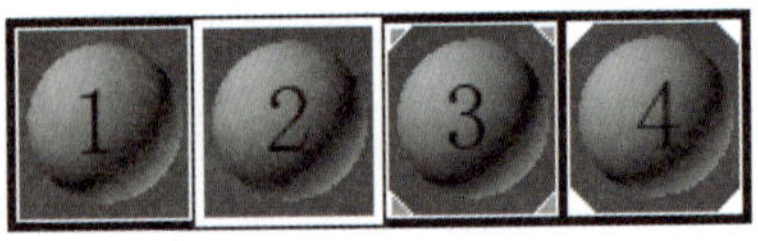

图 2-2

2. 材质编辑操作

激活材质球后，可以进行如下编辑操作。拖动鼠标左键可以进行材质的复制。

：获取材质。单击该按钮后出现对话框，可以根据自己的需要选择材质。

：将材质放回场景中。值得注意的是，当前的材质必须是热材质，将其复制到另一个材质上进行编辑，以避免破坏原来的材质，编辑成自己想要的材质后再放回场景中。不是热材质时，此项为灰色，不可用。

热材质：将材质应用于对象或选定对象时，该材质将成为热材质（示例窗用白色的角边框来显示）。在更改热材质的属性时，会立即更新场景，以反映这些更改。采用该材质的“任何”对象都将更改其外观，而不仅仅是当前选定对象发生变化。

：将激活的材质赋予选择的模型。也就是说没有选择场景中任何模型时，此项为灰色，不可用。

：把材质返回默认材质，也可以理解为删除材质。

：使材质不再是热材质，以便其不再改变当前场景中的材质。

：将材质放入材质库，把自己调节好的材质备份一份，以便于以后调用。可以更改材质名称，也可以保持原样，然后单击“确定”按钮。

：材质 ID 通道，可以将材质分成若干通道，以便于后期调节颜色及属性。

：在窗口中显示材质。

：显示最终效果。

：转到父层级。

：转到下一个同级项。

：采样类型。

：背光。

：图案背景。

：采样 UV 平铺。

：视频颜色检查。

：生成预览，播放预览，保存预览。

：材质编辑器选项。

：按材质选择。

：材质、贴图导航器。

：从材质对象拾取材质，材质名称字段“材质类型”按钮。

怎样把材质赋予模型呢？选择模型，单击图标；或者拖动鼠标左键，将材质球上的材质拖到模型上。在材质编辑器的最上面是菜单栏，Material Navigation Options Utilities 分别是“材质”、“导航”、“选项”、“工具”四个菜单，其中的命令基本上都是上面小图标的内容，在此就不再赘述了。值得注意的一点是，当制作大场景时，若材质球用完，执行“Utilities→Rest Material Editor Slots”命令，可以使材质编辑器恢复原样，但不要担心材质的丢失，可以用工具把材质吸回来进行调节，这是很实用的命令。

2.2 “基本参数”卷展栏（标准材质）

“明暗器基本参数”卷展栏如图 2-3 所示。

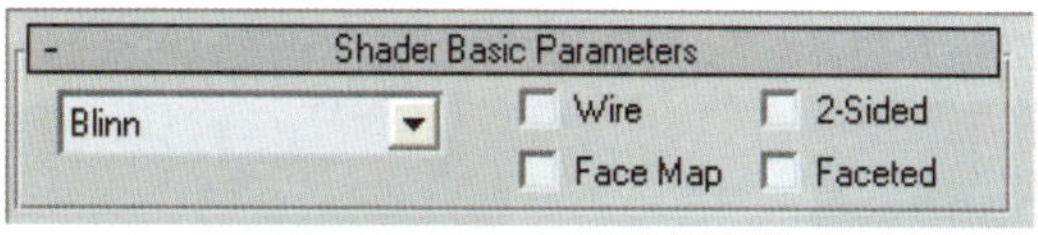

图 2-3

在明暗器下拉列表中选择一个明暗器，材质的“基本参数”卷展栏可更改为显示所选明暗器的控件。默认明暗器为 Blinn，有 8 种不同的明暗器，一部分根据其作用命名，其他的以它们的创建者命名。下面来介绍基本的材质明暗器。

- Anisotropic（各向异性）：适用于椭圆形表面，这种情况有“各向异性”高光。如果为头发、玻璃或磨砂金属建模，这些高光很有用，如图 2-4 所示。
- Blinn：适用于圆形物体，这种情况下高光要比 Phong 着色柔和，与“Phong”明暗器具有相同的功能，但它在数学上更精确。这是“标准”材质的默认明暗器，效果如图 2-5 所示。

图 2-4

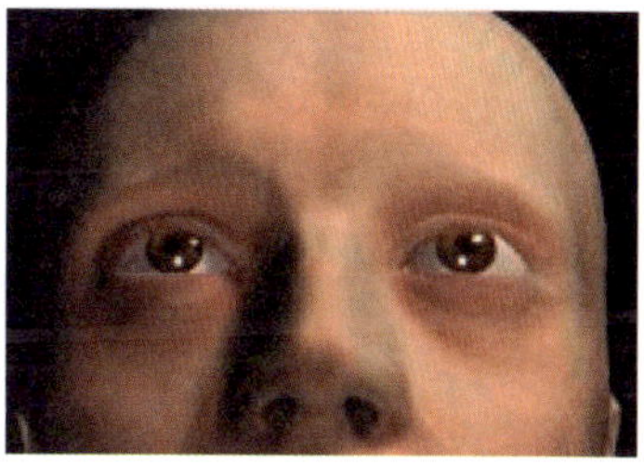

图 2-5

- Metal：适用于金属表面，效果如图 2-6 中锡纸所示。
- Muliti-Layer（多层）：成为一体的两个各向异性明暗器，用于生成两个具有独立控制的不同高光，可模拟材质（如覆盖了发亮蜡膜的金属），效果如图 2-7 所示。
- Oren-Nayar-Blinn：适用于无光表面（如纤维或赤土）明暗器的改编版。它可为对象提供多孔而非塑料的外观，适用于像皮肤一样的表面，效果如图 2-8 所示。

图 2-6

图 2-7

- Phong：一种经典的明暗方式，它是第一种实现反射高光的方式，适用于塑胶表面，效果如图 2-9 所示。

图 2-8

图 2-9

- Strauss：适用于金属和非金属表面，效果如图 2-10 所示。Strauss 明暗器的界面比其他明暗器的简单。
- Translucent Shader（半透明）：与 Blinn 着色类似。“半透明”明暗器也可用于指定半透明，这种情况下光线穿过材质时会散开，效果如图 2-11 所示。

图 2-10

图 2-11

在材质编辑器的“Shader Basic Parameters”栏中，有四种不同的赋予物体材质的方式，如下所述。

- Wire（线框）：以线框模式渲染材质。用户可以在扩展参数中设置线框的大小，如图 2-12 所示。

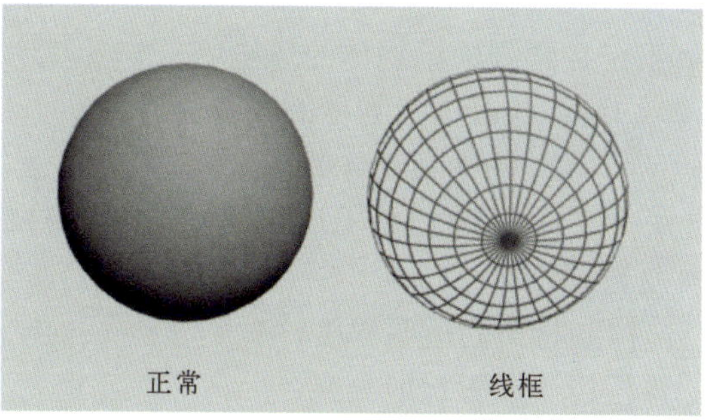

图 2-12

- 2-sided（双面）：将材质应用到选定面的双面，如图 2-13 所示。

图 2-13

- Face map（面贴图）：将材质应用到几何体的各面。如果材质是贴图材质，则不需要贴图坐标。贴图会自动应用到对象的每一面，如图 2-14 所示。

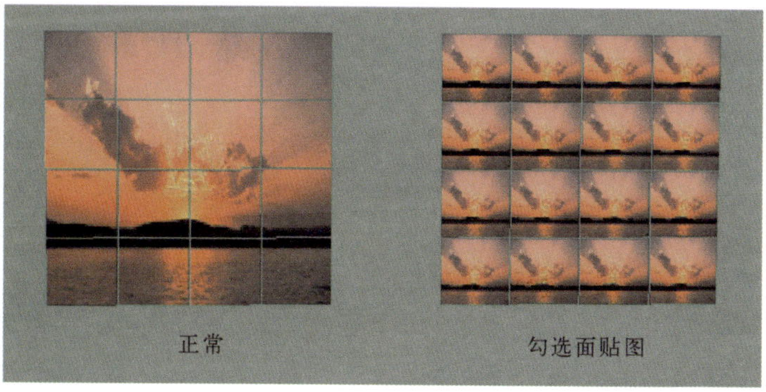

图 2-14

- Faceted（面状）：就像表面是平面一样，渲染表面的每一面。

下面对调节材质参数的各卷展栏进行说明。

1）“基本参数”卷展栏

“标准”材质的“基本参数”卷展栏包含一些控件，可用来设置材质的颜色、反光度、透明度等，并可指定用于材质各种组件的贴图，如图 2-15 所示。

下面以Blinn材质为例讲解一下基本参数的设置，该卷展栏的第一部分包含用于整个材质组件的控件。

- Ambient（环境颜色）：在绘画中指物体的环境色。
- Diffuse（漫反射颜色）：在绘画中指物体的固有色。
- Specular（高光颜色）：在绘画中指物体的高光颜色。

Self-illumination（自发光控制）：该栏用于设置使材质从自身发光。

- Color（颜色）：自发光颜色。
- Opacity（透明度）：控制材质的透明程度。

Specular Highlights：该栏用于设置反射高光。

- Specular Level：高光级别。
- Glossiness：光泽度。
- Soften：柔化。

2）“Extended Parameters（扩展参数）”卷展栏

“扩展参数”卷展栏对于“标准”材质的所有着色类型来说都是相同的。它具有与透明度和反射相关的选项，还有“线框”模式的选项。本主题包含一些常用物理材质的折射率表。这可以用于创建具有真实透明度的“标准”材质，如图 2-16 所示。

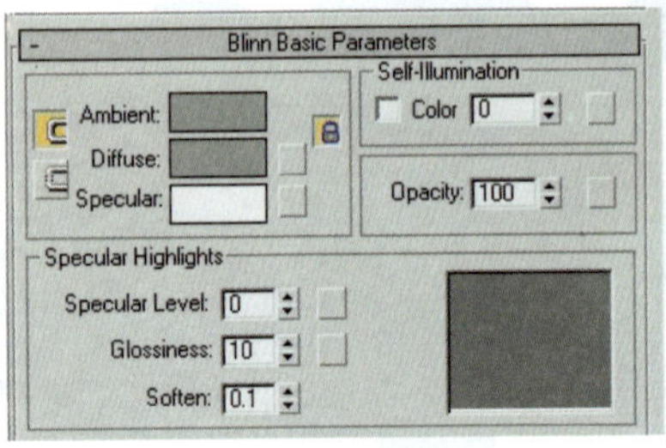

图 2-15

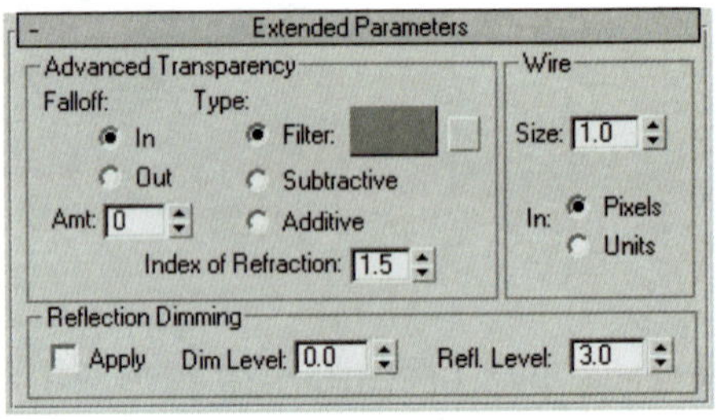

图 2-16

（1）“Advanced Transparency（高级透明度）”选项组：这些选项可影响透明材质的不透明度衰减。

注意：对于半透明明暗器，这些选项不会出现。它们会被“基本参数”卷展栏上的“半透明度”选项所代替。

① Falloff（衰减）：选择在内部还是外部进行衰减，以及衰减的程度。

- In（内）：向对象的内部增加不透明度，就像在玻璃瓶中一样。
- Out（外）：向对象的外部增加不透明度，就像在烟雾中一样。

② Amt（数量）：指定最外或最内的不透明度的值。

③ Type（类型）：选择如何应用不透明度。

- Subtractive（相减）：从透明曲面后面的颜色中减除。

- Additive（相加）：增加到透明曲面后面的颜色中。

④ Index of Reflection（折射率）：用于设置折射贴图和光线跟踪所使用的折射率（IOR）。IOR 用于控制材质对透射灯光的折射程度。左侧 1.0 是空气的折射率，这表示透明后的对象不会产生扭曲。若折射率为 1.5，后面的对象就会发生严重扭曲，就像在玻璃球一样。对于略低于 1.0 的 IOR，对象沿其边缘反射，就像从水面下看到的气泡。默认设置为 1.0。

（2）"Wire（线框）"选项组。

① Size（大小）：用于设置线框模式中线框的大小，可以按像素或当前单位进行设置。

② In（按）：选择度量线框的方式。

- Pixels（像素）：（默认设置）用像素度量线框。对于像素选项来说，不管线框的几何尺寸多大以及对象的位置近还是远，线框都总是有相同的外观厚度。
- Units（单位）：用 3ds max 单位度量线框。根据单位，线框在远处变得较细，在近距离范围内较粗，如同在几何体中经过建模一样。

（3）"Reflection Dimming（反射暗淡）"选项组。

- Apply（应用）：启用反射暗淡。禁用该选项后，反射贴图材质就不会因为直接灯光的存在或不存在而受到影响。默认设置为禁用状态。
- Dim Level（暗淡级别）：设置阴影中的暗淡量。该值为 0 时，反射贴图在阴影中为全黑。该值为 0.5 时，反射贴图为半暗淡。该值为 1.0 时，反射贴图没有经过暗淡处理，材质看起来好像禁用"应用"一样。默认设置是 0。
- Relf.Level（反射级别）：影响不在阴影中的贴图的强度。"反射级别"值与反射明亮区域的照明级别相乘，用以补偿暗淡。默认值为 3.0，会使明亮区域的反射保持在与禁用反射暗淡时相同的级别上。

3）"SuperSampling（超级采样）"卷展栏（如图 2-17 所示）

"建筑"、"光线跟踪"和"标准"都使用"超级采样"卷展栏，这样就可以选择超级采样方法。超级采样在材质上执行一个附加的抗锯齿过滤。此操作虽然花费更多时间，却可以提高图像的质量。渲染非常平滑的反射高光、精细的凹凸贴图以及高分辨率时，超级采样特别有用。

注意：mental ray 渲染器忽略"超级采样"设置，它有自己的采样方法。

- Use Global Settings（使用全局设置）：启用此选项后，对材质使用"默认扫描线渲染器"卷展栏中设置的超级采样选项。默认设置为启用。
- Enable Local Supersampler（启用局部超级采样器）：启用此选项后，对材质使用超级采样。默认设置为禁用状态。
- 采样器下拉列表：选择应用何种超级采样方法。除非禁用"使用全局设置"，否则此列表为禁用状态。默认设置为"Max 2.5 Star"。
- Supersample Maps（超级采样贴图）：启用此选项后，也将对应用于材质的贴图进行超级采样。启用此选项后，超级采样器将以平均像素表示贴图。只有禁用"使用全局设置"后，此开关才处于活动状态。默认设置为启用。

4）"Maps（贴图）"卷展栏

"贴图"卷展栏和"基本参数"卷展栏基本上是一样的，只不过同一个贴图有多个按钮，这里只介绍在“基本参数”的“卷展栏”上没有出现的部分，如图 2-18 所示。

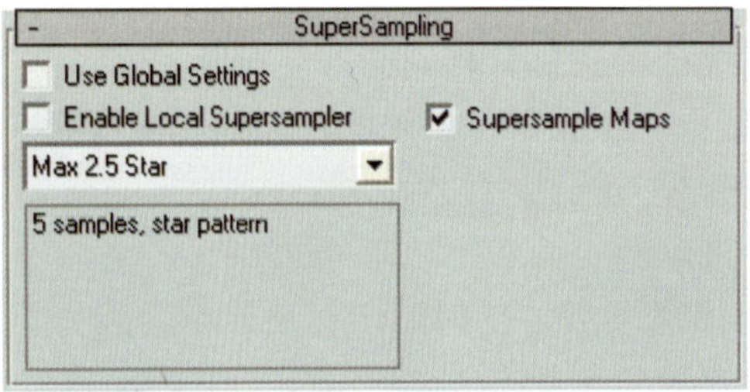

图 2-17

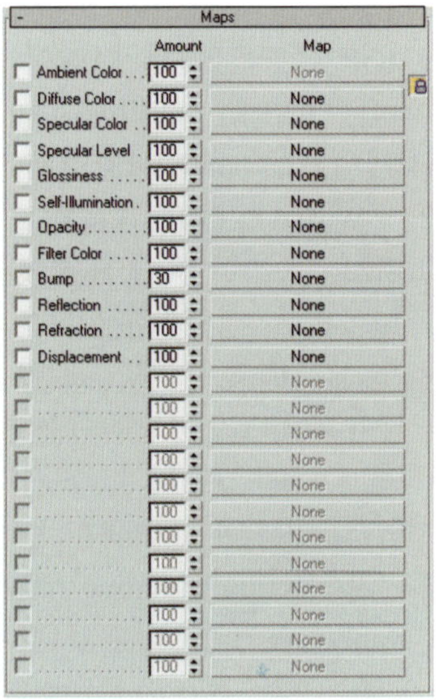

图 2-18

- Bump（凹凸贴图）：它可以联合程序纹理或者贴图，制作出视觉三维效果。
- Reflection（反射贴图）：使物体表面具有反射的效果。
- Refraction（折射贴图）：使物体具有折射效果。

其操作方法是单击 None 之后弹出“材质贴图浏览器”，在“材质浏览器”里面选择相应的材质。

2.3 材质类型讲解（浏览器的材质类型）

材质类型如图 2-19 所示，单击

中的“Standard”按钮添加

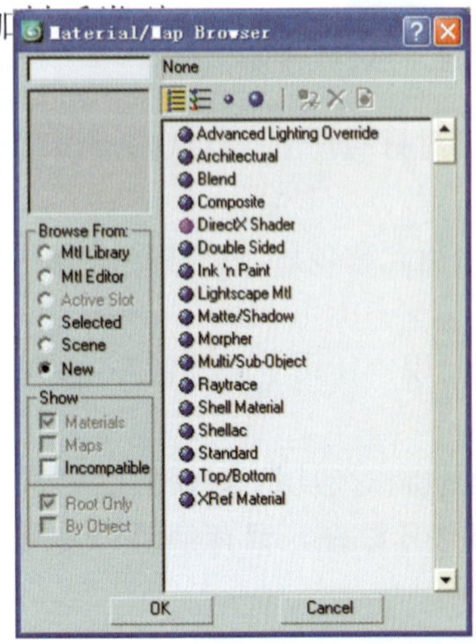

图 2-19

- Advanced Lighting Override（高级照明覆盖材质）：用于微调光能传递或光跟踪器上的材质效果。此材质不需要对高级照明进行计算，但是有助于改善效果。

注意：调整高级照明时，建筑材质有自己的控件。

- Architectural（建筑材质）：建筑材质提供物理上精确的材质。此材质能与默认的扫描线渲染器一起使用，也能和光能传递一起使用。
- Blend（混合材质）：将两种材质混合使用到曲面的一个面上。
- Composite（合成材质）：通过添加颜色、相减颜色或者不透明混合的方法，最多可以将 10 种材料混合在一起。

- DirectX Shader（明暗器材质）：能够使用 DirectX 9（DX9）明暗器为视口中的对象着色。如果要使用此材质，必须有能支持 DirectX 9 的显示驱动，同时必须使用 Direct3D 显示驱动。
- Double Sided（双面材质）：为对象的前面和后面指定不同的材质。
- Ink'n Paint（卡通材质）：使对象拥有卡通外观。
- Lightscape Mtl：Lightscape 材质有助于支持 Lightscape 产品的数据导入和导出。
- Matte/Shadow（无光/投影材质）：专门用于将对象变为无光对象时使用，这样将可以隐藏当前的环境贴图。在场景中看不到虚拟对象，但是却能在其他对象上看到其投影。
- Morpher（变形材质）：使用变形修改器随时间对多种材质进行管理。
- Multi/Sub-Object（多维/子对象材质）：使用子对象层级，根据材质的 ID 值，将多种材质指定给单个对象。
- Raytrace（光线跟踪材质）：能够创建全光线跟踪反射和折射。它也支持雾、颜色密度、半透明、荧光以及其他特殊效果。
- Shell Material（壳材质）：用于存储和查看渲染到纹理。
- Shellac（虫漆材质）：使用加法合成将一种材质叠加到另一种材质上。
- Standard（标准材质）：Standard 为默认材质。
- Top/Bottom（顶/底材质）：将为对象的顶部和底部指定不同的材质。
- XRef Material（外部参照材质）：允许用户从其他的 3ds max 的场景文件中调用一个任意几何体的材质。

2.4 贴图类型

贴图类型是指在“标准”材质的“基本参数”卷展栏中添加贴图，也可以通过“材质→贴图浏览器”命令加载贴图或者创建一个特殊的贴图。浏览器根据贴图类型分类。可以决定浏览器是否列出贴图或材质，或者将贴图和材质一起列出；也可以选择需要的贴图类型。如图 2-20 所示黑色方框部内的按钮都可以添加贴图。

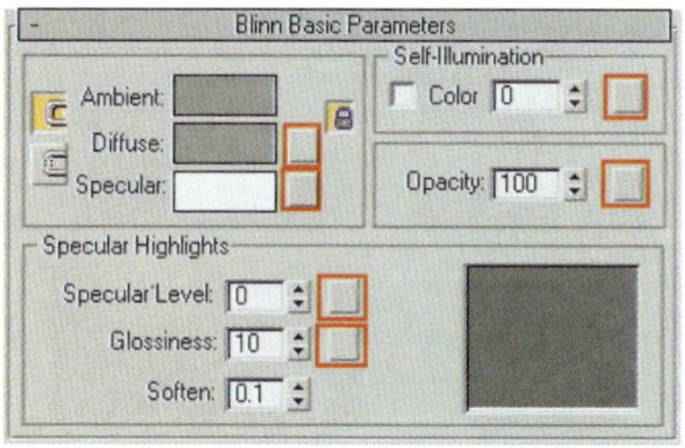

图 2-20

单击“Maps”卷展栏中的 None 按钮也可以添加贴图，如图 2-21 所示。

下面讲解一下贴图浏览器。3ds max 的贴图浏览器如图 2-22 所示，有很多的程序纹理贴图可以选择，同时还可以和上面介绍的很多材质类型混合连用，从而创作出很丰富的材质效果。

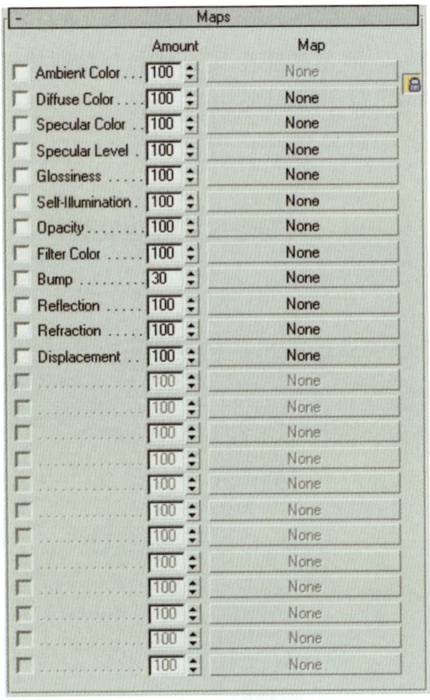

图 2-21

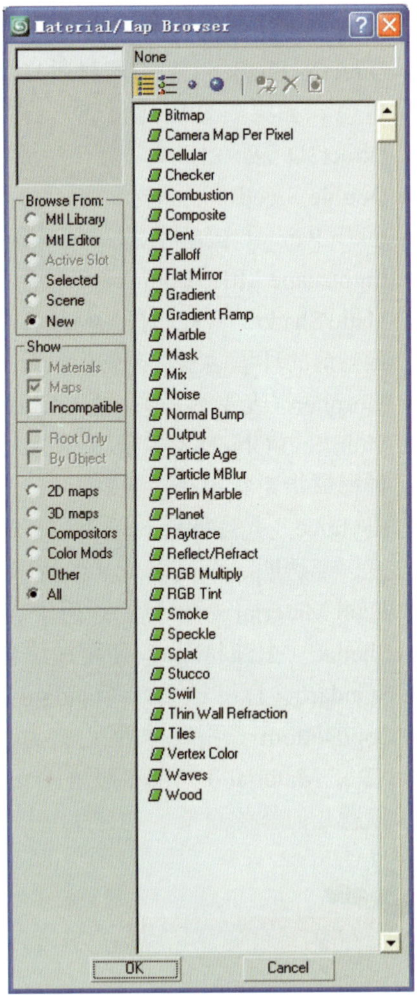

图 2-22

在后面实例中还会讲解贴图的用法。首先还是来了解一下贴图浏览器中的类型。

- 2D 贴图（2D maps）是二维图像，一般将其粘贴在几何体对象的表面，或者和环境贴图一样用于创建场景的背景。最简单的 2D 贴图是位图。其他种类的 2D 贴图按程序生成。
- 3D 贴图（3D maps）是根据程序以三维形式生成的图案。例如，“大理石”拥有通过指定几何体生成的纹理。对于使用“大理石”纹理的对象，如果将其一部分切除，则其内部纹理将与其外部纹理匹配。

图 2-23

- “合成器（Compositors）”用于合成其他的颜色或贴图。
- “颜色修改器（Color Mods）”用于改变材料中像素的颜色。
- “其他（Other）”类别包括创建反射和折射的贴图，也包括 mental ray 明暗器、法线凸凹贴图以及每像素摄影机投影贴图。

按照上面所分类型，可以在“材质贴图浏览器”中进行类型选择，“All”是所有类型贴图，是 3ds max 所有材质和贴图类型。可以选择的类型如图 2-23 所示。

1）2D 贴图

2D 贴图是二维图像，它们通常粘贴到几何对象的表面，或用做环境贴图来为场景创建背景。2D 贴图包括的类型如图 2-24 所示。

（1）Bitmap（位图）：图像以静止图像文件格式保存为像素阵列，如 .tga、.bmp 等，或动画文件，如 .avi、.mov 或 .ifl（动画本质上是静止图像的序列）。3ds max 支持的任何位图（或动画）文件类型都可以用做材质中的位图。

选择“Bitmap”后，出现“Select Bitmap Image File（选择位图图像文件）”对话框，可以选择硬盘上的文件，选定文件后单击“打开”按钮，贴图就已经指定了。想查看效果，还要单击一下，就可以显示在模型上了，如图 2-25 所示。

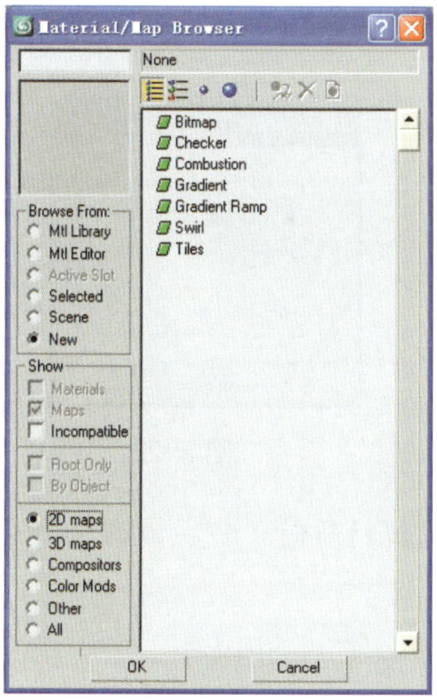

图 2-24

图 2-25

（2）Checker（方格）：方格图案组合为两种颜色，也可以通过贴图替换颜色。

“方格贴图”是将两色的棋盘图案应用于材质。默认方格贴图是黑白方块图案。方格贴图是 2D 程序贴图。组件方格既可以是颜色，也可以是贴图，效果如图 2-26 所示。

方格属性面板如图 2-27 所示。

图 2-26

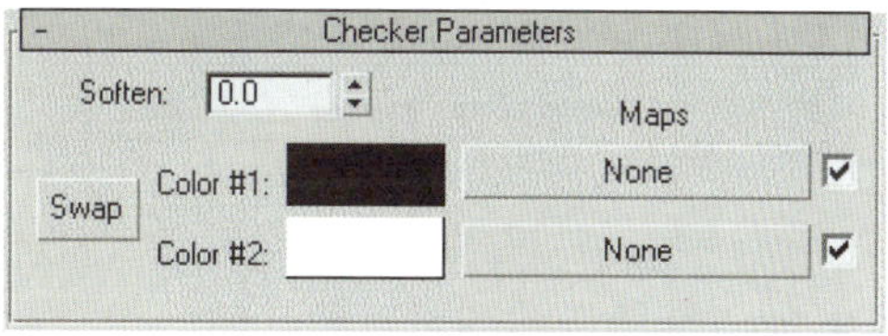

图 2-27

它不但可以指定图片，还可以和程序纹理联合使用，如再指定一个“Checker”或者其他程序贴图，自己可以测试一下效果。

（3）Combustion：与 Autodesk Combustion 产品配合使用。可以在位图或对象上直接绘制并且在“材质编辑器”和视口中看到效果更新。该贴图可以包括其他 Combustion 效果。用 Combustion 可以绘制动画并且将其他效果设置为动画。

（4）Gradient（渐变）：渐变是从一种颜色到另一种颜色进行着色。可以为渐变指定两种或三种颜色，该软件将插补中间值。渐变贴图是 2D 贴图。

渐变贴图是使用频率较高的贴图，下面举个小实例说明一下其具体使用。

① 打开“Enviroment and Effects 效果和环境”面板。单击“None”按钮，在“材质贴图浏览器”中双击加载“渐变”贴图，如图 2-28 所示。

然后拖动“None”到“材质编辑器”任意一个材质球上放开，出现对话框，选择“Instance（关联复制）”，单击“OK”按钮，如图 2-29 所示。

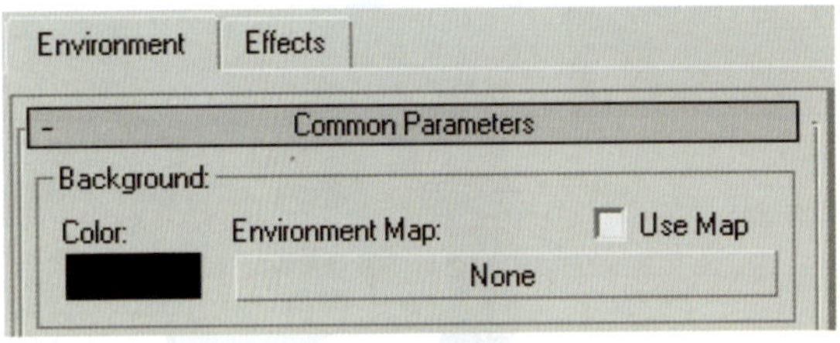

图 2-28

图 2-29

注：“Instance（关联复制）”的意思就是在材质编辑器上编辑材质时，被关联后的材质可以同步变化。

② 将“Gradient”的 Color#1、2、3 颜色分别调整一下，如图 2-30 所示。

③ 按“Shift+Q”组合键渲染查看一下，效果如图 2-31 所示。

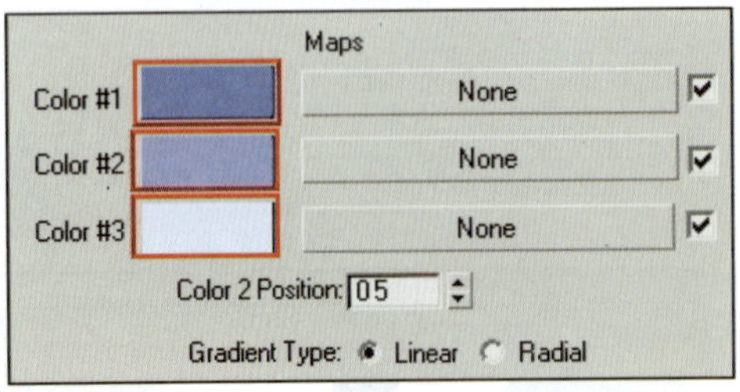

图 2-30

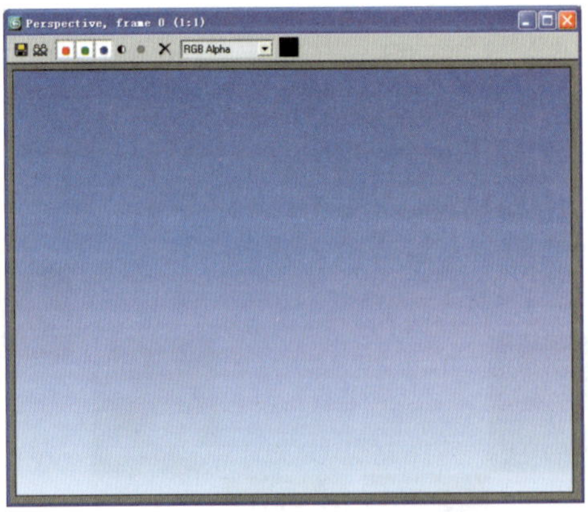

图 2-31

④“渐变”贴图可以和其他的程序贴图联用，能产生丰富的视觉效果。

（5）Gradient Ramp（渐变坡度）：使用许多的颜色、贴图和混合，创建各种坡度。

它和“Gradient”的功能差不多，只不过调节方法有一些变化，它的调节主要靠小图标的滑动或右键编辑颜色，调节区如图 2-32 所示。

在颜色区下面的滑块箭头处单击右键，弹出菜单，如图 2-33 所示。

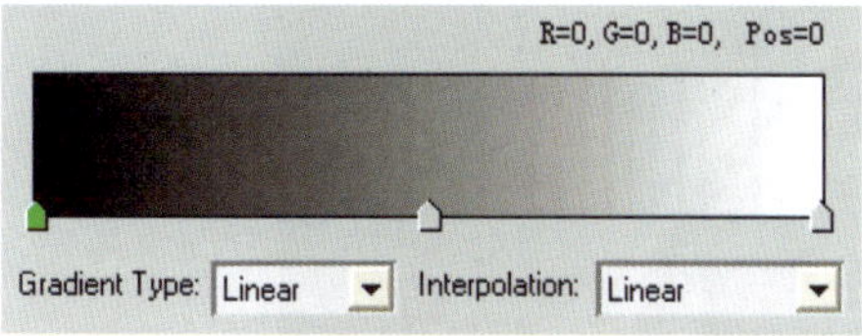

图 2-32

图 2-33

Edit Properties：编辑属性；Copy：复制；Paste：粘贴。它可以进行颜色编辑、复制和粘贴等操作。

小实例：

① 在“top”视图中建立一个 Plane（平面），大小适中，指定一个“Standard”材质。

② 在“基本参数”卷展栏的“Diffuse”项指定一个红色，如图 2-34 所示。

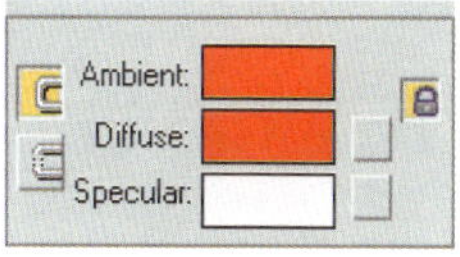

图 2-34

③ 在的处单击，指定“Gradient Ramp”贴图。

④ 按“Shift+Q”组合键查看一下，可以看到一个部分透明效果，这在项目中也是经常用到的小方法。

（6）Swirl（漩涡）：创建两种颜色或贴图的漩涡（螺旋）图案。

小实例：

① 在“top”视图下建一个平面，大小适中，指定一个“Standard”材质。

② 然后在“基本参数”卷展栏的“Diffuse”项上指定一个“Swirl”，调节颜色如图 2-35 所示。

③ 返回到“Standard”层级，在的“M”按钮处拖动鼠标到“Self-Illumination”后的按钮上放开鼠标，在对话框中选择“Instance（关联复制）”。这一步就是将材质复制一下，使“Self-Illumination（自发光）”和“Diffuse（漫反射）”有相同的材质，调节一个即可。

④ 单击“Opacity”后的空白按钮，加入一个“Gradient”渐变贴图，将其调节为如图 2-36 所示。

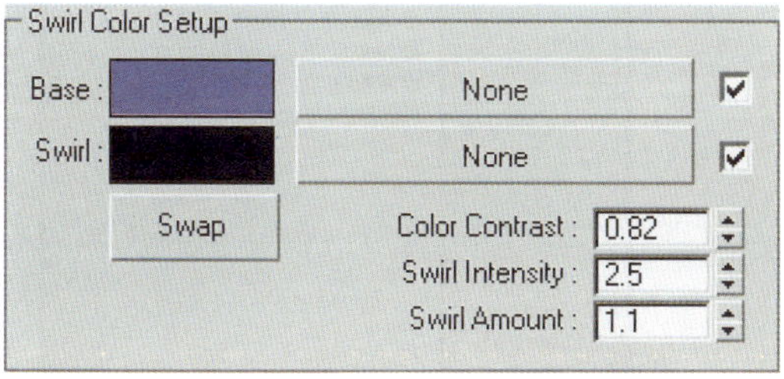

图 2-35

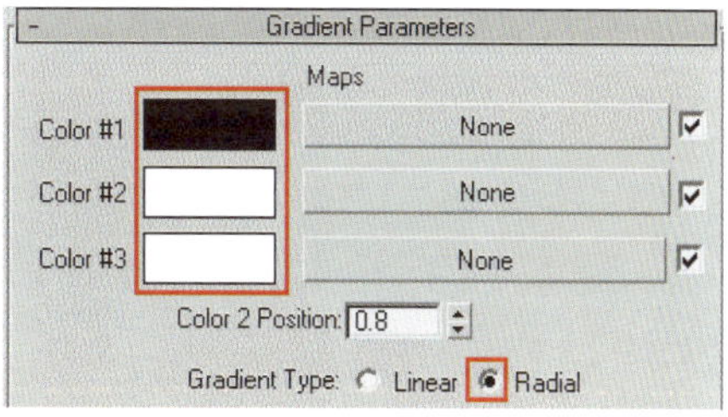

图 2-36

⑤ 渐变类型分为两种：线性和径向。这里选径向，然后测试一下结果，如图 2-37 所示。

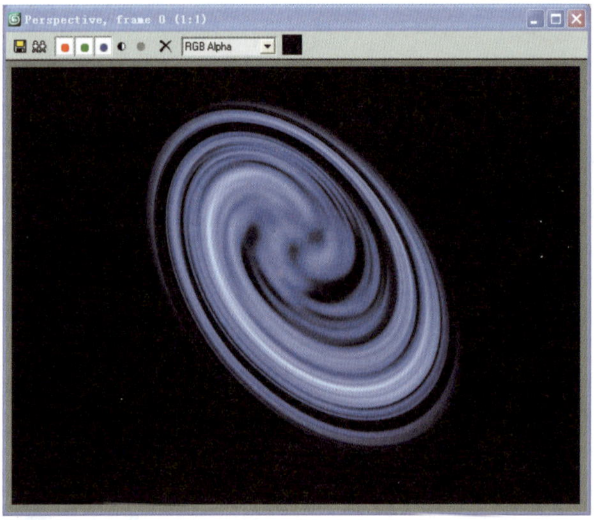

图 2-37

（7）Tiles（平铺）：使用颜色或材质贴图创建砖或其他平铺材质，通常包括已定义的建筑砖图案，也可以自定义图案。“Tiles”贴图单独不太好用，功能相对简单，可控性弱，要和其他贴图或材质联合，才可以得到好的效果。用户可以自己试着调节一下，单独的效果如图 2-38 所示。

2）3D 贴图

3D 贴图是根据程序以三维方式生成的图案。例如，“大理石”拥有通过指定几何体生成的纹理。如果将指定纹理的大理石对象切除一部分，那么切除部分的纹理与对象其他部分的纹理一致，3D 贴图类型如图 2-39 所示。

图 2-38

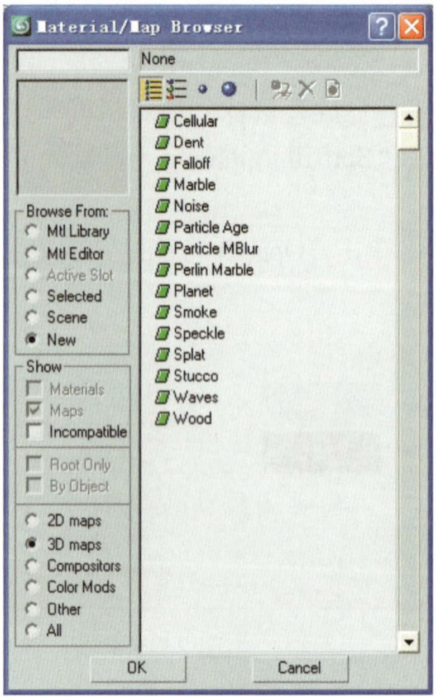

图 2-39

（1）Cellular（细胞）：生成用于各种视觉效果的细胞图案，包括马赛克平铺、鹅卵石表面和海洋表面。

小实例：

① 创建一个 200×200 的平面，然后在“Diffuse”项中指定一个“Tiles”平铺贴图。

② 指定后单击“+”展开“Advanced Controls“卷展栏，单击“Texture”后边的“None”按钮选择“Cellular”细胞贴图。

③ 对细胞贴图的“Cell Color”进行调整，如图 2-40 所示。

④ 最后测试效果如图 2-41 所示。

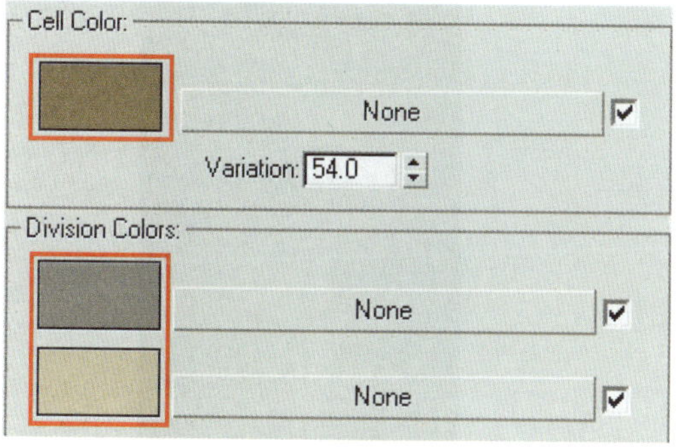

图 2-40

图 2-41

（2）Dent（凹痕）：凹痕是 3D 程序贴图。在渲染过程中，“凹痕”会根据分形噪波产生随机图案。图案的效果取决于贴图类型。

“凹痕”一般用在“Bump”贴图上，用来产生凹凸的效果，与其他贴图联合应用效果会更好些，用户可以自己调节参数试一下。

（3）Falloff（衰减）：基于几何体曲面上面法线的角度衰减生成从白色到黑色的值。在创建不透明的衰减效果时，衰减贴图提供了更大的灵活性。其他效果包括“阴影/灯光”、“距离混合”和“Fresnel”。

小实例：

① 找到一个骨骼的模型，在 3ds max 中打开，并赋予一个标准材质。将材质的“Diffuse（漫反射颜色）”改为蓝色，如图 2-42 所示。

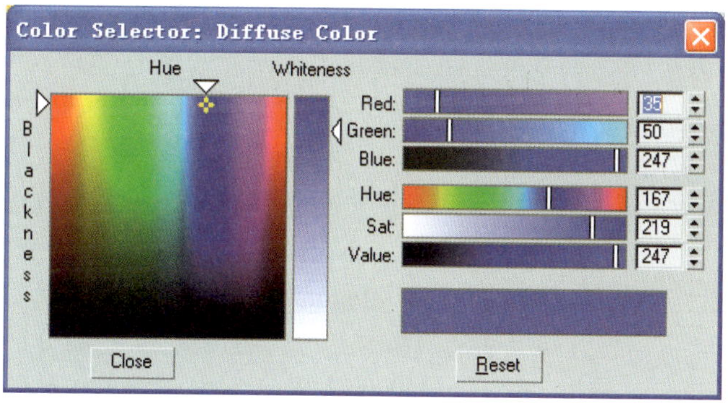

图 2-42

② 在“Opacity”项中加入“Falloff（衰减贴图）”，勾选自发光复选框，将颜色调整为蓝紫色，如图 2-43 所示。

③ 渲染测试结果如图 2-44 所示。

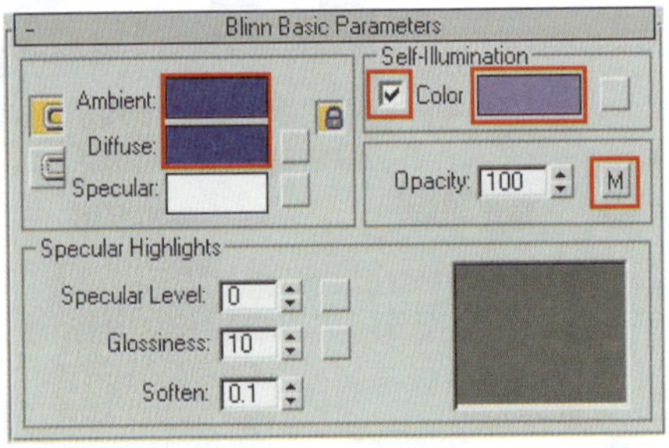

图 2-43

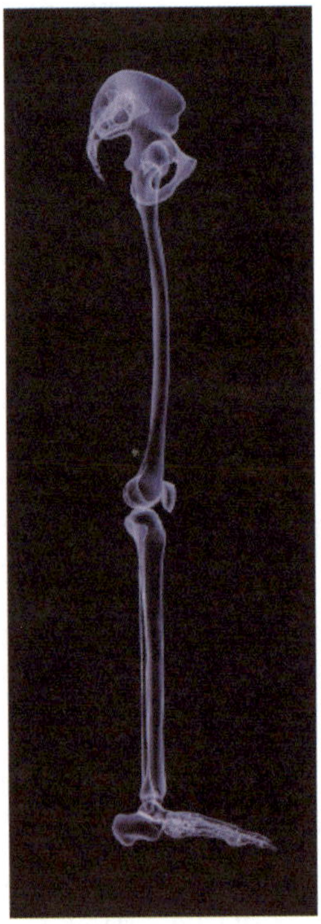

图 2-44

（4）Marble（大理石）：使用两个显式颜色和第三个中间色模拟大理石的纹理。此贴图不太常用，用户可以自己调整测试一下效果。

（5）Noise（噪波）：噪波是三维形式的湍流图案。与 2D 形式的棋盘一样，它基于两种颜色，每一种颜色都可以设置贴图。

小实例：

① 在任意视图下创建一个平面，然后指定一个“标准”材质，通过“maps”卷展栏的“Bump”的“None”按钮加入一个“Noise”贴图。

② 根据场景的大小来调整参数。这个场景大小是指“软件单位尺寸”，创建贴图时，要根据具体情况来调整，反复测试效果。

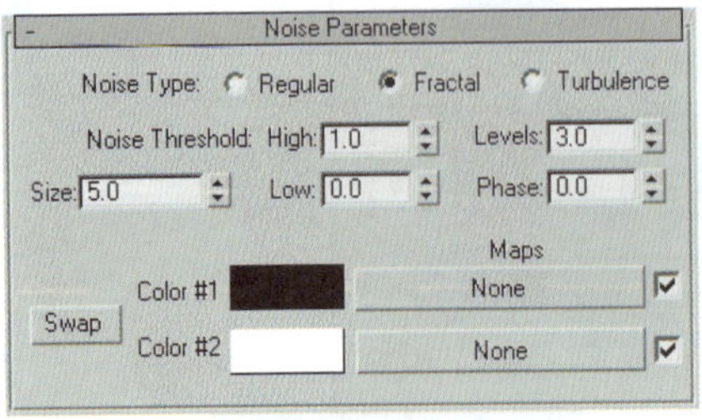

图 2-45

需要调整的参数并不多，如图 2-45 所示。

“Noise Parameters”参数卷展栏介绍如下。

Noise 类型。

- Regular（规则）：（默认设置）生成普通噪波。基本上与层级设置为 1 的分形噪波相同。将噪波类型设置为“规则”时，级别微调器不可用（因为“规则”不是分形功能）。

- Fractal（分形）：使用分形算法生成噪波。"层级"选项可设置分形噪波的迭代次数。
- Turbulence（湍流）：生成应用绝对值函数来制作故障线条的分形噪波。

Size（大小）：噪波颗粒的大小，默认设置为 25.0。

Noise Threshold（噪波阈值）：如果噪波值高于"低"阈值而低于"高"阈值，动态范围为 0～1。这样，在阈值转换时会补偿较小的不连续（技术上是第 1 级而不是 0 级），因此会减少可能产生的锯齿。

- High（高）：设置高阈值，默认设置为 1.0。
- Low（低）：设置低阈值，默认设置是 0。

Levels（层级）：决定有多少分形能量用于分形和湍流噪波函数。用户可以根据需要设置确切数量的湍流，也可以设置分形层级数量的动画。默认值为 3.0。

Phase（相位）：控制噪波函数的动画速度。使用此选项可以设置噪波函数的动画。默认设置是 0.0。

Swap（交换）：切换两个颜色或贴图的位置。

③ 调整"Noise"的"Size"值，类型选择"Fractal（分形）"。通过"Color#1"后面的"None"按钮再选择一个"Noise"，使它的"Size"值小于前面的"Size"值，类型同样为"Fractal"。

④ 测试效果如图 2-46 所示。

"Noise"贴图是一个比较常用的贴图类型，主要用于制作物体表面凹凸效果，模拟一些纹理效果，如水面、烟雾等。这里只做简单介绍，以后还会深入讲解。

（6）Particle Age（粒子年龄贴图）：基于粒子的寿命更改粒子的颜色（或贴图）。

小实例：

① 在"top"视图下创建一个"spray 粒子系统"，把动画时间滑块拖到后面，在修改面板对粒子进行简单设置，将"reder"类型设置为"Facing"，给粒子指定一个标准材质，然后在"Diffuse"项中指定一个"Particle Age"的贴图，颜色调整如图 2-47 所示。

图 2-46

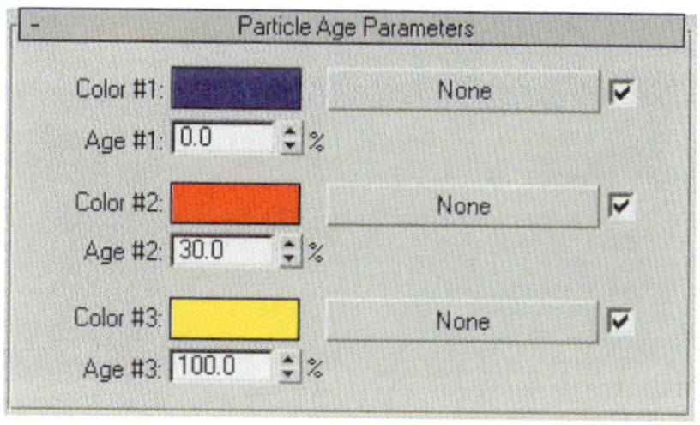

图 2-47

② 按"Shit+Q"组合键测试一下，效果如图 2-48 所示。可以拖动时间滑块，测试不同的时间显示的颜色变化。

（7）Particle MBlur（粒子运动模糊）：（MBlur 是运动模糊的简写形式）基于粒子的移动速率更改其前端和尾部的不透明度。

（8）Perlin Marble（大理石）：带有湍流图案的备用程序大理石贴图。

"Perlin Marble Parameters（大理石属性）"卷展栏如图 2-49 所示。

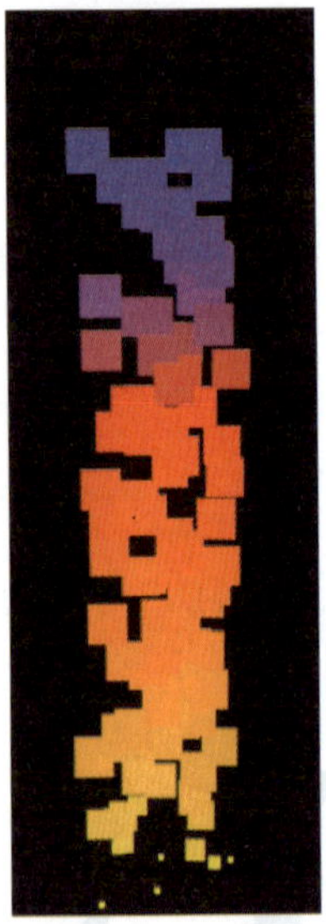

图 2-48

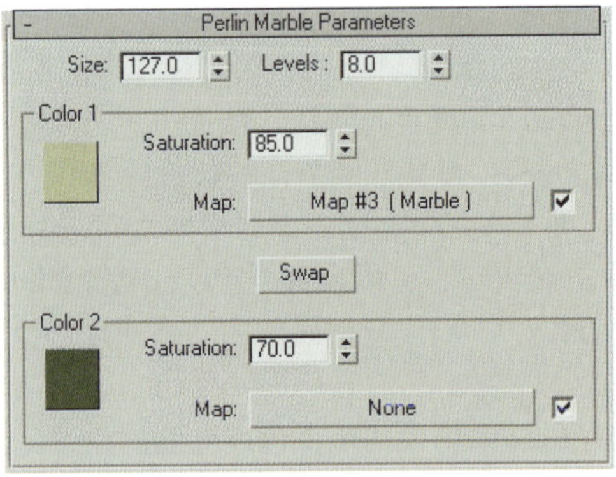

图 2-49

● Size（大小）：设置大理石图案的大小。更改此设置可相对于对象的几何体更改大理石的比例，默认值为 50。

● Levels（层级）：设置湍流算法应用的次数。范围可以为 1.0～10.0。该值越大，大理石图案就越复杂，默认设置是 8.0。

“Color 1（颜色 1）”和“Color 2（颜色 2）”组中的控件是相同的。这些控件决定大理石的两种主要颜色。

● 色样：单击可显示颜色选择器，并更改颜色。

● Map（贴图）：单击可指定贴图，而不是实心颜色。使用复选框可启用或禁用贴图。

● Saturation（饱和度）：控制贴图中颜色的饱和度，无须更改色样中显示的颜色。值越小颜色越暗，值越大，颜色越亮，范围为 1～100。对于颜色 1，默认设置为 85；而对于颜色 2，默认设置为 70。

● Swap（交换）：单击可交换 Color 1 和 Color 2。

（9）Planet（行星）：模拟空间角度的行星轮廓。

（10）Smoke（烟雾贴图）：生成基于分形的湍流图案，以模拟一束光的烟雾效果或其他云雾状流动贴图效果。

“Smoke Parameters（烟雾属性）”卷展栏如图 2-50 所示。

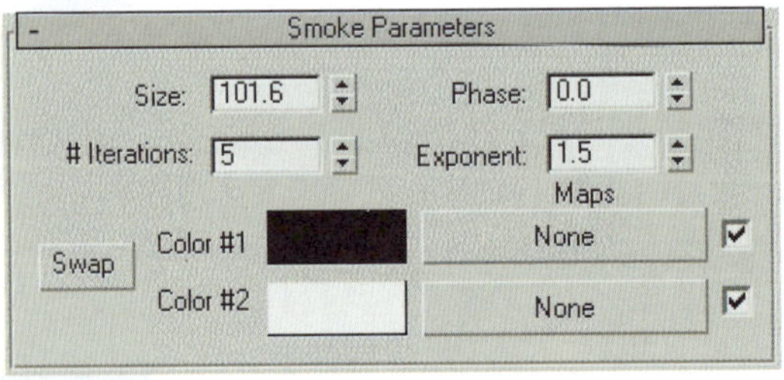

图 2-50

- Size（大小）：更改烟雾“团”的比例，默认设置为 40。
- #Iterations（迭代次数）：设置应用分形功能的次数。该值越大，烟雾越详细，但计算时间会更长，默认设置为 5。
- Phase（相位）：转移烟雾图案中的湍流。设置此参数的动画，即可设置烟雾移动的动画，默认设置是 0。
- Exponent（指数）：使代表烟雾的颜色#2 更清晰、更缭绕。随着该值的增加，烟雾“火舌”将在图案中变得更小。默认设置为 1.5。
- Swap（交换）：交换颜色。
- Color#1（颜色#1）：表示效果的无烟雾部分。
- Color#2（颜色#2）：表示烟雾。

由于通常将此贴图用做不透明贴图，所以可以调整颜色值的亮度，以改变烟雾效果的对比度。

- 单击色样可以更改颜色。通常只需执行此操作即可调整亮度。
- 单击贴图按钮可以指定贴图，而不是实心颜色。启用复选框可激活贴图。

（11）Speckle（斑点贴图）：生成带斑点的曲面，用于创建可以模拟花岗石和类似材质的带有图案的曲面。斑点贴图卷展栏如图 2-51 所示。

- Size（大小）：调整斑点的大小。使用该选项可使斑点与几何体相匹配。默认值为 60。
- Swap（交换）：交换两个颜色组件。
- Color（颜色）#1：表示斑点的颜色。
- Color（颜色）#2：表示背景的颜色。
- Maps（贴图）：单击一个按钮可以指定替换一个颜色组件的贴图。禁用该复选框将禁用相关联的贴图。

（12）Splat（泼溅贴图）：生成类似于泼墨画的分形图案。“Splat Parameters（泼溅贴图）”卷展栏如图 2-52 所示。

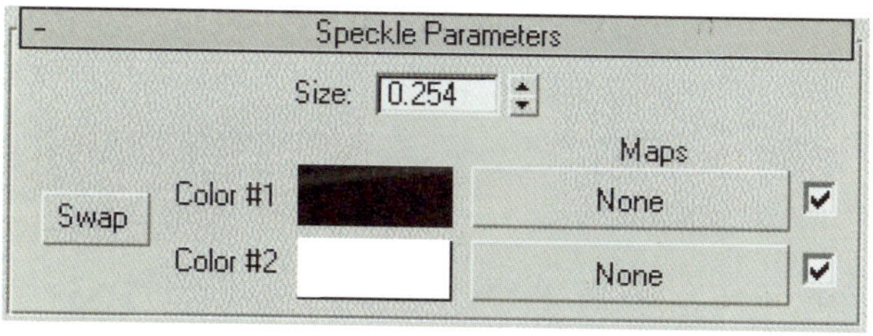

图 2-51

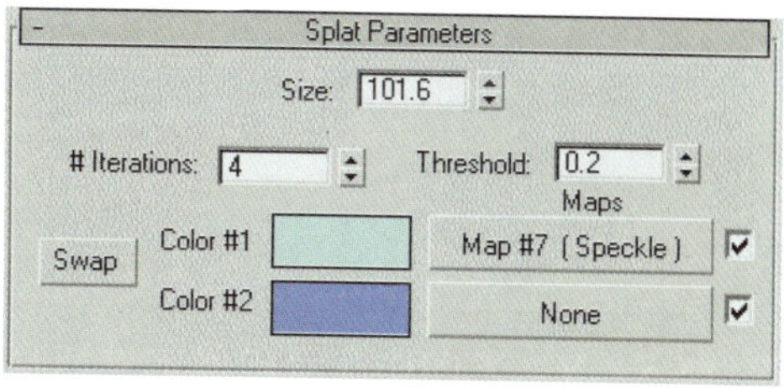

图 2-52

- Size（大小）：调整泼溅的大小。使用该选项可使泼溅与几何体相匹配。默认设置为 40。
- #Iterations（迭代次数）：设置计算分形功能的次数。数值越高，泼溅越详细，但计算时间会更长。默认值为 4。
- Threshold（阈值）：确定颜色#1 与颜色#2 的混合程度。值为 0 时，只显示颜色#1；值为 1 时，只显示颜色#2。默认设置是 0.2。

- Swap（交换）：交换两个颜色组件。
- Color（颜色）#1：表示背景的颜色。
- Color（颜色）#2：表示泼溅的颜色。
- Map#7（贴图）：指定贴图来替换其中一个颜色组件。禁用该复选框将禁用相关联的贴图。

（13）Stucco（灰泥贴图）：生成类似于灰泥的分形图案。“Stucco（灰泥贴图）Parameters”卷展栏如图 2-53 所示。

- Size（大小）：调整缩进的大小。使用该选项可使灰泥的比例与几何体相匹配。默认设置为 20。
- Thickness（厚度）：用于模糊两种颜色的边界。值为 0 时，边界非常清晰。“厚度”越高，边界越模糊，缩进越不明显。如果将“灰泥”用做凹凸贴图，缩进为 0.5 非常微弱并且当值不太大时，缩进会消失。默认值为 0.15。
- Threshold（阈值）：确定颜色#1 与颜色#2 的混合量，值为 0 时，只显示颜色#2；值为 1 时，只显示颜色#1。默认值为 0.57。
- Swap（交换）：交换两个颜色组件。
- Color（颜色）#1：表示缩进的颜色。
- Color（颜色）#2：表示背景灰泥颜色。

提示：由于要将“灰泥”贴图用做凹凸贴图，通常没有必要调整默认的颜色。

- Maps（贴图）：指定贴图来替换其中一个颜色组件。禁用该复选框将禁用相关联的贴图（灰泥贴图恢复为关联的颜色组件）。

（14）Waves（波浪贴图）：通过生成许多球形波浪中心并随机分布生成水波纹或波形效果。“Waves Parameters（波浪贴图）”卷展栏参数如图 2-54 所示。

- Num Wave Sets（波浪组数量）：指定在图案中使用多少个波浪组。波浪组是几组放射状对称的波浪，它们源自随机计算的点沿着对象内部假设的球体（在 2D 波浪分布中是圆圈）表面生成的形状。对于平静的水面，将此值设置为较低的数值。对于波浪起伏的水面，请使用较高的数值。其范围在 1～50 之间，默认为 10。

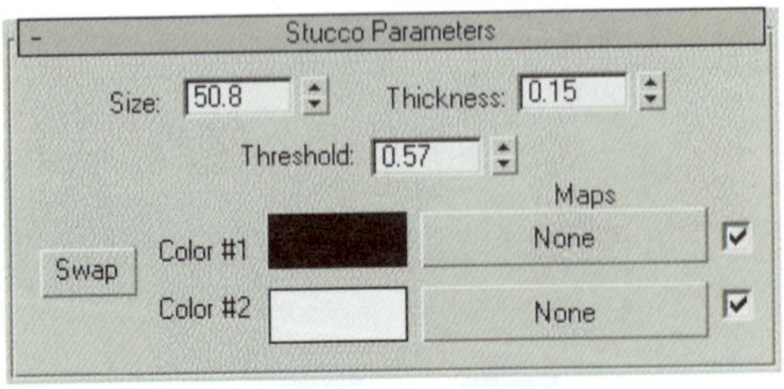

图 2-53

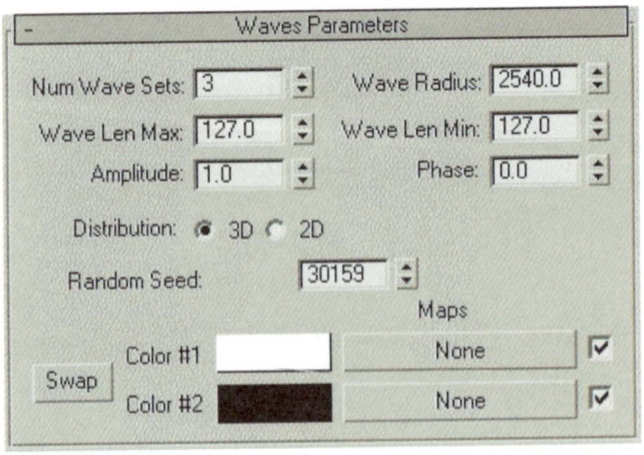

图 2-54

- Wave Radius（波半径）：以 3ds max 自定义场景的单位为基准指定假想的球体（3D 分布）或圆圈（2D 分布）的半径，它们的表面是每个波浪组的起点。大半径产生较大的圆形波浪图案，小半径产生的波浪小，但密度更大。其默认设置为 800。

- Wave Len Max（Min）（波长最大值和波长最小值）：定义每个波浪中心随机所使用的间隔。如果两个值非常接近，那么水面看起来很规则。如果两个值相差很远，那么水面看起来不太规则。其默认最大值为 50.0，最小值为 5.0。
- Amplitude（振幅）：通过增大两种颜色之间的对比度，调整波浪的强度和深度。其默认设置为 1.0。
- Phase（相位）：改变波浪图案。将此参数设置为动画可为图案的运动生成动画效果。
- Distribution（分布）3D/2D：3D 将波浪中心分布在假想球体的表面，影响 3D 对象的各个侧面。2D 将波浪分布在以 XY 平面为中心的圆圈内，它更适用于扁平的水面（如海洋和湖泊）。
- Random Seed（随机种子）：提供一个种子数以生成水波图案。图案会因每个种子而改变，但所有其他设置仍保持不变。
- Swap（交换）：交换颜色。
- Color（颜色）#1/#2：单击色样可更改图案中使用的颜色。通常是波谷使用一种颜色，波峰使用另一种颜色。

也可单击贴图按钮，用某个贴图图案来替换一种或两种颜色。该复选框用于选择启用或禁用贴图。

（17）Wood（木材贴图）：创建 3D 木材纹理图案。

木材是 3D 程序贴图，此贴图将整个对象体积渲染成波浪纹图案，可以控制纹理的方向、粗细和复杂度。

它主要把木材用做漫反射颜色贴图，将指定给“木材”的两种颜色进行混合使其形成纹理图案。可以用其他贴图来代替其中任意一种颜色。也可以将“木材”用到其他的贴图类型中。当使用凹凸贴图时，“木材”将纹理图案当做三维雕刻板面来进行渲染。

3）合成器贴图

合成器专用于合成其他颜色或贴图。在图像处理中，合成图像是指将两个或多个图像叠加以将其组合。

3ds max 提供有合成器贴图，如图 2-55 所示。

（1）Composite（合成贴图）：合成多个贴图。与“混合”不同，它对于混合的量合成没有明显的控制。相反，合成是基于贴图的 alpha 通道上的混合量。

若要指定一个贴图，请执行以下操作：

① 在“Composite Parameters（合成参数）”卷展栏中，单击“贴图”按钮。将显示“浏览器”。

② 选择贴图类型。

若要更改合成的贴图数量，请执行以下操作：

① 在“合成参数”卷展栏中，单击“Set Number（设置数量）”按钮。

② 在子对话框中，选择所需的贴图数量，然后单击“确定”按钮。

警告：如果减少贴图数量，将丢失以前指定的贴图。

“Composite Parameters（合成参数）”卷展栏如图 2-56 所示。

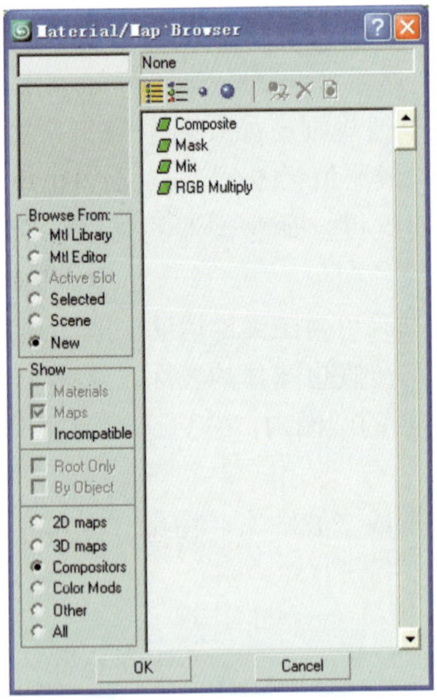

图 2-55

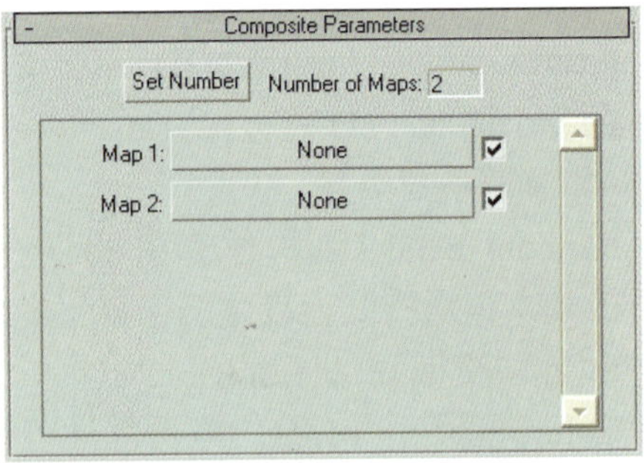

图 2-56

- Set Number（设置数量）：设置要合成的贴图数量。
- Map（贴图）1/2：选择用于添加贴图的按钮。使用复选框可启用或禁用相关贴图。

如果贴图数量超过“材质编辑器”可以在“合成参数”卷展栏中显示的数量，则使用右侧的滚动条即可进行移动。

（2）Mask（遮罩）：遮罩本身就是一个贴图，在这种情况下用于控制第二个贴图应用于表面的位置。

“Mask Parameters（遮罩参数）”卷展栏如图 2-57 所示。

- Map（贴图）：选择或创建要通过遮罩查看的贴图。
- Mask（遮罩）：选择或创建用做遮罩的贴图。
- Invert Mask（反转遮罩）：反转遮罩的效果。

（3）Mix（混合贴图）：用于混合两种颜色或两种贴图，可以使用指定混合级别调整混合的量。混合级别可以设置为贴图。

“Mix Parameters（混合参数）”贴图卷展栏如图 2-58 所示。

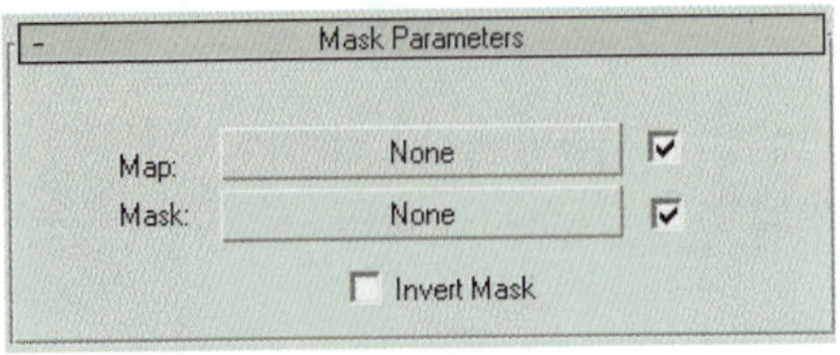

图 2-57

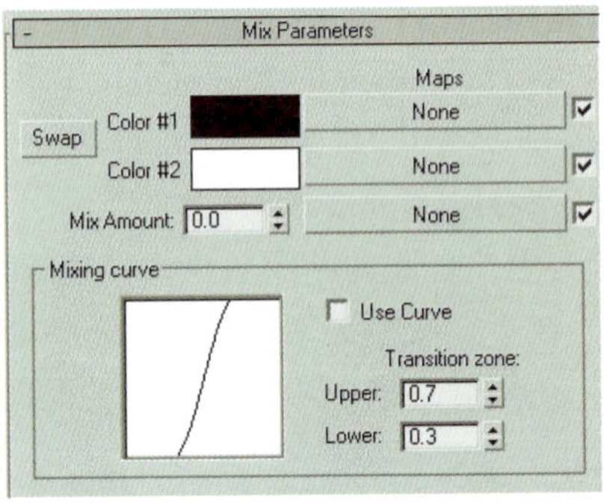

图 2-58

- Swap（交换）：交换两种颜色或贴图。
- Color#1/#2：显示颜色选择器来选择要混合的两种颜色。
- Maps（贴图）：选择或创建要混合的位图或者程序贴图来替换每种颜色。后面的复选框可以启用或禁用与它们相关的贴图。贴图中黑色的区域显示颜色#1，而白色的区域显示颜色#2。灰度值显示中度混合。
- Mixing Amount（混合量）：确定混合的比例。其值为 0 时意味着只有颜色#1 在曲面上可见，其值为 1 时意味着只有颜色#2 为可见。也可以使用贴图而不是混合值。两种颜色会根据贴图的强度以大一些或小一些的程度混合。

“Mixing curve（混合曲线）”选项组如图 2-59 所示。

这些选项可控制要混合的两种颜色间变换的渐变或清晰程度。（此操作仅在处理应用“混合量”的贴图时才有实际意义。）

提示：尝试将两个使用噪波贴图的标准材质混合为一个遮罩，可使之呈现一种有趣的杂色效果。

- Use Curve（使用曲线）：确定“混合曲线”是否对混合产生影响。
- Transition zone（转换区域）：调整上限和下限的级别。如果两个值相等，两个材质会在一个明确的边上相接。加宽的范围提供更渐变的混合。

（4）RGB Multiply（RGB 倍增）：通过倍增其 RGB 和 Alpha 值组合两个贴图。

“RGB Multiply Parameters（RGB 倍增参数）”卷展栏如图 2-60 所示。

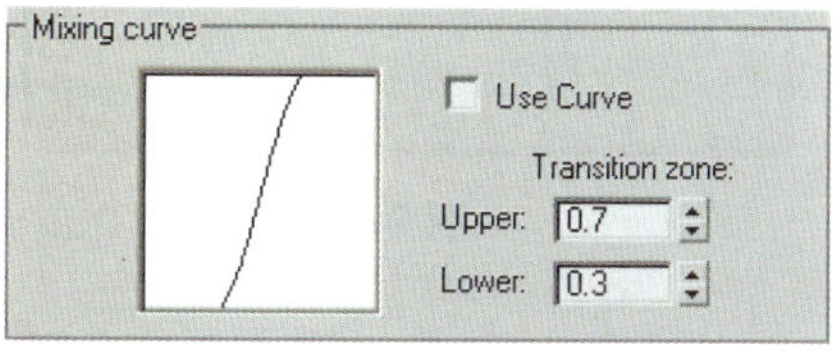

图 2-59

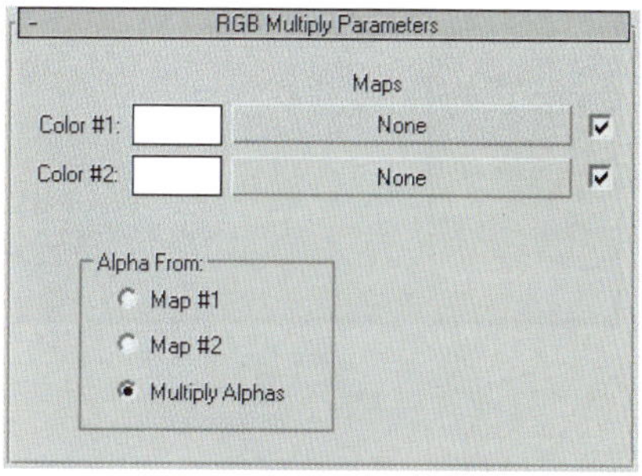

图 2-60

- Color（颜色）#1/#2：单击贴图按钮可指定一个贴图。使用复选框可禁用或启用贴图。要对一个贴图染色，请禁用其他贴图，并单击其色样，以使用颜色选择器选择色彩颜色。

“Alpha From”组：使用该组中的选项可确定如何为贴图生成 alpha。如果没有贴图拥有 alpha 通道，则这些选项不起作用。

- Map（贴图）#1：使用第一个贴图的 alpha 通道。
- Map（贴图）#2：使用第二个贴图的 alpha 通道。
- Multiply（相乘）Alpha：通过将两个贴图的 alpha 通道相乘生成新的 alpha 通道。

4）颜色修改器贴图

使用“颜色修改器（Color Mods）”中的贴图可以改变材质中像素的颜色。“颜色修改器”如图 2-61 所示。

（1）Output（输出）：将位图输出功能应用到没有这些设置的参数贴图中，如方格。这些功能可调整贴图的颜色。

（2）RGB Tint（RGB 染色）：基于红色、绿色和蓝色值，对贴图进行染色。

（3）Vertex Color（顶点颜色）：显示渲染场景中指定顶点颜色的效果。从可编辑的网格中指定顶点颜色。

5）反射和折射贴图

这些贴图在材质/贴图浏览器中作为“其他”组，是创建反射和折射的贴图。每个贴图都有特定用途，如图 2-62 所示。

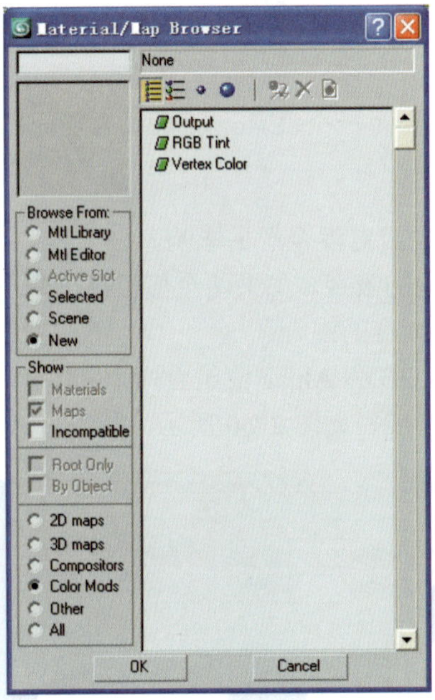

图 2-61

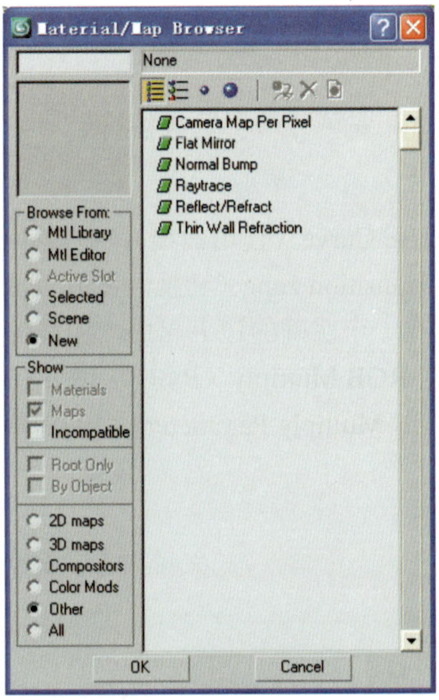

图 2-62

（1）Flat Mirror（平面镜）：为平面生成反射。可以将其指定面，而不是作为整体指定给对象。

（2）Raytrace（光线跟踪）：创建精确的、完全光线跟踪的反射和折射。

（3）Reflect/Refract（反射/折射）：基于包围的对象和环境，自动生成反射和折射。

（4）Thin Wall Refraction（薄壁折射贴图）：自动生成折射，模拟对象和环境可通过折射材质，如玻璃或水看到。

2.5 贴图坐标

每一个贴图都拥有一个空间方位。将带有贴图的材质应用于对象时，此对象必须拥有贴图坐标。此贴图坐标是以 UVW 轴表示的局部坐标。

大多数材质贴图都是为 3D 曲面指定的 2D 平面。因此，说明贴图位置和变形时所用的坐标系与 3D 空间中使用的 XYZ 轴坐标系不同。贴图坐标使用的是字母 U、V 和 W。

U、V 和 W 坐标分别与 X、Y 和 Z 坐标的相关方向平行。如果查看 2D 贴图图像，U 相当于 X，代表着该贴图的水平方向。V 相当于 Y，代表着该贴图的竖直方向。W 相当于 Z，代表着与该贴图的 UV 平面垂直的方向。

用户可能会问，为什么 2D 平面需要像 W 这样的深度坐标？一个原因就是：相对于贴图的几何体对该贴图的方向进行翻转时，这个坐标是很有用的。为了实现该操作，还需要第三个坐标。另外，W 坐标对三维程序材质的作用非同小可。

1. “坐标”卷展栏（2D）

在材质编辑器中选中示例窗，“获取材质”，打开材质/贴图浏览器，启用 2D 贴图。双击一种贴图类型使之应用于示例窗，则“坐标”卷展栏便显示在材质编辑器上，如图 2-63 所示。

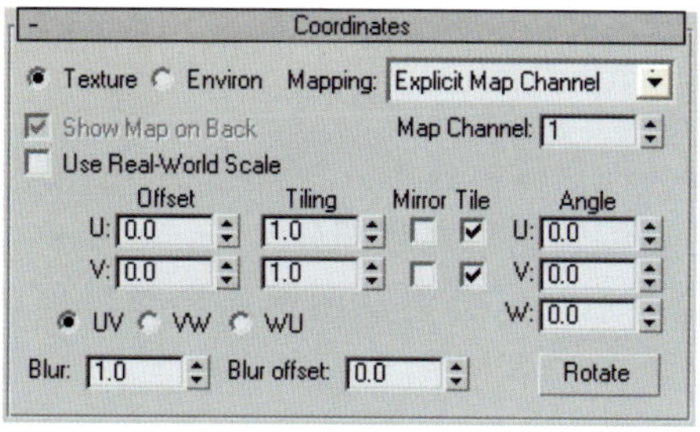

图 2-63

在“坐标”卷展栏中，通过调整坐标参数，可以相对于对其应用贴图的对象表面移动贴图，以实现其他效果。

“Texture（纹理）”和“Environ（环境）”为互相排斥选择，简称“互斥”选择，意思就是只能选择其中的一个作为自己需要的方式。在 3ds max 里，圆形选择框都是“互斥”选择。

- Map Channel（贴图通道）：除非源是“显式贴图通道”，否则该选项不可用。该选项可用时，可以选择范围为 1～99 的任何通道。
- Show Map on Back（在背面显示贴图）：默认为灰色已选状态，一般情况下无须调节。
- Use Real-World Scale：使用真实世界尺寸。
- Offset（偏移）：沿着指定轴移动贴图图案。
- Tiling（平铺）：沿着指定轴平铺贴图图案，并使图案更狭窄。
- Angle（角度）：沿着指定轴旋转贴图图案。
- Blur（模糊）：基于贴图离视图的距离影响贴图的锐度或模糊度。贴图距离越远，模糊度就越大。“模糊”值模糊世界空间中的贴图，主要用于消除锯齿。
- Blur offset（模糊偏移）：影响贴图的锐度或模糊度，而与贴图离视图的距离无关。“模糊偏移”模糊对象空间中自身的图像。当要柔和或散焦贴图中的细节以实现模糊图像的效果时，使用此选项。

2. “坐标”卷展栏（3D）

在材质编辑器中选中示例窗，“获取材质”，打开材质/贴图浏览器，启用 3D 贴图。双击一种贴图类型使之应用于示例窗，则“坐标”卷展栏显示在“材质编辑器”中。通过调整坐标参数，可以相对于应用贴图对象的体积来移动贴图，如图 2-64 所示。

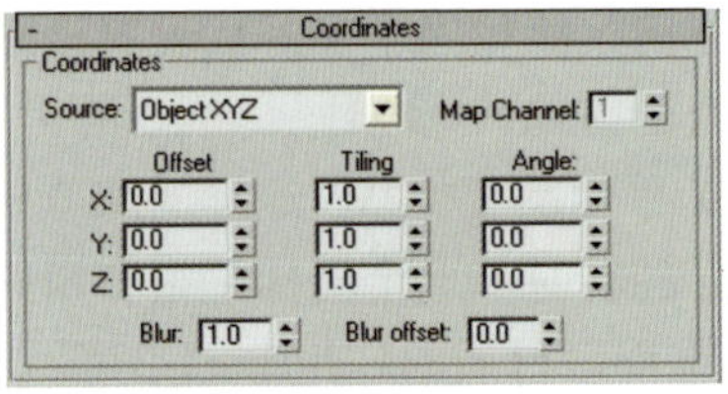

图 2-64

（1）Source（源）：选择要使用的坐标系。下拉列表中有如下四个选项。

- Object XYZ（对象 XYZ）：使用对象的局部坐标系。
- World XYZ（世界 XYZ）：使用场景的世界坐标系。
- Explicit Map Channel（显式贴图通道）：激活“贴图通道”字段。可以选择范围为 1～99 的任何通道。
- Vertex color Channel（顶点颜色通道）：将顶点颜色指定为通道。有关指定顶点颜色的详细信息，请参见可编辑网格内容部分。

设置其中一个贴图通道之后，它会将贴图锁定到对象顶点上的位置，以使贴图“粘住”在动画期间变形的对象。

当对象通过其自己的局部空间变形时（如当其混合或扭曲时），对象显示为通过贴图移动，因为它穿过 3D 纹理的 XYZ 坐标。

（2）Map Channel（贴图通道）：除非源是“显式贴图通道”，否则该选项不可用。该选项可用时，可以选择范围为 1～99 的任何通道。

（3）Offset（偏移）：沿着指定轴移动贴图图案。

（4）Tiling（平铺）：沿着指定轴平铺贴图图案，并使图案更狭窄。

（5）Angle（角度）：沿着指定轴旋转贴图图案。

（6）Blur（模糊）：基于贴图离视图的距离影响贴图的锐度或模糊度。贴图距离越远，模糊度就越大。“模糊”值模糊世界空间中的贴图，主要用于消除锯齿。

（7）Blur offset（模糊偏移）：影响贴图的锐度或模糊度，而与贴图离视图的距离无关。“模糊偏移”模糊对象空间中自身的图像。当要柔和或散焦贴图中的细节以实现模糊图像的效果时，使用此选项。

2.6 UVW 贴图坐标的应用

在 3ds max 中提供了贴图坐标，但它的可控性能低，对一些简单的几何形体的贴图调节是可以的，面对复杂的模型就束手无策了。下面介绍一下 3ds max 提供的两个修改器，是针对贴图坐标的，分别是 UVW Map 和 Unwrap。它们在编辑贴图坐标的过程中起着举足轻重的作用。

“UVW Map”卷展栏的各选项英文对照如图 2-65 所示。

“UVW Map”卷展栏分为贴图、通道、对齐、显示共 4 个选项组，每个选项组都有自己独特的功能。

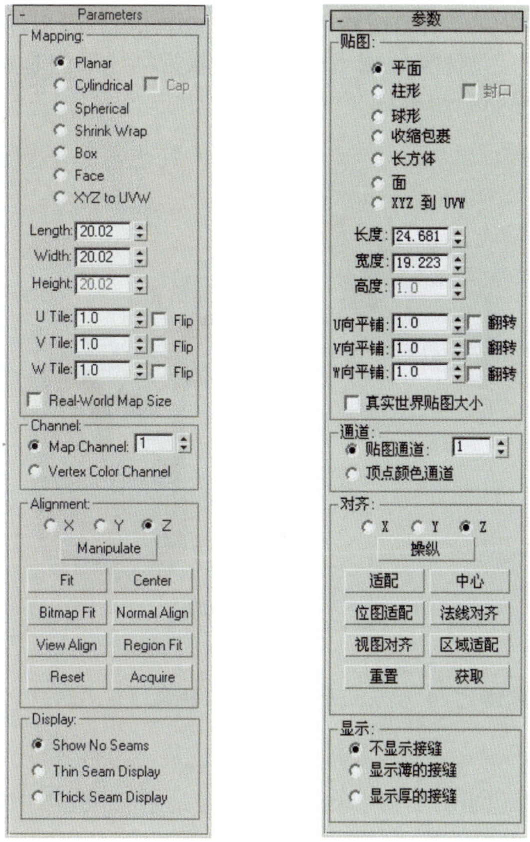

图 2-65

1. “贴图”选项组

“贴图”选项组用于确定所使用的贴图坐标的类型。通过贴图在几何上投影到对象上的方式以及投影与对象表面交互的方式，来区分不同种类的贴图。

（1）Planar（平面）：从对象上的一个平面投影贴图，在某种程度上类似于投影幻灯片。

在需要在对象的一侧贴图时，会使用平面投影。它还可用于倾斜地在多个侧面贴图，以及在对称对象的两个侧面贴图，如图 2-66 所示。

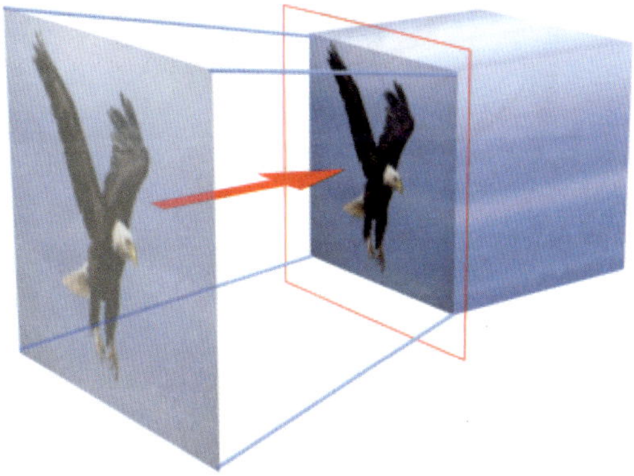

图 2-66

（2）Cylindrical（柱形）：从圆柱体投影贴图，使用它包裹对象。位图接合处的缝是可见的，除非使用无缝贴图。圆柱形投影用于基本形状为圆柱形的对象，如图 2-67 所示。其中，对圆柱体封口应用平面贴图坐标。

图 2-67

注意：如果对象几何体的两端与侧面没有成正确角度，“封口”投影会扩散到对象的侧面上。

（3）Spherical（收缩包裹）：使用球形贴图，但是它会截去贴图的各个角，然后在一个单独极点将它们全部结合在一起，仅创建一个奇点。收缩包裹贴图用于隐藏贴图奇点，如图 2-68 所示。

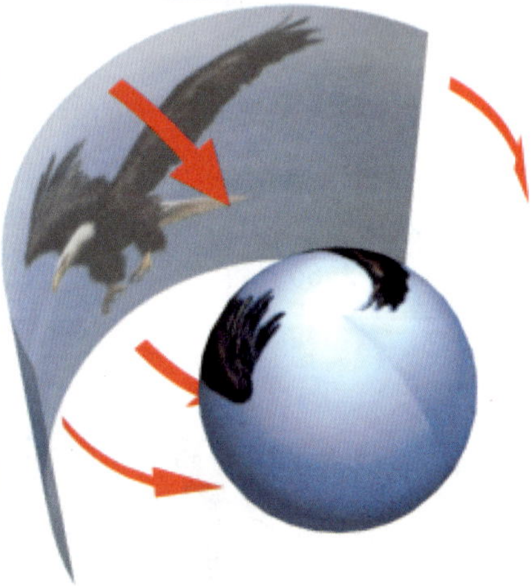

图 2-68

（4）Box（长方体）：从长方体的六个侧面投影贴图。每个侧面投影为一个平面贴图，且表面上的效果取决于曲面法线。从法线几乎与每个面的法线平行的最接近长方体的表面贴图每个面，如图 2-69 所示。

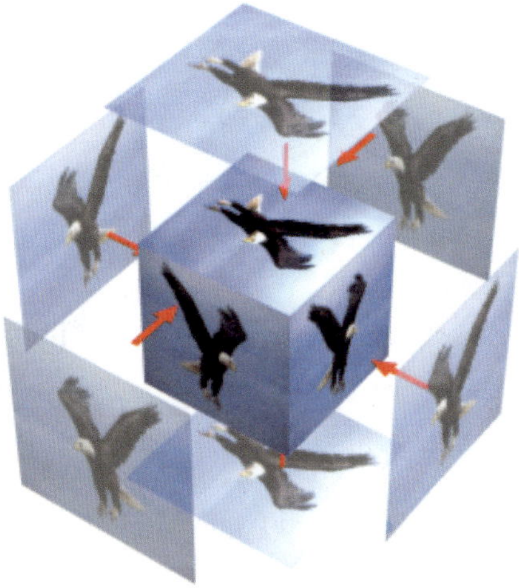

图 2-69

（5）Face（面）：对对象的每个面应用贴图副本。使用完整矩形贴图来贴图共享隐藏边的成对面。使用贴图的矩形部分贴图不带隐藏边的单个面，如图 2-70 所示。

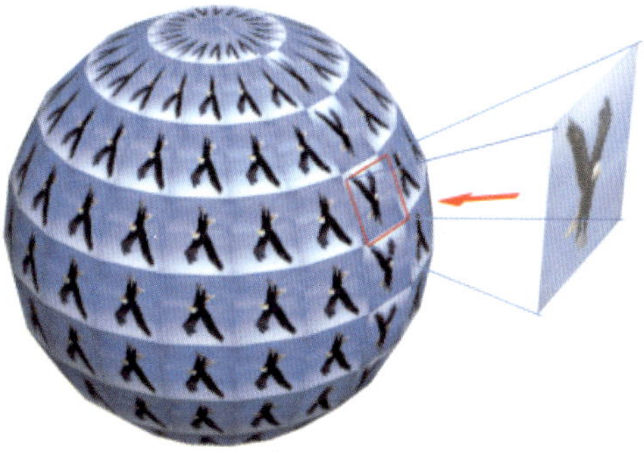

图 2-70

（6）XYZ to UVW：将 3D 程序坐标贴图到 UVW 坐标。这会将程序纹理贴到表面。如果表面被拉伸，3D 程序贴图也被拉伸。将此选项与程序纹理一起使用，如当前的细胞，那么“XYZ to UVW”不能用于 NURBS 对象，如果选择了该对象则被禁用。

注意：如果在“材质编辑器”的“坐标”卷展栏中，将贴图的“源”设置为“显式贴图通道”，在材质和“UVW 贴图”修改器中将使用相同贴图通道。

（7）Length、Width、Height（长度、宽度和高度）：指定“UVW 贴图”gizmo 的尺寸。在应用修改器时，贴图图标的默认缩放由对象的最大尺寸定义，可以在 Gizmo 层级设置投影的动画。请注意有关这些微调器的下列事项。

① 尺寸基于 Gizmo 的边界框。图 2-71 中黄色立方体边框部为 Gizmo。

“高度”尺寸对于“平面”Gizmo 不可用：它不具有深度。同样，“圆柱形”、“球形”和“收缩包裹”贴图的尺寸都显示它们的边界框而不是它们的半径。对于“面”贴图，没有可用尺寸，几何体上的每个面都包含整个贴图。

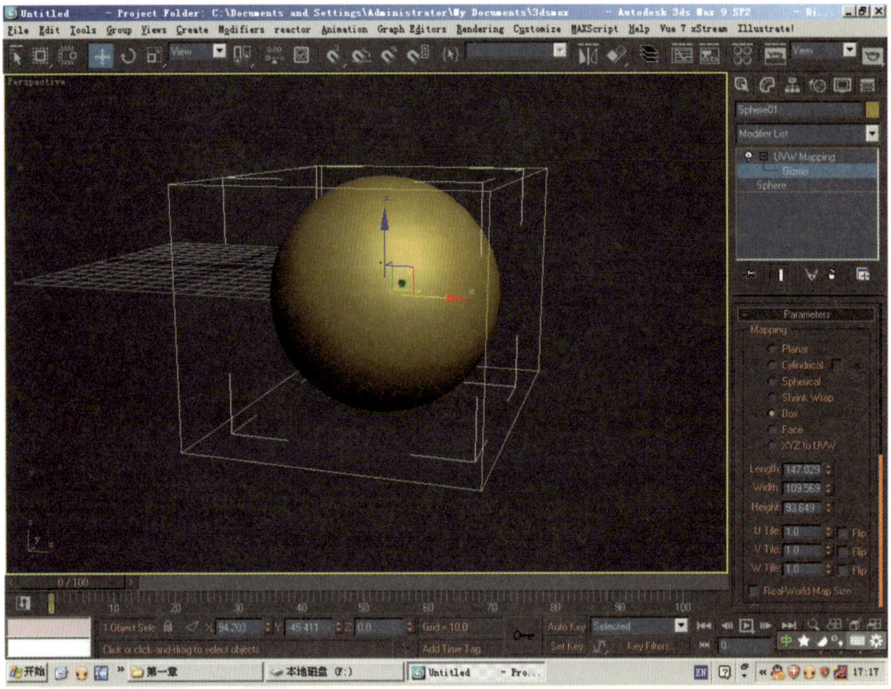

图 2-71

② 加载在 Autodesk VIZ 或 3ds max 中创建的文件时，三个尺寸被设置为 1 或 2，这取决于贴图类型和尺寸（这保证了与早期版本中文件的兼容性，在早期版本中，Gizmo 被不均匀缩放以调整它们的尺寸）。

实际上，尺寸成为缩放因数而不是测量值。通过单击“拟合”或“重置”按钮可重置尺寸的值，这会丢失原来的非均匀缩放。

（8）U 向平铺、V 向平铺、W 向平铺：用于指定 UVW 贴图的尺寸以便平铺图像。这些是浮点值，可设置动画以便随时间移动贴图的平铺。

（9）翻转：绕给定轴反转图像。

（10）真实世界贴图大小：控制应用于该对象的纹理贴图材质所使用的缩放方法。缩放值由位于应用材质的“坐标”卷展栏中的“使用真实世界比例”设置控制，默认设置为启用。

该项启用时，“长度”、“宽度”、“高度”和“平铺”微调器不可用。

2.“通道”选项组

每个对象最多可拥有 99 个 UVW 贴图坐标通道。默认贴图（通过“生成贴图坐标”切换）始终为通道 1。“UVW 贴图”修改器可向任何通道发送坐标。这样，在同一个面上可同时存在多组坐标。

（1）Map Channel（贴图通道）：设置贴图通道。“UVW 贴图”修改器默认为通道 1，所以贴图具有默认行为方式（即早期版本软件中的方式），除非用户显式更改到另一个通道。其默认值为 1，范围为 1～99。

要使用其他通道，不能仅在“UVW 贴图”修改器中选择通道，还应在指定给对象的材质贴图层级指定显式贴图通道。在修改器堆栈中可使用多个“UVW 贴图”修改器，每个修改器控制材质中不同贴图的贴图坐标。

（2）Vertex Color Channel（顶点颜色通道）：通过选择此选项，可将通道定义为顶点颜色通道。另外，确保将坐标卷展栏中的任何材质贴图匹配为“顶点颜色”，或者使用指定顶点颜色。

3.“对齐”选项组

（1）X/Y/Z：选择其中之一，可翻转贴图 Gizmo 的对齐。各项用于指定 Gizmo 的哪个轴与对象的局部 Z 轴对齐。

注意：这些选项与“U/V/W 平铺”微调器旁的“翻转”复选框不同。“对齐”选项按钮实际上翻转 Gizmo 的方向，而“翻转”复选框翻转指定贴图的方向。

（2）操纵：该项启用时，Gizmo 出现在能让用户改变视口中的参数的对象上。当启用“真实世界贴图大小”时，仅可对“平面与长方体”类型贴图使用操纵。

提示：可启用“捕捉”功能来精确调整贴图。

（3）适配：将 Gizmo 适配到对象的范围并使其居中，以使其锁定到对象的范围。在启用“真实世界贴图大小”时不可用。

（4）中心：移动 Gizmo，使其中心与对象的中心一致。

（5）位图适配：显示标准的位图文件浏览器，使用户可以拾取图像。在启用“真实世界贴图大小”时不可用。

对于平面贴图，贴图图标被设置为图像的纵横比。对于圆柱形贴图，高度（而不是 Gizmo 的半径）被缩放以匹配位图。为获得最佳效果，首先使用“拟合”按钮以匹配对象和 Gizmo 的半径，然后使用“位图拟合”功能。

（6）法线对齐：单击并在要应用修改器的对象曲面上拖动。Gizmo 的原点放在鼠标在曲面所指向的点，Gizmo 的 XY 平面与该面对齐，Gizmo 的 X 轴位于对象的 XY 平面上。

“法线对齐”功能考虑了平滑组并使用插补法线，这基于面平滑。因此，可将贴图图标定向至曲面的任何部分，而不是令其捕捉到面法线。

（7）视图对齐：将贴图 Gizmo 重定向为面向活动视口，图标大小不变。

（8）区域适配：激活一个模式，可在视口中拖动以定义贴图 Gizmo 的区域，不影响 Gizmo 的方向。在启用“真实世界贴图大小”时不可用。

（9）重置：删除控制 Gizmo 的当前控制器，并插入使用“拟合”功能初始化的新控制器，所有 Gizmo 动画都将丢失，就像所有对齐选项一样，可通过单击“撤销”按钮来重置操作。

（10）获取：在拾取对象以从中获得 UVW 时，可从其他对象有效复制 UVW 坐标，会有一个对话框提示用户选择是以绝对方式还是相对方式完成获得。

如果选择“绝对”方式，获得的贴图 Gizmo 会恰好放在所拾取的贴图 Gizmo 的顶部。如果选择“相对”方式，获得的贴图 Gizmo 放在选定对象上方。

4. “显示”选项组

此设置确定贴图的不连续性（也称为接缝）是否显示以及如何显示在视口中。仅在

Gizmo 子对象层级处于活动状态时显示接缝。默认接缝颜色为绿色，要更改颜色，请转到“自定义”菜单→“自定义用户界面”→“颜色”选项卡，然后从“元素”下拉列表中选择“UVW 贴图”选项。

这些选项包括：

（1）不显示接缝——视口中不显示贴图边界。这是默认选择。

（2）显示薄的接缝——使用相对细的线条，在视口中显示对象曲面上的贴图边界。放大或缩小视图时，线条的粗细保持不变。

（3）显示厚的接缝——使用相对粗的线条，在视口中显示对象曲面上的贴图边界。在放大视图时，线条变粗；而在缩小视图时，线条变细。

2.7 “Unwrap UVW（展开 UVW）”修改器

单击，在下拉列表中选择“Unwrap UVW”，加载后如图 2-72 所示。

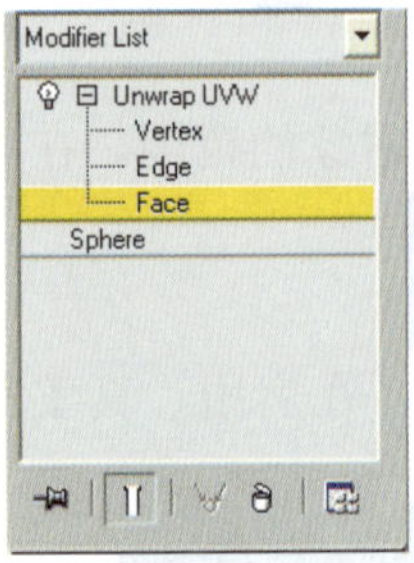

图 2-72

通常，当对一个对象应用“展开 UVW”时，通过修改器堆栈能访问“顶点”、“边”和“面”子对象层级。这与“编辑 UVW”对话框上相应的选择模式同步。在视口中选择 UVW 顶点和边时，“顶点”和“边”子对象层级非常有用，其中对象表面的纹理贴图更容易看到，而且“边”层级对于设置以后可以将其转换为毛皮接缝的边选择非常有用。

如果对“可编辑网格”或“可编辑多边形”对象的活动面选择应用“展开 UVW”，或者对“可编辑面片”对象的活动面选择应用它，那么在“展开 UVW”修改器中便没有可用的子对象层集。应用修改器时可以使用“展开 UVW”只编辑那些活动的选择。更改对象中的子对象选择不会影响“展开”修改器的内容，因为修改器接收的是第一次应用的面选择。

所有三个子对象层级均在“编辑 UVW”对话框的修改器堆栈和“选择模式”组中同步。在其中一个激活子对象层级时，它也会在另一个中激活。与此类似，在视口中选中子对象也同样在编辑器中选中了这些对象，反之亦然。

1.“选择参数”卷展栏

使用“选择参数”卷展栏中的设置，可以创建或修改要在修改器中使用的子对象选择。如果已经将面选择传到堆栈顶层，那么“展开 UVW”会改为使用它，以下这些控件将不可用。如图 2-73 所示为“选择参数”卷展栏中英文对照图。

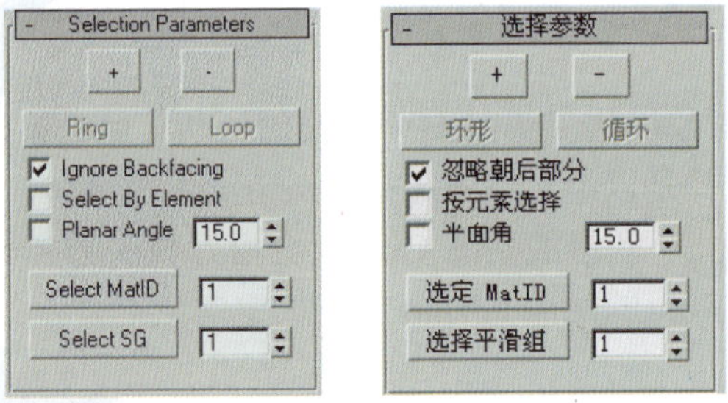

图 2-73

- “+”按钮：通过选择选定面附近的所有面来扩展选择。
- “–”按钮：通过取消选中非选定面附近的所有面来减少选择。
- Ring（环形）：通过选择所有平行于选中边的边来扩展边选择。环形只应用于边选择。
- Loop（循环）：在与选中边相对齐的同时，尽可能远地扩展选择。循环仅用于边选择，而且仅沿着偶数边的交点传播。
- Ignore Backfacing（忽略背面）：进行区域选择时，将不选中视口中不可见的面。
- Select By Element（按元素选择）：可以选择“元素”。
- Planar Angle（平面角）：单击一次，就可以选择连续共面的面。请启用此选项，然后设置阈值角度值，确定哪些面是共面的；然后单击一个面以选择该面和其角度比阈值角度值低的所有连续面。“平面角”仅用于“面”子对象层级。
- Select MatID（选择材质 ID）：可以通过“材质 ID”启用面选择。指定要选择的材质 ID，然后单击“选择材质 ID”按钮。“选择材质 ID”仅用于“面”子对象层级。
- Select SG（选择平滑组）：可以通过“平滑组”启用面选择。指定要选择的平滑组，然后单击“选择平滑组”按钮。“选择平滑组”仅用于“面”子对象层级。

2. “Parameters（参数）”卷展栏

如图 2-74 所示为“参数”卷展栏中英文对照图。

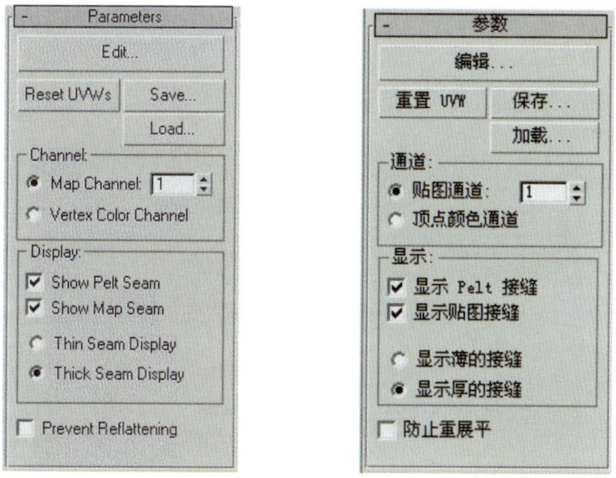

图 2-74

（1）Edit（编辑）：显示“编辑 UVW”对话框。

（2）Reset UVWs（重置 UVW）：在“编辑 UVW”对话框中重置 UVW 坐标。单击该按钮，基本上相当于移除并重新应用修改器，不同的只是在“编辑 UVW”对话框中指定的贴图不会删除。例如，如果忘记了启用对象的“生成贴图坐标”复选框，然后应用了“展开 UVW”修改器，那么修改器就会没有 UVW 坐标可用，它的设置会发生错误。这时如果回到“堆栈”中，然后启用“生成贴图坐标”，就需要单击“重置 UVW”按钮。单击此按钮时，会发出警报，正在进行的所有编辑都将丢失。

（3）Save（保存）：将 UVW 坐标保存为 UVW（.uvw）文件。

（4）Load（加载）：加载一个以前保存的 UVW 文件。

（5）Channel：“通道”选项组。该选项组可以根据编号或顶点颜色通道选择一个特定的贴图通道。当更改通道时，应该重置编辑，因为一个通道的编辑通常不能工作于下一个通道中。

（6）Display：“显示”选项组。此选项组用于确定毛皮接缝和贴图簇边界（也称贴图接缝）是否会出现在视口中以及怎样出现在视口中。

① Show Pelt Seam（显示毛皮接缝）：启用此选项时，毛皮边界在视口中显示为蓝线。

② Show Map Seam（显示贴图接缝）：启用此选项时，贴图簇边界在视口中显示为绿线。

③ 显示厚度设置适用于毛皮接缝和贴图接缝。

- Thin Seam Display（显示薄的接缝）：使用相对细的线条，在视口中显示对象曲面上的贴图接缝和毛皮接缝。放大或缩小视图时，线条的粗细保持不变。使用显示接缝颜色。
- Thick Seam Display（显示厚的接缝）：使用相对粗的线条，在视口中显示对象曲面上的贴图边界。在放大视图时，线条变粗；而在缩小视图时，线条变细。使用显示接缝颜色，这是默认选择。

（7）Prevent Reflattening（防止重展平）：此选项主要用于纹理烘焙。启用此选项后，渲染到纹理自动应用“展开 UVW”修改器的版本，默认情况下命名为“自动展平 UV”，将不会展平面。另外，请确保“渲染到纹理”和修改器用的是同一个贴图通道。

3．“贴图参数”卷展栏

如图 2-75 所示为“贴图参数”卷展栏。

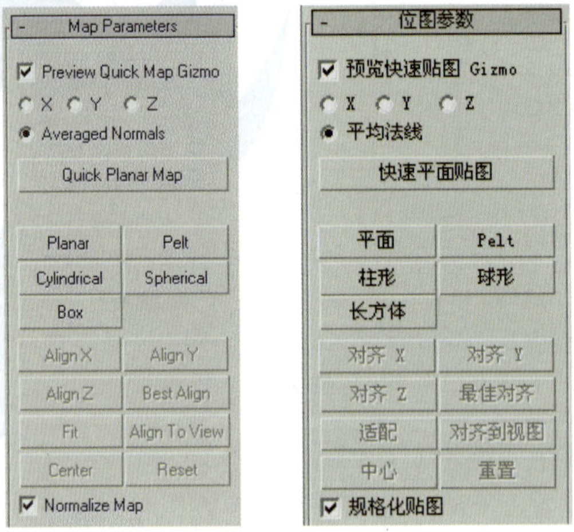

图 2-75

该卷展栏上部的贴图控件只有在位于“面”子对象层级时才可用。另外，只有集合贴图模式按钮（“平面”和“毛皮”等）时，“快速贴图”控件才可用。但是，毛皮控件在所有子对象层级均可用。

注意：当激活贴图类型按钮时，必须先退出贴图操作才能更改选择。

（1）Preview Quick Map Gizmo（预览快速贴图 Gizmo）：启用此选项时，只适用于“快

速贴图”工具的矩形平面贴图 Gizmo，会显示在视口中选择的面的上方。此 Gizmo 不能手动调整，但是可以使用以下控件重新调整它的方向。

X/Y/Z/Averaged Normals（X/Y/Z/平均法线）：为快速贴图 Gizmo 选择对齐，与对象的本地 X、Y 或 Z 轴垂直，或与面的平均法线平行。

（2）Quick Planar Map（快速平面贴图）：对与“快速贴图”Gizmo 的方向平行的选定面应用平面贴图。

（3）Planar（平面）：对选定的面应用平面贴图。选定要进行 UV 展开的面，单击“平面”按钮，使用“贴图参数”面板中的变换工具和“对齐”按钮调整贴图，然后再次单击“平面”按钮退出。

（4）Pelt（毛皮）：对选定的面应用毛皮贴图。单击此按钮即激活“毛皮”模式，在这种模式下可以调整贴图和编辑毛皮贴图。

注意：毛皮贴图总是对整块毛皮使用一个单独的平面贴图。如果应用了如“长方体”等不同种类的贴图，然后切换到“毛皮”，那么刚才的贴图将会消失。

（5）Cylindrical（圆柱形）：对当前选定的面应用圆柱形贴图。选定要进行 UV 展开的面，单击“圆柱体”按钮，使用“贴图参数”面板中的变换工具和“对齐”按钮调整圆柱 Gizmo，然后再次单击“圆柱体”退出。

注意：将“圆柱体”贴图应用到选择上时，软件将每一个面贴图至圆柱体 Gizmo 的边上使其最吻合圆柱方向。为了得到最好的效果，请对圆柱形的对象或对象部位使用圆柱贴图。

（6）Spherical（球形）：对当前选定的面应用球形贴图。选定要进行 UV 展开的面，单击“球形”按钮，使用“贴图参数”面板中的变换工具和“对齐”按钮调整球形 Gizmo，然后再次单击“球形”按钮退出。

（7）Box（长方体）：对当前选定的面应用长方体贴图。选定要进行 UV 展开的面，单击“长方体”按钮，使用“贴图参数”面板中的变换工具和“对齐”按钮调整长方体 Gizmo，然后再次单击“长方体”按钮退出。

注意：将“长方体”贴图应用到选择上时，软件将每一个面贴图至长方体 Gizmo 的边上使其最吻合长方体的方向。为了得到最好的效果，请对长方形对象或对象部位使用“长方体”贴图。

（8）Align X/Y/Z（对齐 X/Y/Z）：将 Gizmo 对齐到对象本地坐标系中的 X、Y、Z 轴。

（9）Best Align（最佳对齐）：调整贴图 Gizmo 的位置、方向，根据选择的范围和平均法线缩放使其吻合面选择。

（10）Fit（适合）：将 Gizmo 缩放至选择的范围并使其位于选择中心。不要更改方向。

（11）Align To View（对齐到视图）：重新调整贴图 Gizmo 的方向使其面对活动视口，然后根据需要调整其大小和位置以使其与选择范围相符。

（12）Center（中心）：移动贴图 Gizmo 以使它的轴与选择中心对齐。

（13）Reset（重置）：缩放 Gizmo 以使其与选择吻合并与对象的本地空间对齐。

（14）Normalize Map（规格化贴图）：启用此选项后，缩放贴图坐标使其符合标准坐标贴图空间的值为 0～1。禁用此选项后，贴图坐标的尺寸与对象本身相同。贴图总是在 0～1 坐标空间中平铺一次；贴图的部位基于其“偏移”和“平铺”值。

例如，如果有一个从顶部进行平面贴图的大小为 25 单位的球体，应用“展开 UVW”并禁用“规格化贴图”，那么打开编辑器时，球体的贴图坐标半径为 25 单位。因此，纹理贴图会平铺在球体表面上很多次。启用“规格化贴图”后，球体和贴图都满足 0～1 坐标空间，所以它们具有同样的大小。

总之，为了得到最好的效果，请总是启用“规格化贴图”。禁用此选项的一个原因是希望使用一种特定纵横比的纹理对几个不同比例的元素进行贴图，如砖块，在每个对象上保持相同的纹理尺寸。

4.“毛皮”控件

“毛皮”控件提供了指定毛皮接缝的不同方法，在修改器的所有子对象层级都可以使用。

如图 2-76 所示为“毛皮”控件的中英文对照图。

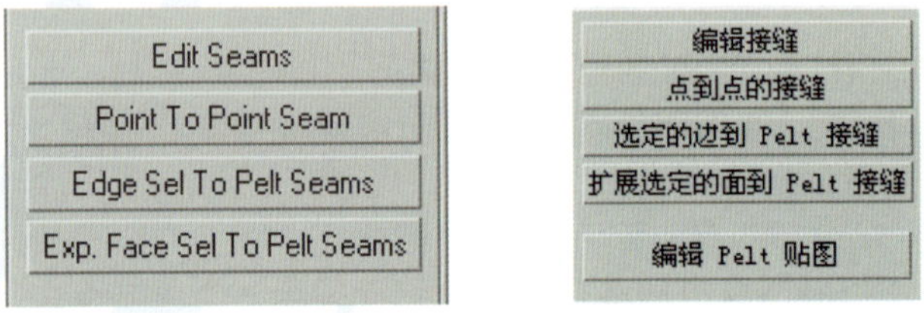

图 2-76

（1）Edit Seams（编辑接缝）：在视口中用鼠标选择边来指定毛皮接缝。

这与标准的边选择相似但不完全相同：

- 单击一条边可将其添加到当前的选择中。
- 按“Alt”键并单击一条边可将其从当前选择中移除。
- 拖动选择一个区域。

（2）Point To Point Seam（点对点接缝）：在视口中用鼠标选择顶点来指定毛皮接缝。用该工具指定的毛皮接缝总是添加到当前接缝选择中。

在此模式中，单击一个顶点之后，在单击的地方会出现一条橡皮筋线跟随着鼠标光标。单击另一个不同的顶点创建一个毛皮接缝，然后继续单击顶点以在每个顶点到上一个顶点之间创建一个接缝。如果要在此模式中从另一个不同点开始，请单击右键，然后单击一个不同的顶点。若要停止绘制接缝，请再次单击此按钮将其关闭。

注意：当激活“点对点接缝”时，可以在任何时候使用上下文控件（中键拖放、Alt + 中键拖放、转动鼠标滚轮）进行平移、旋转和缩放视口，以此来访问网格曲面的不同部位。这样操作之后，软件仍然能记住上一次单击的顶点，并在下一次单击的地方绘制一个准确的接缝。与此类似，可以使用“视口控件”按钮调整视口，然后返回选择接缝。如果完成控件操作不止需要一次单击，如“平移”操作，可以在视口中单击右键退出此控件，恢复到橡皮筋线，该线条将从上一次单击的顶点处延伸出来。

提示：“点对点接缝”用来计算路径的算法可能会创建一个与用户想象不同的接缝。如果发生了这种情况，可撤销操作（Ctrl+Z），然后把绘制点排列得紧凑一些来指定希望得到的路径。

（3）Edge Sel To Pelt Seams（选定的边到毛皮接缝）：将当前的边选择转换为毛皮接缝。这些接缝将添加到任何现有的接缝中。

（4）Edge Sel To Pelt Seams（扩展选定的面到毛皮接缝）：扩展当前的面选择使其与毛皮接缝的边界吻合。如果多个接缝轮廓包含所选中的面，那么扩展只在最后一次选中的面上发生，并取消其他所有选择。

（5）Exp.Face Sel To Pelt Seams（编辑毛皮贴图）：在特殊的“毛皮”模式中打开“编辑UVW”对话框，“毛皮贴图参数”对话框处于激活状态。该命令还根据毛皮接缝初始化贴图坐标，仅当激活“毛皮”贴图模式时可用。

当在“毛皮”模式中打开编辑器时，可以使用编辑器和对话框控件来“拉伸”贴图坐标，使坐标更容易进行纹理贴图。

5. “编辑 UVW”对话框

“编辑 UVW”对话框是一个独立的窗口，其中显示一个 UVW 面和 UVW 顶点组成的晶格。每个 UVW 面有三个或多个顶点，与网格中的面相对应。

“编辑 UVW”视图窗口中的贴图显示如图 2-77 所示。与显示在图像空间中一样，较粗的栅格线显示纹理贴图的边界，通过选择晶格顶点、边或面（统称为子对象）可操纵相对于贴图的 UVW 坐标（或网格），并变换它们。

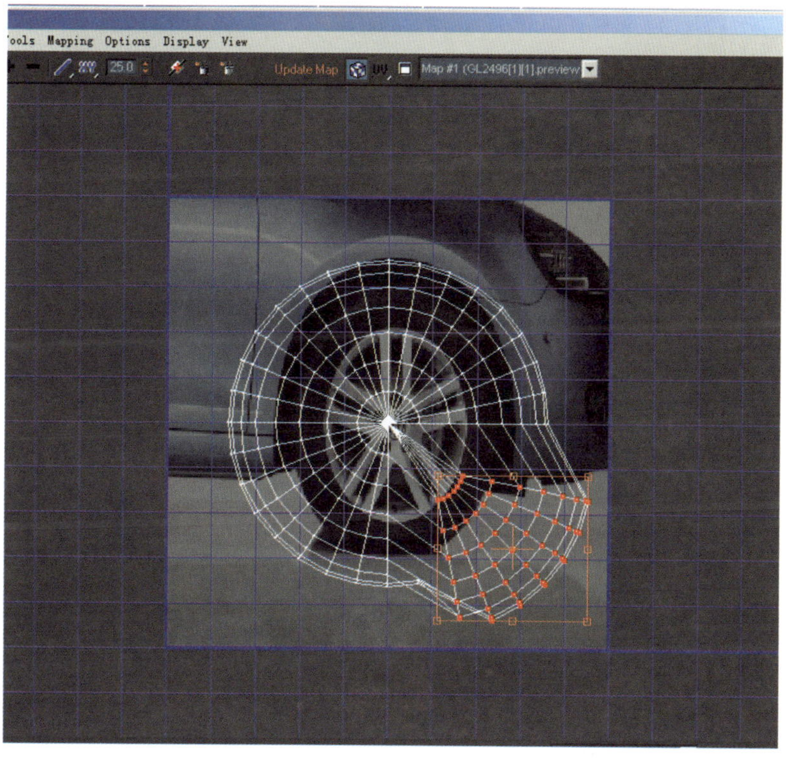

图 2-77

“编辑 UVW”对话框的状态，包括按钮和选定选项将被存储，并供用户下次打开“编辑”对话框时重新调用。

在“编辑 UVW”对话框中，可以编辑面片对象纹理坐标以及网格坐标。在编辑面片对象时，也可以编辑顶点控制柄。另外，可以编辑手动内部控制柄，在“面片”子对象层级选择一个或多个面片，右键单击选定面片，然后从四元菜单中选择“工具 1 区域→手动内部”命令，如图 2-78 所示。手动内部控制柄在编辑器窗口中显示为孤立顶点。

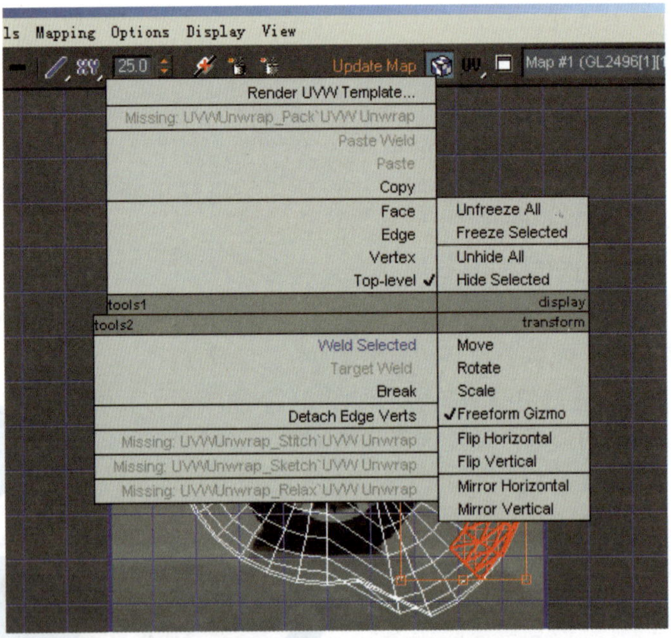

图 2-78

注意：某些建模操作可以保留编辑器窗口中显示的未使用（孤立的）贴图顶点，但不能用于贴图。如果模型是“可编辑多边形”或“编辑多边形”对象，可以在“顶点”子对象层级使用“移除未使用的贴图顶点”按钮自动删除这些顶点。

提示：编辑器能够显示所选中子对象的数量。该选项可作为“展开 UVW”快捷键，与“显示子对象计数器”一样。

除窗口以外，编辑器界面还包含菜单栏、工具栏、底部工具栏以及停靠在主对话框下面的“选项”面板。

（1）工具栏：包含用于操纵视图窗口中的纹理子对象，在窗口中导航和设置其他选项的所有控件。在使用“旋转”和“缩放”变换时，按“Ctrl+Alt”组合键，将在鼠标单击的点而不是选择中心变换选择。第一次单击指定变换的中心。

移动：用于选择和移动子对象。弹出按钮选项为“移动”、“水平移动”和“垂直移动”。按“Shift”键将移动约束到单个轴。

旋转：用于选择和旋转子对象。

缩放：用于选择和缩放子对象。弹出按钮选项为“缩放”、“水平缩放”和“垂直缩放”。缩放时按“Shift”键可将变换约束到单个轴。

自由形式模式：用于根据拖动的位置选择、移动、旋转或缩放顶点。进行选择后，“自由形式”Gizmo（图 2-79 中四深色边框）显示为选定顶点周围的矩形边界框。当将光标移动到 Gizmo 的各种元素上以及 Gizmo 内部时，光标的外观和在该位置开始拖动的结果更改如下。

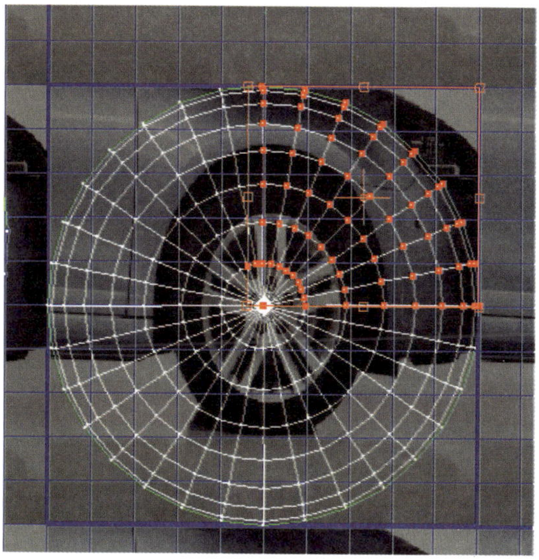

图 2-79

- 移动：将光标放置在 Gizmo 内部的任何位置，然后拖动以移动选择。要将移动约束到垂直轴或水平轴（取决于开始拖动的方式），可按住“Shift”键开始拖动。
- 旋转：将光标放置在 Gizmo 边的中心点上，然后拖动鼠标左键可绕轴旋转选择。拖动时，Gizmo 的中心显示旋转量。
- 按“Ctrl”键并拖动会以 5° 增量旋转；按“Alt”键并拖动会以 1° 增量旋转。自由形式旋转与角度捕捉状态有关。
- 缩放：将光标放在 Gizmo 角上，然后拖动可缩放选择。在默认情况下，缩放是非均匀的；如果拖动前按住“Ctrl”键，则水平轴或垂直轴上的缩放是均匀的。拖动前按住“Shift”键，可将缩放约束到垂直轴或水平轴（取决于开始拖动的方式）。
- 在默认情况下，在 Gizmo 中心进行缩放。如果已移动轴，则拖动前按住“Alt”键会在变换中心缩放。
- 移动轴：将光标放在轴上，在默认情况下，十字线框显示在 Gizmo 中心。出现光标后，拖动可移动轴。旋转总是绕轴进行；如果拖动前按住“Alt”键，缩放也会发生在轴上。

提示：在默认情况下，进行新选择时，轴总是重置到 Gizmo 中心。如果要保留选择之间的偏移，则使用“选择时重置轴”命令可以切换该功能。默认情况下，在编辑器界面中该命令不可用，必须使用“自定义用户界面”对话框来添加该命令。

如果使用“Ctrl”键并在 Gizmo 外部选择一个或多个顶点，Gizmo 将扩展为覆盖整个选择。

镜像：镜像选定顶点并翻转 UV。在该按钮上长按鼠标左键，即会弹出按钮选项“垂直镜像”、“水平镜像”、“水平翻转”和“垂直翻转”。

图 2-80

启用“目标焊接”，如图 2-80 所示，然后拖动一个顶点到另一个顶点，或者一个边到另一个边。拖动时，光标在有效子对象上变为十字线。该命令处于激活状态时，可以继续焊接子对象和更改子对象层级。若要退出“目标焊接”模式，请在编辑器窗口中单击右键。

显示贴图：切换编辑器窗口中的贴图显示。

UV/VW/UW：在默认情况下，视图窗口中显示的是 UVW 坐标的 UV 部分。不过，可切换显示来编辑 UW 或 VW。

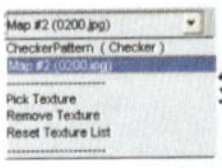
纹理下拉列表：包含指定给对象的材质的所有贴图。材质编辑器中和“编辑 UVW”对话框（通过“拾取纹理”）中指定的贴图名称会出现在该列表中。

在贴图名称下面有如下几个命令。

- 拾取纹理：允许使用“材质/贴图浏览器”添加和显示对象材质中没有的纹理。
- 移除纹理：从编辑器中删除当前显示的纹理。
- 重置纹理列表：将纹理列表返回到应用材质的当前状态，移除任何添加的纹理，并且还原任何移除的属于原始材质的纹理（如果它们仍然存在于材质中）。该命令还在材质中添加了新的贴图，因此有必要将 UVW 编辑器更新到材质的当前状态。

名为“CheckerPattern（Checker）”的棋盘格纹理，对于检测纹理贴图的扭曲区域非常有用。该纹理位于“编辑 UVW”对话框中。在默认情况下，将“展开 UVW”应用于对象之后，第一次打开编辑器时，该纹理显示为背景纹理。若要使图案出现在设置为显示纹理的视口中的对象上，请在纹理下拉列表中选择它，即使它已经在编辑器中处于活动状态。

（2）底部工具栏。

- 绝对/偏移模式：禁用该选项后，软件将输入 U、V 和 W 字段的值视为绝对值。启用该选项后，软件将输入的变换值作为当前值的相对值，即作为偏移。默认设置为禁用状态。
- U、V 和 W：显示当前选择的 UVW 坐标。可使用键盘或微调器编辑它们。这些字段在所有子对象层级都处于活动状态，但总是应用于顶点。选定单个顶点后，它们显示当前坐标。选定多个顶点（或一个或多个边或面）后，它们显示选择包含的顶点的任何公共坐标；否则，它们为空。
- 锁定当前选择：锁定选择。可以移动选定子对象而不接触它们。
- 过滤选定面：在视口中显示对象的选定面的 UVW 顶点，并隐藏其余部分。
- 所有 ID 的（下拉）：过滤对象的材质 ID，显示与 ID 下拉菜单匹配的纹理面。
- 平移：单击“平移”按钮，然后可以在窗口中拖动可更改可视部分。

提示：若使用三键鼠标，也可以通过按住鼠标中键并拖动的方式来平移窗口。

- 缩放：单击“缩放”按钮，然后单击并拖动可缩放窗口。

提示：若使用滚轮鼠标，也可以通过滚动滚轮来进行缩放。

- 缩放区域：单击“缩放区域”按钮，然后可放大窗口中的选择区域。
- 最大化显示：放大或者缩小以适配窗口中的所有纹理坐标。在此按钮上长按鼠标左键，弹出的按钮允许用户将所有纹理坐标缩放到当前选择，并且可以缩放到所有包含任何选定子对象的簇/元素。
- 栅格捕捉：启用该选项后，移动子对象会将最接近鼠标光标的顶点（由方形轮廓高亮显示）捕捉到最近的栅格线或交叉点。这是此弹出按钮的默认工具，也可以使用“像素捕捉”。可以在“展开选项”对话框中设置捕捉强度。用鼠标左键长按该键即会弹出菜单，如图 2-81 所示。
- 像素捕捉：当背景中有位图时会捕捉到最近的像素角。该选项也位于“栅格捕捉”弹出按钮中。可以将其与中心像素捕捉组合，以捕捉到像素中心而不是角。

图 2-81

注意：选定多个顶点时，所有顶点会捕捉到相对最近的像素。这可以稍微改变它们之间的空间关系。

（3）“选项”面板。如图 2-82 所示为“选项”面板的中英文对照图。

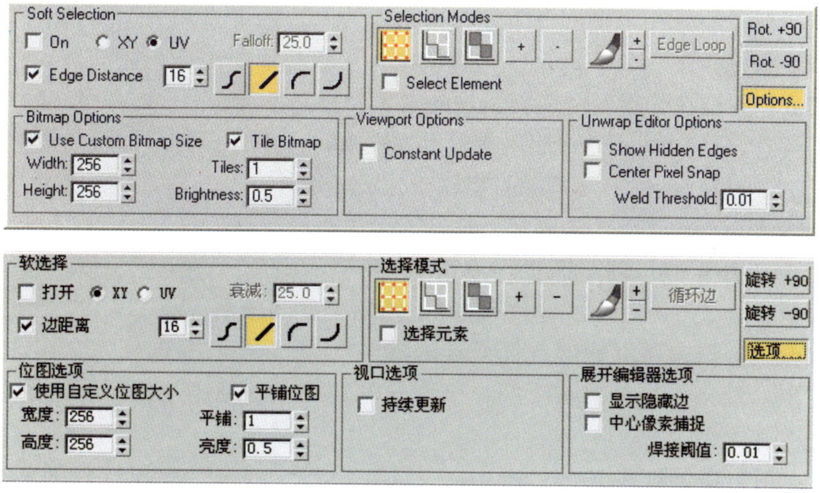

图 2-82

默认情况下，“选项”面板停靠在“编辑 UVW”对话框的底部，提供使用软选择的控件，可指定选择模式并选择旋转的方式。“选项”按钮用于切换位图、视口和编辑器的其他设置的显示。

①“软选择”选项组：“软选择”选项组中的控件选择子对象的行为就像被“磁场”围绕一样。变换子对象选择时，会平滑绘制磁场中的未选定的子对象，效果随距离减小。无论

它是应用于对象空间、纹理空间还是边空间，也无论它按什么公式减小，都可以调整或“衰减”该距离。

首先，设置包含要移动或缩放的子对象的值；然后，使用衰减效果变换子对象。

- 打开：激活或取消激活软选择。
- XY/UV：指定衰减距离的对象或纹理空间。XY 选择对象空间，UV 选择纹理空间。
- 衰减：设置衰减距离。值增大时，未选定顶点的颜色从选定顶点逐渐变化，反映影响区域。
- 边距离：启用该选项后，可通过选择与受影响顶点之间的指定边数来限制衰减区域。影响范围使用一系列“边距”空间量度而不是用绝对距离。
- 衰减类型：使用软选择变换根据衰减类型影响衰减区域中未选定的顶点。其后的图标说明其按钮影响衰减的方式，包括：
  ——平滑；——线性；——缓慢；——迅速。

②“选择模式”选项组。

- 子对象模式：通过在窗口中单击或拖动来指定可选择的子对象类型，默认设置为“顶点”。一次只能激活三个子对象模式之一：
  ——定点；——边；——面。

注意：默认情况下，选定子对象为红色。此外，在“边”和“面”子对象模式中，默认情况下所有共享边都是蓝色。共享边是指选定边或面共享其两个端点，因此实际上它也被选定。使用“自定义用户界面→颜色”面板可以更改这些颜色。

三个子对象层级在“展开 UVW”修改器的修改器堆栈和“选择模式”选项组之间同步。选择其中一个子对象层级时，也将激活其他层级。与此类似，在视口中选中子对象也同样在编辑器中选中了这些对象，反之亦然。

- 展开选择：向选择中添加子对象。在所有可用方向向外扩展顶点和面。边沿可用 UV 路径扩展。例如，要选择一组轮廓，请先选择一个外边，然后重复单击该按钮。
- 收缩选择：通过取消选择最外层子对象来收缩选择。
- 绘制选择模式：用于通过在编辑器窗口中拖动来“绘制”子对象选择。激活该模式后，将光标移入编辑器窗口中，然后拖动可选择子对象。若要退出“绘制选择”模式，请单击右键或选择变换工具。“绘制”模式只选择完全在选择刷内部的子对象，连接到鼠标的虚线圆显示刷子的大小。使用画笔按钮旁边的“+/–”按钮可更改其大小。
- +/–：用于增大和减小“绘制选择”模式“刷”的大小，该圆连接到鼠标光标。
- Edge Loop 边循环：扩展现有边选择，以选择附着到选定边的循环中的所有边。选择一条或多条边，然后单击“边循环”按钮即可。“边循环”使用“中心-路径”方法计算循环选择。要扩展选择，在编辑器窗口中必须有奇数条边附着到选定边的一端。接着可以选择中间连接边，然后只要可以，就使用新选定的每条边继续选择。当遇到一条已连接偶数条边或已为其选定中间边的边时停止。
- 选择元素：在簇中选择一个子对象将选择整个簇。在所有子对象模式下生效。
- Rot. +90 旋转+90：绕其中心旋转 90°。

- 

旋转-90：绕其中心旋转-90°。

③“位图选项”选项组，如图 2-83 所示。单击“Options（选项）”按钮可启用该组。

- Use Custom Bitmap Size（使用自定义位图大小）：启用该选项后，将位图纹理缩放到“宽度”和“高度”项指定的值。可以调整这些设置来相对于纹理坐标对位图纹理进行缩放和再均衡。此缩放不影响材质中的位图，仅影响编辑器中的显示。

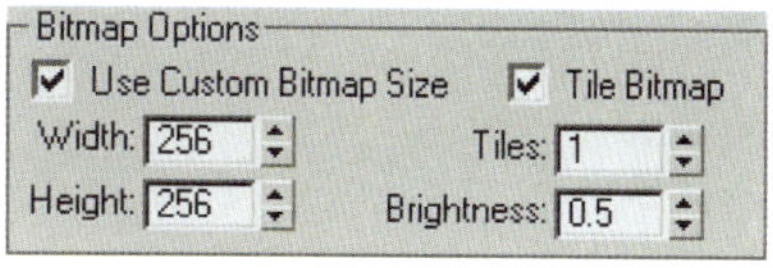

图 2-83

提示：在处理大纹理时，为快速反馈而减小位图尺寸，在处理非均匀纹理时，可在编辑器中将尺寸设置为彼此相邻可以使之易于操作。

- Width（宽度）：沿水平轴缩放位图。
- Height（高度）：沿垂直轴缩放位图。
- Tile Bitmap（平铺位图）：启用该选项后，可重复编辑器中的位图，从而显示材质中设置的平铺。可使用平铺图像的任何部分设置纹理坐标。此操作在纹理图像段紧凑打包而且网格包含很多不同贴图区域时很有帮助。
- Tile（平铺）：纹理图像所重复的次数，在 8 个方向上向外（4 个角和 4 个侧面）。如果平铺值为 1，结果是一个 3×3 的晶格。如果平铺值为 2，结果是一个 5×5 晶格，以此类推。
- Brightness（亮度）：设置平铺位图的亮度。该值为 1.0 时，亮度等于原始图像的值；该值为 0.5 时，亮度为一半；该值为 0 时，为黑色。

④“视口选项”选项组，如图 2-84 所示。

- Constant Update（持续更新）：启用该项时，视口实时更新。禁用该选项后，仅在完成变换纹理坐标后（即松开鼠标按钮时）更新视口。

⑤“展开编辑器选项”选项组，如图 2-85 所示。

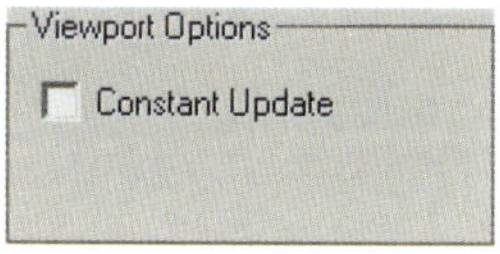

图 2-84

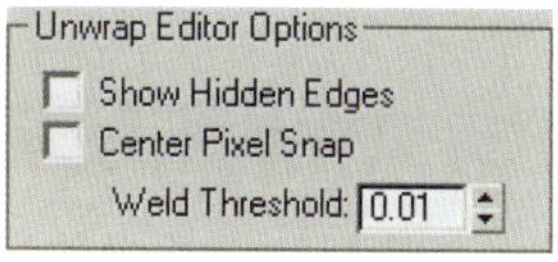

图 2-85

- Show Hidden Edges（显示隐藏边）：切换面边的显示。禁用该选项后，仅显示面。启用该选项后，显示所有的网格几何体。
- Center Pixel Snap（中心像素捕捉）：启用像素捕捉时，捕捉到背景图像的像素中心而不是像素的边。
- Weld Threshold（焊接阈值）：设置半径，在该半径范围内使用“焊接选定项”的焊接生效。此项设置的是 UV 空间的距离。其默认值为 0.01，范围为 0～10。

第3章 摄像机

知识要点

- 掌握摄像机的类型及参数调节；
- 掌握摄像机的功能和用法。

3.1 摄像机简介

摄像机在三维软件中起着很重要的作用，它可以模拟真实摄像机无法实现的动画效果，还可以模拟角度、景深、模糊、焦距等效果。本章中只介绍摄像机的构图的用法。

3.2 3ds max 中的两种摄像机

3ds max 中提供了两种摄像机：目标摄像机和自由摄像机。

（1）自由摄像机用于观察所指方向的场景内容，多用于轨迹动画制作，如建筑漫游、移动跟拍等。自由摄像机能够随着路径的变化而变化。

（2）目标摄像机用于观察目标点附近的场景内容。它是通过摄像机和目标点来控制角度、位置和旋转的。与自由摄像机相比，它的可控性较强，但操作比较麻烦，各有所长。

3.3 摄像机的重要参数

要创建摄像机，请执行以下操作：

（1）在“Create（创建）”菜单中选择“Camera（摄影机）→Free Camera（自由摄影机）”命令或“TargetCamera（目标摄像机）”命令，或者单击“Create（创建）”面板上的“Camera（摄影机）”，然后单击“Object Type（对象类型）”卷展栏上的“自由”按钮。

（2）选择放置摄影机的窗口位置。

选择的窗口类型决定了自由摄影机的初始方向。

摄影机现在成为场景的一部分。在想激活成摄像机视图的窗口中按“C”键就转换成摄像机视窗了。

（3）设置创建参数。

（4）旋转并移动摄影机可以调整观察点。

注意：在创建摄像机时一定要找好角度，不然有可能什么都看不见。在选好角度的情况下进一步调节视图（也就是构图）。

如图 3-1 所示是摄像机提供的 9 种备用镜头，可以根据需要选择。这几种也是比较常见的镜头，可以选择后再进行微调，以达到自己需要的效果。

下面介绍几种微调的工具，如图 3-2 所示。

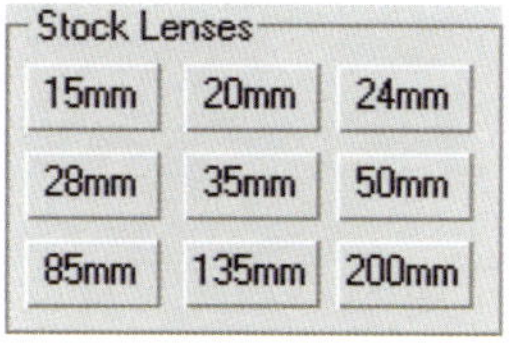

图 3-1

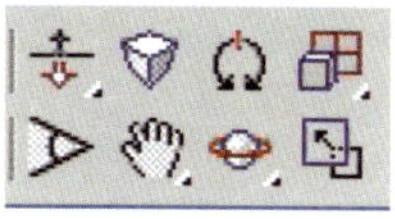

图 3-2

：推拉沿视线移动摄影机或灯光。

：单击透视，然后在摄影机视口中拖动来更改视野（FOV），并同步推拉摄影机。其效果是在维持此视图构图的同时改变最大透视角度。

：单击侧滚，然后在摄影机或灯光视口中拖动，使摄影机或灯光围绕其视线旋转。视线的定义为从摄影机或灯光到其目标之间的直线。视线还与摄影机或灯光的局部 Z 轴相同。

：单击缩放或缩放所有视图并且在视口中拖动以更改视图的放大。“缩放”只能更改活动视图，而“缩放所有视图”可以同时更改所有非摄影机视图。

：如果透视视图为活动视图，也可以单击视野（FOV）。更改视野、更改摄影的方法与使用广角镜头相似。视野越小，场景中可看到的部分越少且透视图会展平，这与使用长焦镜头类似。

警告：使用极端“视野”设置时务必谨慎。相应操作可能会产生意外的结果。

：单击“平移”视图并在视口中拖动，可以平行于视口平面移动视图。在任何工具处于活动状态时，也可以通过按住鼠标中键并拖动的方式来平移视口。

：环游在围绕目标的圆形区域中移动摄影机或灯光。其效果与非摄影机视口的“弧形旋转”相似。

：这是个视图和单个视图切换工具。

注意：通过以上的部分工具可以微调摄像机的构图，只要细心地调节，就一定能够得到想要的构图方式。但不要忽略摄像机本身是可以调节的，通过移动、旋转也可以调整。在输出视频或者序列的时候一定要把渲染安全框打开，这样才能保证画面的构图。打开方式如图 3-3 所示。

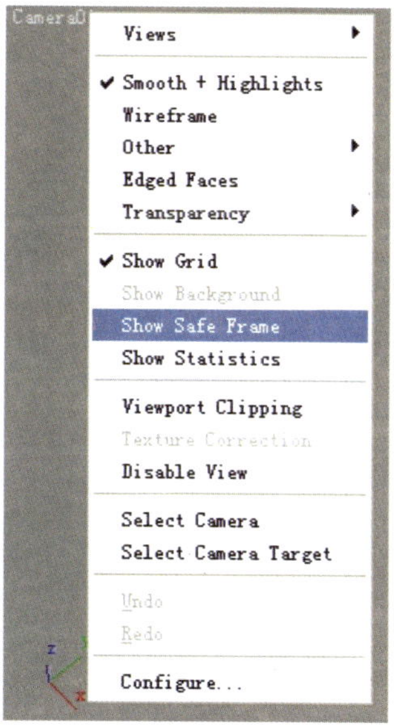

图 3-3

在摄像机视图中摄像机名字为“Camera01”处单击右键，选择“Show Safa Frame”

项，就可以调出渲染安全框了，需要注意的是在三个同心框中显示安全框。安全框的最外部与渲染输出解决方案相匹配，如图 3-4 所示。

图 3-4

公用摄像机参数

摄像机的公用面板如图 3-5 所示。

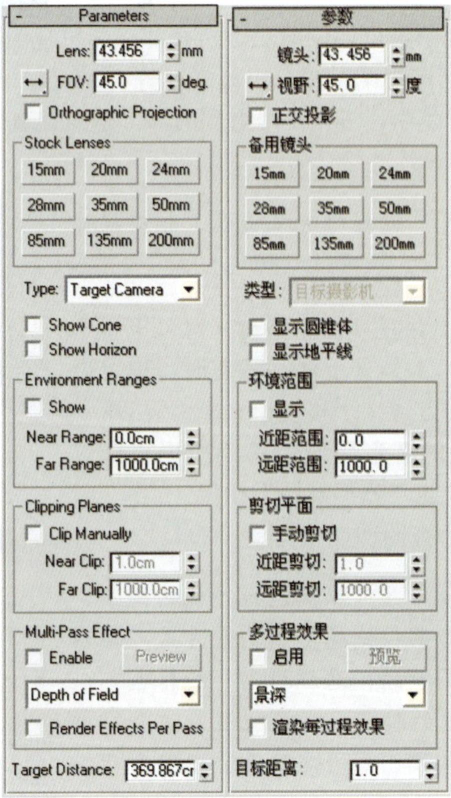

图 3-5

（1）镜头：以毫米为单位设置摄影机的焦距。使用“镜头”微调器来指定焦距值，而不是指定在正交投影下面的备用镜头组中的预设备用值。

在“渲染场景”对话框中更改“光圈宽度”值后，也可以更改“镜头”微调器字段中的值。这样并不通过摄影机更改视图，但将更改“镜头”值和 FOV 值之间的关系，也将更改摄影机锥形光线的纵横比。

（2）FOV 方向弹出按钮：可以选择怎样应用视野（FOV）值。

↔水平（默认设置）：水平应用视野。这是设置和测量 FOV 的标准方法。

↕垂直：垂直应用视野。

⤢对角线：在对角线上应用视野，从视口的一角到另一角。

（3）视野：设置摄影机查看区域的宽度（视野）。当“视野方向”为水平（默认设置）时，视野参数直接设置摄影机的地平线的弧形，以度为单位进行测量。可以设置“视野方向”来垂直或沿对角线测量 FOV，也可以使用 FOV 按钮在摄影机视口中交互地调整视野。

（4）正交投影：启用此选项后，摄影机视图看起来就像“用户”视图。禁用此选项后，摄影机视图好像标准的透视视图。当“正交投影”有效时，视口导航按钮的行为如同平常操作一样，“透视”除外。“透视”功能仍然移动摄影机并且更改 FOV，但“正交投影”取消执行这两个操作，以便禁用“正交投影”后可以看到所做的更改。

（5）类型：将摄影机类型从目标摄影机更改为自由摄影机，反之亦然。

注意：当从目标摄影机切换为自由摄影机时，将丢失应用于摄影机目标的任何动画，因为目标对象已消失。

（6）显示圆锥体：显示摄影机视野定义的锥形光线（实际上是一个四棱锥）。锥形光线出现在其他视口，但是不出现在摄影机视口中。

（7）显示地平线：在摄影机视口中的地平线层级显示一条深灰色的线条。

（8）“环境范围”选项组。

- 近距范围和远距范围：确定在“环境”面板上设置大气效果的近距范围和远距范围限制。在两个限制之间的对象消失在远端和近端值之间。
- 显示：显示在摄影机锥形光线内的矩形以显示“近距范围”和“远距范围”的设置。

（9）“剪切平面”选项组：这些选项用于定义剪切平面。在视口中，剪切平面在摄影机锥形光线内显示为红色的矩形（带有对角线）。

- 手动剪切：启用该选项可定义剪切平面。禁用“手动剪切”后，不显示与摄影机距离小于 3 个单位的几何体。要覆盖该几何体，请使用“手动剪切”。
- 近距剪切和远距剪切：设置近距和远距平面。对于摄影机，比近距剪切平面近或比远距剪切平面远的对象是不可视的。“远距剪切”值为 0 到无穷大。启用手动剪切后，近距剪切平面可以接近摄影机 0.1 个单位。

警告：极大的“远距剪切”值会产生浮点错误，该错误可能引起视口中的 Z 缓冲区问题，如对象显示在其他对象的前面，而这是不应该出现的。

（10）“多过程效果”选项组：使用这些控件可以指定摄影机的景深或运动模糊效果。当由摄影机生成时，通过使用偏移以多个通道渲染场景，可以使这些效果生成模糊。这会增加渲染时间。

提示：景深和运动模糊效果相互排斥。由于它们基于多个渲染通道，同时应用于同一个摄影机会使速度慢得惊人。如果想在同一个场景中同时应用景深和运动模糊，可使用多通道景深（使用这些摄影机参数）并将其与对象运动模糊组合使用。

- 启用：启用该选项后，使用效果预览或渲染。禁用该选项后，不渲染该效果。
- 预览：单击该按钮可在活动摄影机视口中预览效果。如果活动视口不是摄影机视图，则该按钮无效。
- “效果”下拉列表：在该列表中可以选择生成哪个多重过滤效果，景深或运动模糊。这些效果相互排斥。默认设置为“景深”，使用该列表可以从下拉菜单中选择“景深”（mental ray），其中可以使用 mental ray 渲染器的景深效果。

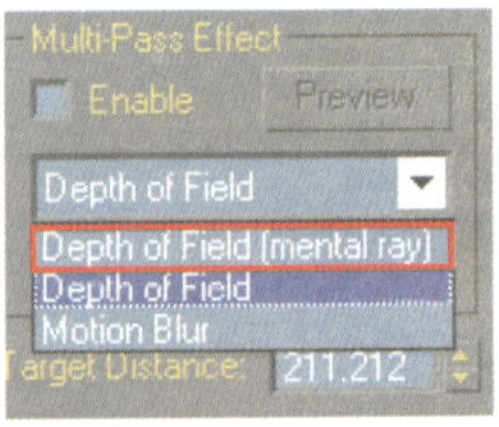

图 3-6

注意：默认情况下，在“参数”卷展栏之后，将出现所选效果的卷展栏。

- 渲染每过程效果：启用此选项后，如果指定任何一个，则将渲染效果应用于多重过滤效果的每个过程（景深或运动模糊）。禁用此选项后，将在生成多重过滤效果的通道之后只应用渲染效果。默认设置为禁用状态。禁用“渲染每过程效果”可以缩短多重过滤效果的渲染时间。

（11）目标距离：若使用自由摄影机，是将点设置为不可见的目标，以便可以围绕该点旋转摄影机。若使用目标摄影机，该值表示摄影机和其目标之间的距离。

3.4 实例讲解：摄像机实用技巧

（1）打开场景 01，场景包括地面、花模型、一只蝴蝶（有动画）、一架摄像机、几盏灯场景，如图 3-7 所示。

调节摄像机位置，在操作视图可调整的有目标点、摄像机图标以及它们之间的连线，如图 3-8 所示。红色标记的地方都可以利用移动、旋转工具调节。

选择“Camera01”（可以将摄像机命名，这里用默认的名字），移动到要表现物体的前上方，将“Camera01.Target”（目标点）移动到要表现物体的后方，这样就可以看到场景了，然后，把四视图的其中一个视图变成摄像机视图（如右键单击“top→Views→Camera01”），在摄像机视图观察构图，在其他视图调节，使用前面介绍过的微调工具，就可以达到想要的构图了。调节后如图 3-9 所示。

图 3-7

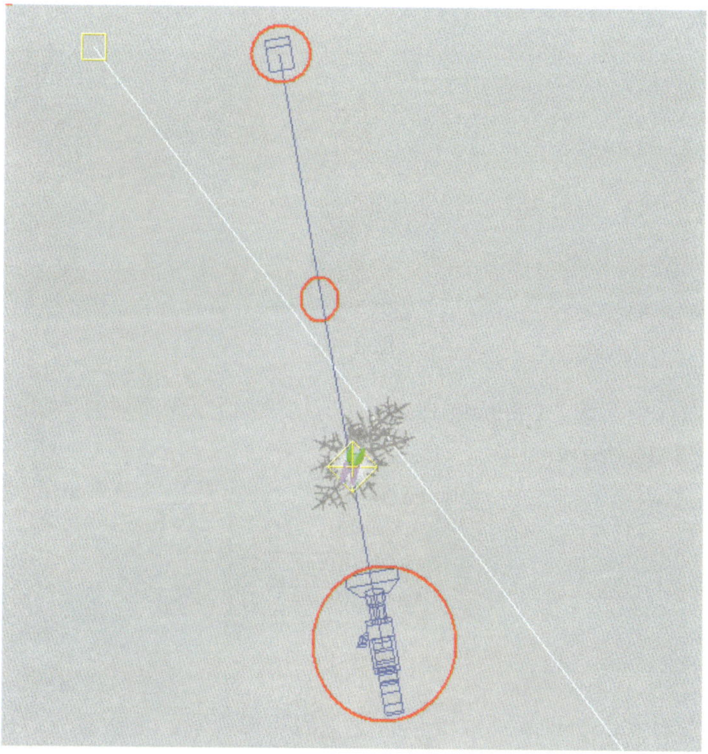

图 3-8

图 3-9

还可以用修改面板的备用镜头和参数调整摄像机，但也是在设置大致位置后进行调整的。如图 3-10 所示是备用镜头的几种效果。

图 3-10

（2）在修改面板中勾选“Clipping Planes（剪切平面）”选项下的“Clip Manually（手动剪切）”项，如图 3-11 所示。

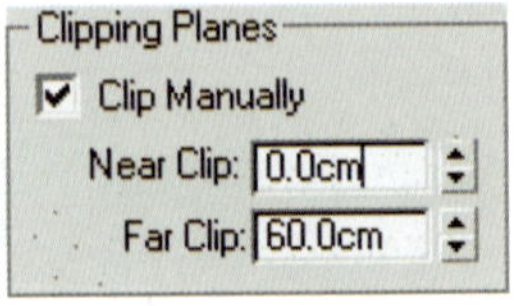

图 3-11

在视图中可以看到，剪切平面以红色带交叉的矩形表示。依次设置“Far Clip（远距离剪切）”值为 20、60、80，得到的效果如图 3-12 所示。

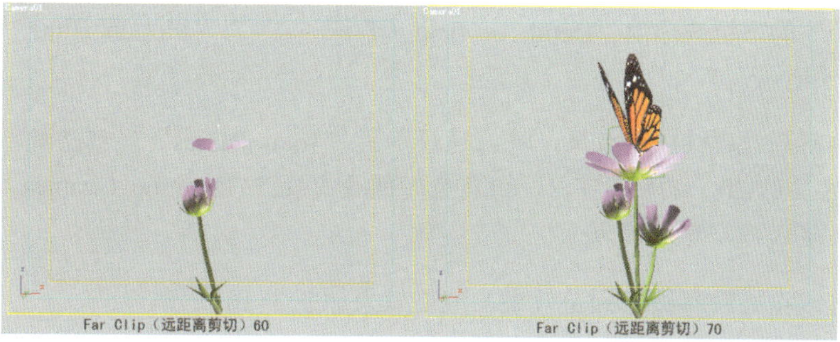

图 3-12

（3）景深效果：景深效果控制参数如图 3-13 所示。

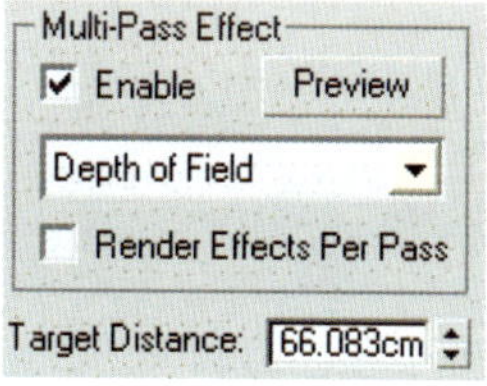

图 3-13

勾选“Enable”，调节目标点的位置（调节“Target Distance”的值即可），它决定场景深度。这里将花的模型复制了两个进行测试，效果如图 3-14 所示。

图 3-14

景深效果在动画中是经常用到的，用于处理一些特写镜头，突出主题虚化背景。但景深效果有时候也在后期中进行处理，因为在 3ds max 中会增加渲染时间。

（4）运动模糊：将时间滑块拨动到第 2 帧，进入“修改”面板，将“Multi-Pass Effect

（多过程效果）”的下拉选项由“Depth of field（景深）”改为“Motion Blur（运动模糊）”，设置如图 3-15 所示。

提示：要得到非常细腻的效果，可以通过加大“Total Passes（线程总数）”值来控制，默认为 12，这里用 20，效果还可以，但渲染时间会变慢。“Duration（frames）”值控制模糊程度，值越大越模糊，默认值为 1。

完成后可以按 Preview 按钮预览效果，渲染效果如图 3-16 所示。

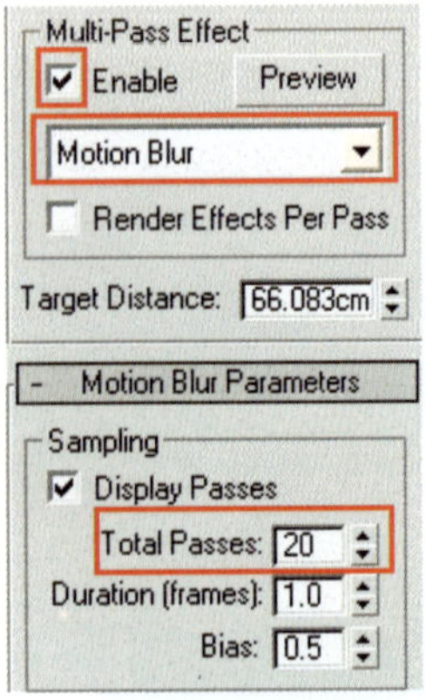

图 3-15

图 3-16

运动模糊效果在动画制作中也是经常用到的，但它的渲染速度太慢，建议在后期中处理运动模糊的效果。

在这个实例中介绍了摄像机的具体操作和用法，这在动画制作中是最基本的元素。只有掌握摄像机的用法才能调出好的镜头。

第 4 章　灯光基础

知识要点

- 了解光源之间的区别和使用方法；
- 熟练掌握灯光参数设置；
- 熟练掌握不同阴影类型的区别以及参数的应用；
- 了解光度学灯光和光域网的使用方法。

4.1　灯光简介

灯光的设置在三维软件中起着重要的作用，在场景中没有灯光就什么也看不见了。同时，灯光对场景气氛的烘托也起着重要的作用。

3ds max 的灯光本身不能被渲染，只有在视图操作时才会被看见，但它可以影响周围物体的颜色和亮度。通常灯光是和材质及周围的环境共同作用的，产生丰富的色彩和明暗对比效果，从而在三维设计中创作出更加真实的作品。

3ds max 内置的灯光有两种："标准"灯光和"光度学"灯光。如果装有渲染器插件，还会添加一些相应的灯光。3ds max 内置了 mental ray，同时也增加了 mental ray 专用灯光。这些灯光都有自身的特点和优势，能够满足各种照明的需要。

下面介绍一些灯光的操作和使用技巧。

（1）可以通过"添加默认灯光到场景"命令，将默认照明方式转化为场景灯光，方法为选择菜单"Views→Add Default Lights to Scene"命令。要注意一点，此命令只在系统默认为两盏灯时可用。系统默认灯设置如图 4-1 所示。画线处为灯光数设置，此选项为互斥选择。

（2）在显示面板可以设置灯光的显示和隐藏，操作方法为：单击按钮后勾选 Lights 即可，用户可以试一下（场景中必须有创建灯光）。

（3）调节灯光的方法有在正交视图调节灯光的位置，或者把视图转换成灯光视图，和摄像机的转换方法基本相同，调节也相似，可以自己进行尝试。

4.2　标准灯光类型

标准灯光一共有 8 种，如图 4-2 所示，各有特点和用途，灵活运用可以实现不同的光照效果。

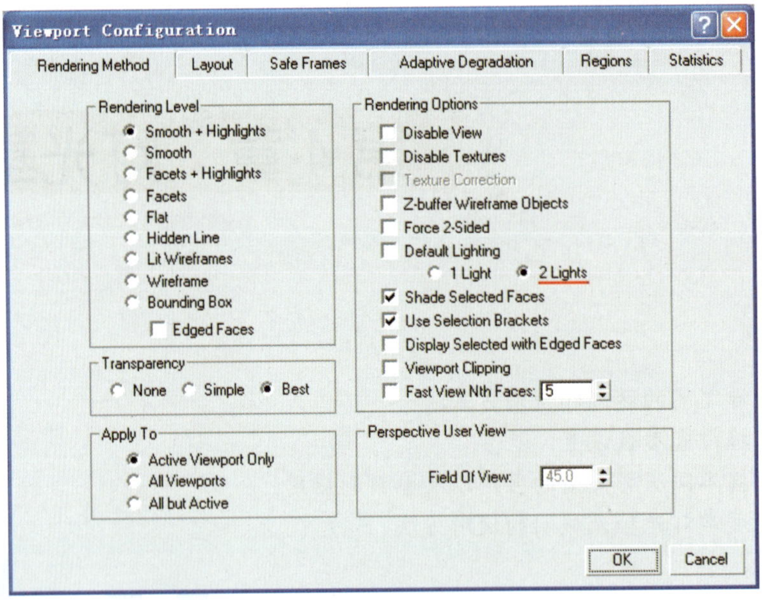

图 4-1

图 4-2

8 种灯光被创建后的形状如图 4-3 所示。

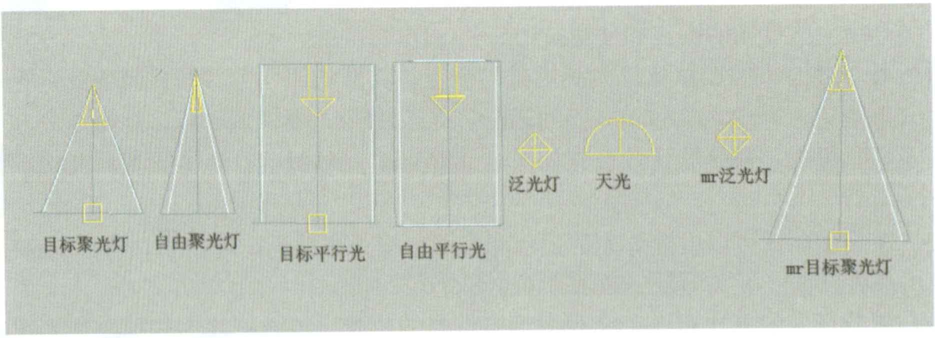

图 4-3

8 种基本灯光的属性和特征如下。

- 目标聚光灯：产生锥形照射区，在照射区外的对象不受灯光影响，有投射点和目标点两点可以调整，可控性好，适用于车灯、路灯、台灯等灯光效果。
- 自由聚光灯：它与目标聚光灯的区别就是没有目标点，调整投射区即可，可以制作手电筒、舞台射灯、矿工头上的射灯等灯光效果。

- 目标平行光：它与目标聚光灯的区别就是投射光线为圆柱形，其他的特点相同，适用于探照灯、激光束等灯光效果。
- 自由平行光：它没有目标可调整，也是通过只调整投射点来调整灯光。
- 泛光灯：它的优点是方便创建、好调节，但数量过多，会出现层次不分明的效果。
- 天光：能够模拟日照效果，如果配合（光线跟踪）渲染方式，效果会更加生动。

下面以目标聚光灯为例，讲解一下卷展栏的参数设置，其他灯光参数设置与其类似。

1）灯光基本参数卷展栏（如图 4-4 所示）

（1）“Light Type（灯光类型）”选项组。

① 下拉菜单用于转换灯光类型，可以转化成目标平行光和泛光灯。

② On：灯的开闭，决定灯光在场景中是否启用。

③ Targeted：目标点的显示，当关闭时目标点消失，相当于自由聚光灯光源。

（2）“Shadow（阴影）”选项组。

① On：阴影开关，当勾选时，在渲染的时候有阴影，反之则无。

② 下拉菜单中有 5 种阴影类型，这里只介绍除“mental ray Shadow Map”和“SpeedShadow”以外的阴影类型，如图 4-5 所示。

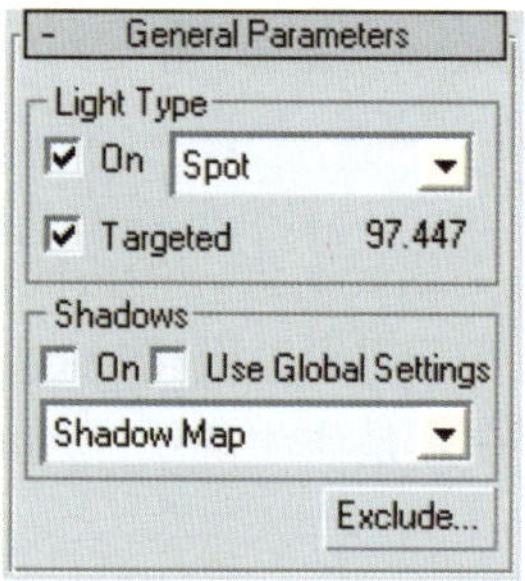

图 4-4

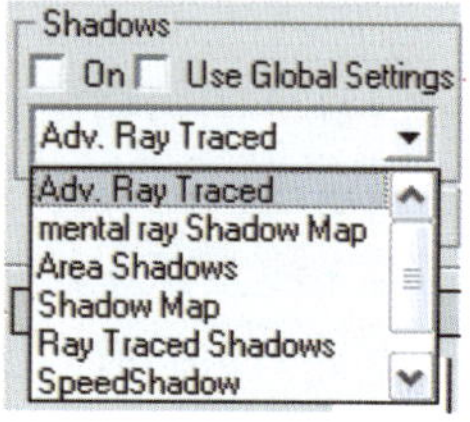

图 4-5

- Adv.Ray Traced（高级光线跟踪阴影）：它提供了更多的参数控制，在优化参数栏中也有它的一些设置选项，如图 4-6 所示，阴影效果如图 4-7 所示。

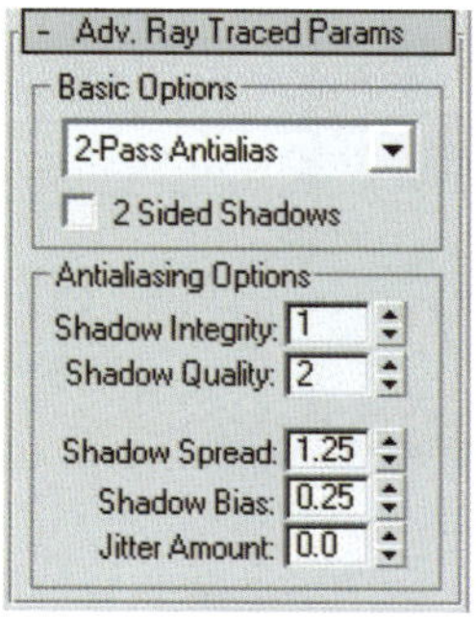

图 4-6

图 4-7

- Area Shadows（区域阴影）：实际上是通过设置一个虚拟的灯光维度空间来“伪造”区域阴影的效果，它可以适用于任何灯光类型。如图 4-8 所示，区域阴影可以产生柔和的半影和阴影过渡效果，并随着对象与阴影之间距离的增加而越来越明显。

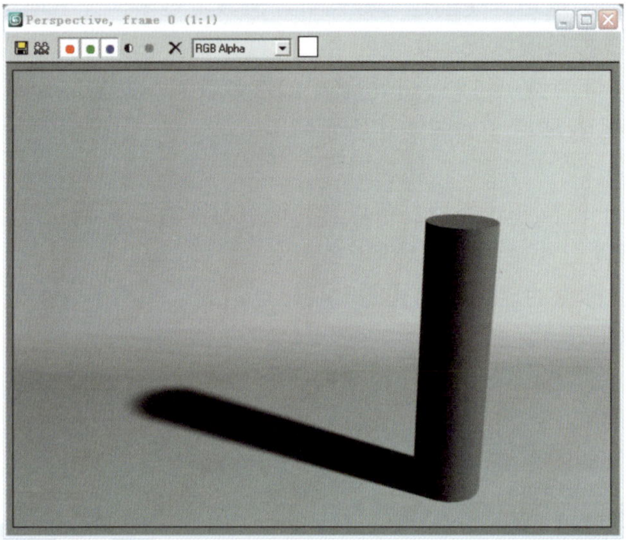

图 4-8

- Shadow map（阴影贴图）：这是一种渲染器在预渲染场景通道时生成的位图。阴影贴图不会显示透明或者半透明对象投射的颜色。另外，阴影贴图可以拥有边缘模糊的阴影，但光线跟踪无法做到这一点。阴影贴图的缺点是产生的阴影精确度较低。阴影效果如图 4-9 所示。

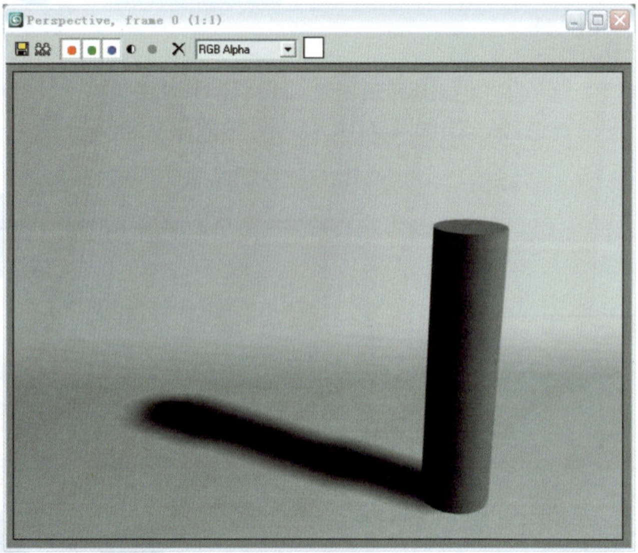

图 4-9

- Ray Traced Shadows（光线跟踪阴影）：这是通过跟踪从光源采样出来的光线路径所

产生的阴影效果，比“阴影贴图”更精确。对于透明和半透明对象，光线跟踪能够产生逼真的阴影效果，并且它总是产生“硬边”的阴影效果，如图 4-10 所示。

图 4-10

③ Use Global Settings（使用全局）：勾选该项后将使用全局设置。

④ Exclude&Include：排除或包括照射物体设置，弹出“Exclude/Include”对话框如图 4-11 所示。

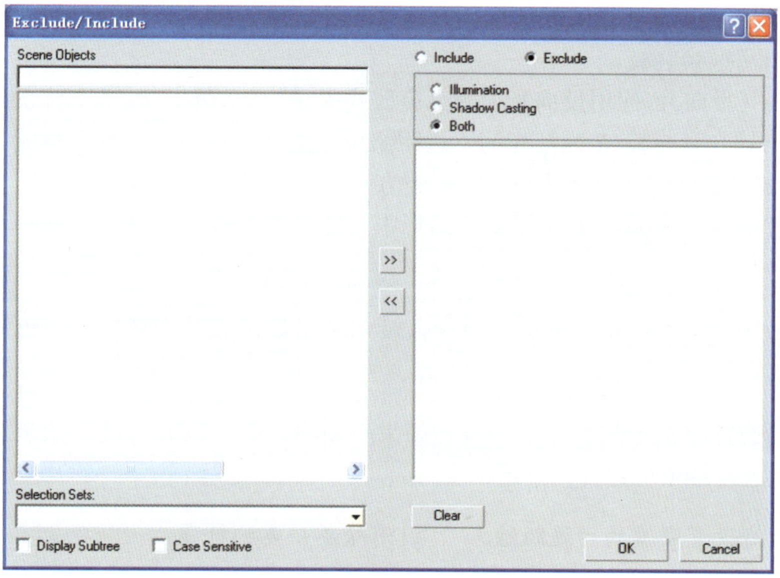

图 4-11

- Include（只照射）：灯光只对之照射列表下的物体起作用。
- Exclude（排除）：排除一些物体，这些物体不再受灯光的影响。
- Illumination（照明）：照明不产生阴影效果。

- Shadow Casting（投射阴影）：可以产生阴影效果。
- Both（两者都）：物体可以受到光照，同时也可以产生阴影。
- Selection Sets：选择集。
- Display Subtree（显示子树）：Case Sensitive 区分大小写。
- Clear（清除）：单击“OK”按钮确定，单击“Cancel”按钮取消。

“Exclude&Include”在设置被照物体或者排除被照物体中很有用。

2）“Intensity（强度）/Color（颜色）/Attenuation（衰减）”卷展栏（如图 4-12 所示）

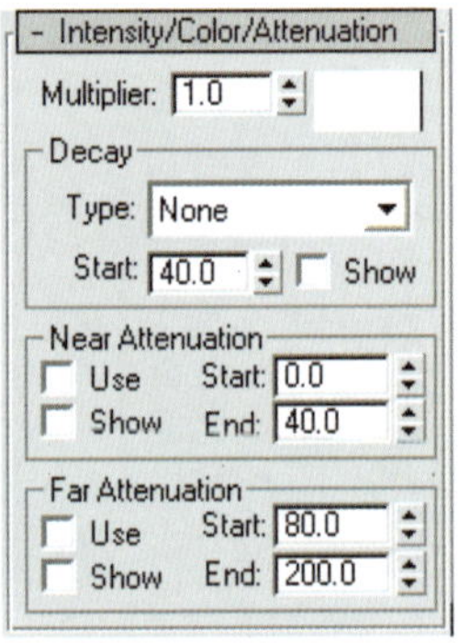

图 4-12

（1）Multiplier（倍增）：将灯光的功率放大一定倍数。例如，如果将倍增设置为 2，灯光将亮两倍。对于在场景中减除灯光和有选择地放置暗区域，倍增也非常有用。其默认设置为 1.0。

使用该参数增加强度可以使颜色看起来有“烧坏”的效果。它也可以生成颜色，该颜色不可用于视频中。

高“倍增”值会冲蚀颜色。例如，如果将聚光灯设置为红色，之后将其“倍增”增加到 10，则在聚光区中的灯光为白色并且只有在衰减区域的灯光为红色，其中并没有应用“倍增”。

负的“倍增”值会导致“黑色灯光”，即灯光使对象变暗而不是变亮。

Color（颜色）：显示灯光的颜色。单击色样将显示颜色选择器，用于选择灯光的颜色。

（2）“Dencay（衰退）”选项组：“衰退”是使远处灯光强度减小的另一种方法。

① Type（类型）：选择要使用的衰退类型。有三种类型可选择。

- None（无）：（默认设置）不应用衰退。从光源到无穷大，灯光仍然保持全部强度，除非启用远距衰减。
- Inverse（反向）：应用反向衰退。亮度公式为 R_0/R，其中 R_0 为灯光的径向源（如果不开启灯光衰减），R 为灯光的“近距结束”值（如果不开启灯光衰减）。
- Inverse square（平方反比）：应用平方反比衰退。该公式为$(R_0/R)^2$。实际上这是灯光的“真实”衰退，但在计算机图形中可能很难查找。这是光度学灯光使用的衰退公式。

提示：如果“平方反比”衰退使场景太暗，可以尝试设置“环境”面板来增加“全局照明级别”值。

衰退开始的点取决于是否使用衰减。如果不使用衰减，则光源处开始衰退。若使用近距衰减，则从近距结束位置开始衰退。

提示：最好设置衰减的“远距结束”，以消除不必要的计算。

（3）“Near Attenuation（近距衰减）”选项组。

- Start（开始）：设置灯光开始淡入的距离。
- End（结束）：设置灯光达到其全值的距离。
- Use（使用）：启用灯光的近距衰减。
- Show（显示）：在视口中显示近距衰减范围设置。对于聚光灯，衰减范围看起来像圆锥体。对于平行光，范围看起来像圆锥体的圆形部分。对于启用“泛光化”的泛光灯和聚光灯或平行光，范围看起来像球形。默认情况下，“近距开始”为深蓝色并且“近距结束”为浅蓝色。

（4）“Far Attenuation（远距衰减）”选项组。

- Start（开始）：设置灯光开始衰减的距离。
- End（结束）：设置灯光减为 0 的距离。
- Use（使用）：启用灯光的远距衰减。
- Show（显示）：在视口中显示远距衰减范围设置。对于聚光灯，衰减范围看起来像圆锥体的镜头形部分。对于平行光，范围看起来像圆锥体的圆形部分。对于启用“泛光化”的泛光灯和聚光灯或平行光，范围看起来像球形。默认情况下，“远距开始”为浅棕色并且“远距结束”为深棕色。

3）“Advanced Effect（高级效果）”卷展栏（如图 4-13 所示）

“Afferct Surfaces（影响曲面）”选项组。

- Contrast（对比度）：调整曲面的漫反射区域和环境光区域之间的对比度。通常设置为 0。增加该值可增加特殊效果的对比度，如刺眼的灯光。其默认设置是 0.0。
- Soften Diff.Edge（柔化漫反射边）：增加该值可以柔化曲面的漫反射部分与环境光部分之间的边缘。这样有助于消除在某些情况下曲面上出现的边缘。其默认值为 50。
- Diffuse（漫反射）：启用此选项后，灯光将影响对象曲面的漫反射属性。禁用此选项后，灯光在漫反射曲面上没有效果。其默认设置为启用。
- Specular（高光反射）：启用此选项后，灯光将影响对象曲面的高光属性。禁用此选项后，灯光在高光属性上没有效果。其默认设置为启用。
- Ambient Only（仅环境光）：启用此选项后，灯光仅影响照明的环境光组件。这样使用户可以对场景中的环境光照明进行更详细的控制。启用“仅环境光”后，“对比度”、“柔化漫反射边缘”、“漫反射”和“高光反射”不可用。该选项默认设置为禁用状态。

4）“Shadow Parameters（阴影属性）”卷展栏（如图 4-14 所示）

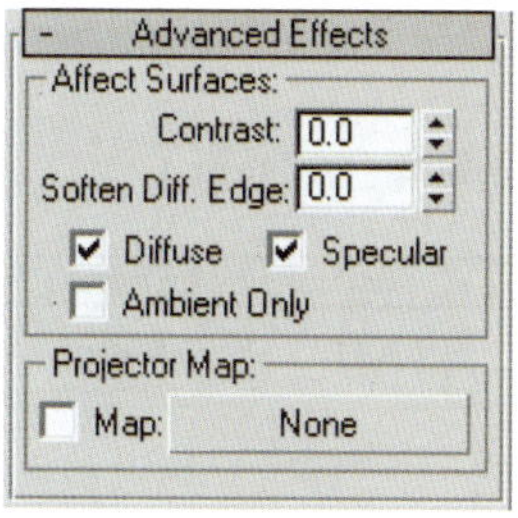

图 4-13

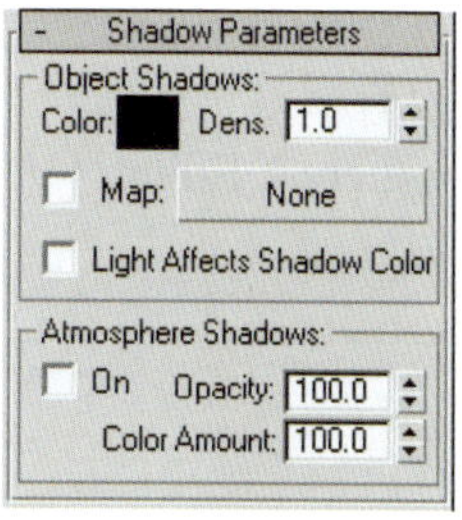

图 4-14

（1）“Object Shadows（对象阴影）”选项组。

- Color（颜色）：可以选择灯光投射的阴影的颜色。默认颜色为黑色。
- Dens（密度）：调整阴影的密度
- Map（贴图）：该复选框决定用于是否使用贴图，将贴图指定给阴影。贴图颜色与阴影颜色混合起来。默认设置为“否”。

- Light Affects Shadows Color（灯光影响阴影颜色）：启用此选项后，将灯光颜色与阴影颜色（如果阴影已设置贴图）混合起来。默认设置为禁用状态。

（2）“Atmosphere Shadows（大气阴影）”选项组：使用这些控件可以让大气效果投射阴影。

- On（启用）：勾选此选项后，大气效果如灯光穿过他们一样投射阴影。默认设置为禁用状态。

注意：此控件与法线“对象阴影”的启用切换无关。灯光可以投射大气阴影，但不能投射法线阴影，反之亦然。它可以投射两种阴影，或两种阴影都不投射。

- Opacity（不透明度）：调整阴影的不透明度。此值为百分比，默认设置为 100.0%。
- Color Amount（颜色量）：调整大气颜色与阴影颜色混合的量。此值为百分比，默认设置为 100.0%。

5）“Shadow Map Params（阴影贴图属性）”卷展栏（如图 4-15 所示）

（1）Bias（偏移）：如果“偏移”值太低，阴影可能在无法到达的地方“泄漏”，从而生成叠纹图案或在网格上生成不合适的黑色区域。如果偏移值太高，阴影可能从对象中“分离”。在任何一方向上如果偏移值是极值，则阴影根本不可能被渲染。

（2）Absolute Map Bias（绝对贴图偏移）：用于启用或禁用“绝对贴图偏移”。

- 当禁用“绝对贴图偏移”时（默认情况下），偏移是在场景范围的基础上进行计算，然后标准化为 1。这将提供相似的默认阴影结果，而不论其场景大小如何。用户通常将“偏移”值调整为接近 1.0 的较小数值（如 1.2）。
- 当启用“绝对贴图偏移”时，“偏移”是采用 3ds max 单位的值。用户根据场景的大小调整“偏移”值，范围为 0～100。

（3）Size（大小）：设置用于计算灯光的阴影贴图的大小。

（4）Samples Range（采样范围）：决定阴影内平均有多少区域。这将影响柔和阴影边缘的程度。范围为 0.01～50.0。

（5）2-Sided Shadow（双面）：启用此选项后，计算阴影时背面将不被忽略。从内部看到的对象不被外部的灯光照亮。禁用此选项后，忽略背面，这样可使外部灯光照明室内对象。默认设置为启用。

6）“Atmosphere& Effect（大气和特效）”卷展栏（如图 4-16 所示）

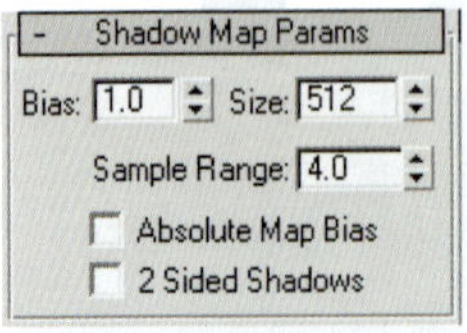

图 4-15

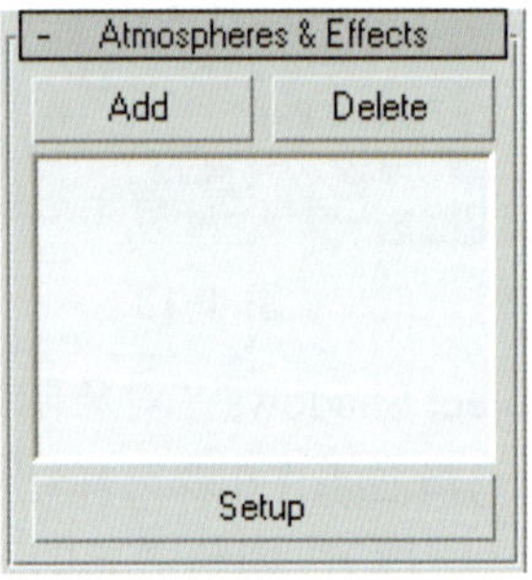

图 4-16

（1）Add（添加）：显示“添加大气或效果”对话框。使用该对话框可以将大气或渲染效果添加到灯光中。

（2）Delete（删除）：删除在列表中选定的大气或效果

4.3 光度学灯光类型及原理

光度学灯光是 3ds max 5.0 时增加的一种灯光类型，它通过设置灯光的光度学值来模拟现实场景中灯光效果，可以导入特殊的光度学文件，来改变灯光的形状和颜色。

光度学灯光为用户提供了 8 种灯光，如图 4-17 所示。

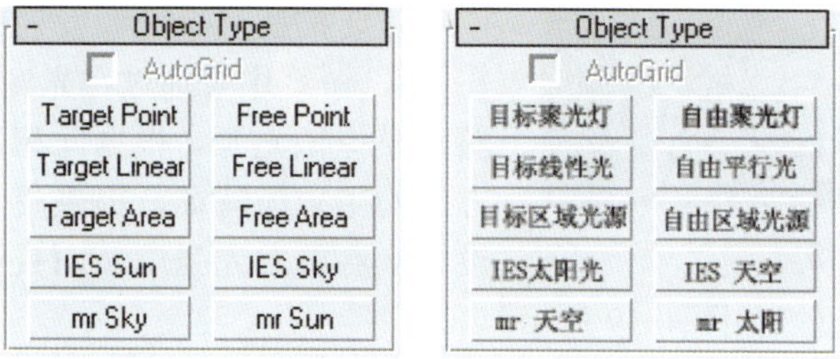

图 4-17

创建光度学灯光的步骤如下：

（1）单击→，在“创建”面板上单击各种灯光按钮。

（2）从下拉列表中选择“Photometric（光度学）”项。

（3）在“Object Type（对象类型）”卷展栏中选择一种光度学灯光类型。

（4）打开“Intensity（强度）/Color（颜色）/Distribution（分布）”卷展栏，在“Distribution（分布）”列表中选择“Web”。

（5）如果创建“Target Point（目标点光源）”、“Target Linear（目标线性光源）”或“Target Area（目标区域灯光）”，在视口中拖动，拖动的初始点是灯光的位置，释放鼠标的点就是目标位置。如果创建“自由点”、“线性”或“区域灯光”，请在视口中单击以定位灯光。

（6）如果创建光度学灯光，使用从一个边缘照射的默认光度学 Web 漫反射分布创建灯光。转到“Web 参数”卷展栏，然后选择要使用的 IES 文件。

（7）设置创建参数。用户可以使用“移动”命令来定位灯光，也可以使用“放置高光”命令更改灯光位置。

“Web Parameters”卷展栏如图 4-18 所示。

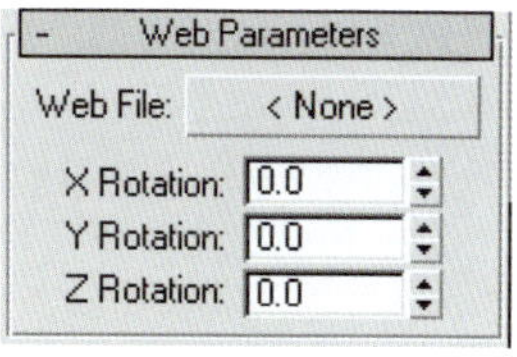

图 4-18

（1）Web File（Web 文件）：选择用做光域网的 IES 文件。默认的 Web 是从一个边缘照射的漫反射分布。

（2）X Rotation（X 轴旋转）：沿着 X 轴旋转光域网。旋转中心是光域网的中心，范围为-180°～180°。

（3）Y Rotation（Y 轴旋转）：沿着 Y 轴旋转光域网。旋转中心是光域网的中心，范围为-180°～180°。

（4）Z Rotation（Z 轴旋转）：沿着 Z 轴旋转光域网。旋转中心是光域网的中心，范围为-180°～180°。

4.4 光度学灯光与光域网简介

光域网是一个光源灯光强度分布的三维表示。平行光分布信息以 IES 格式（使用 IES LM—63—1991 标准文件格式）存储在光度学数据文件中，而光度学数据则采用 LTLI 或 CIBSE 格式。可以将各个制造商提供的光度学数据文件加载为Web 参数。灯光图标表示所选的光域网。

图 4-19

若要描述一个光源发射的灯光的方向分布，在 3ds max 中可通过在光度学中心放置一个点光源来模拟该光源。根据此相似性，分布只以传出方向的函数为特征，提供用于水平或垂直角度预设的光源的发光强度，而且该系统可按插值沿着任意方向计算发光强度，如图 4-19 所示。

本小节是了解内容，这里只做概述性介绍。

4.5 灯光应用实例

下面通过几个简单的小例子来讲解一下灯光的用法。因为灯光在渲染中的作用是非常大的，但它需要配合，所以这里主要讲解灯光的使用方法和流程。在后面关于渲染的章节中，还会讲解灯光和材质、渲染器的配合使用。

4.5.1 灯光应用实例 1

（1）在“top”视图中创建一个“plane（平面）”，单击创建面板中的按钮，创建一盏 Target Spot 目标点光源，结果如图 4-20 所示。

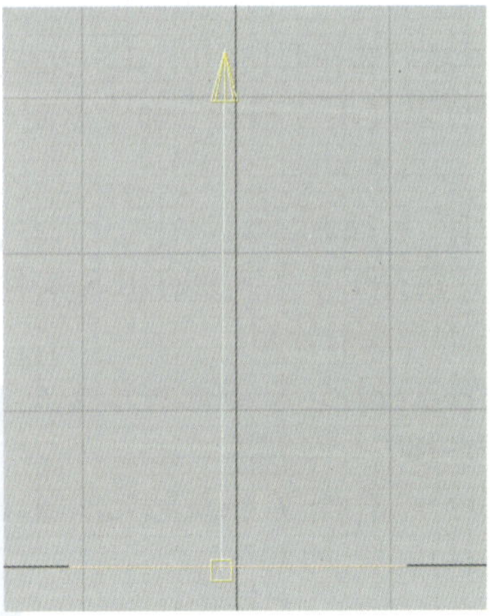

图 4-20

（2）设置灯光的阴影为光线跟踪模式，如图 4-21 所示。

调节灯光衰减值，如图 4-22 所示。

灯光衰减值的大小要根据建立的场景大小而定，调整后效果如图 4-23 所示。

图 4-21

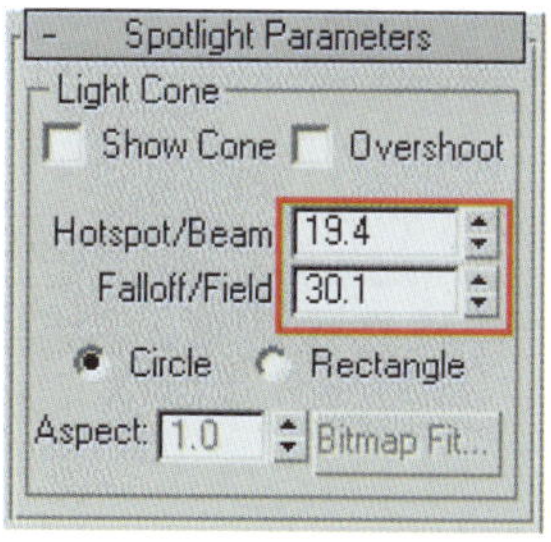

图 4-22

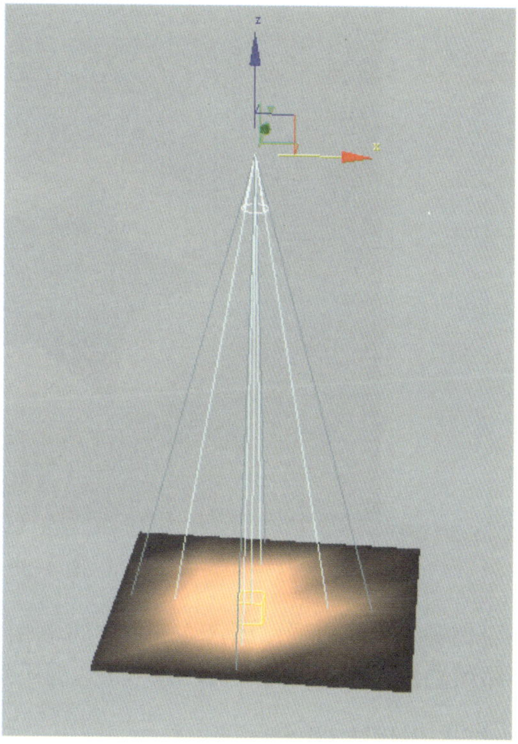

图 4-23

（3）测试渲染效果，如图 4-24 所示。

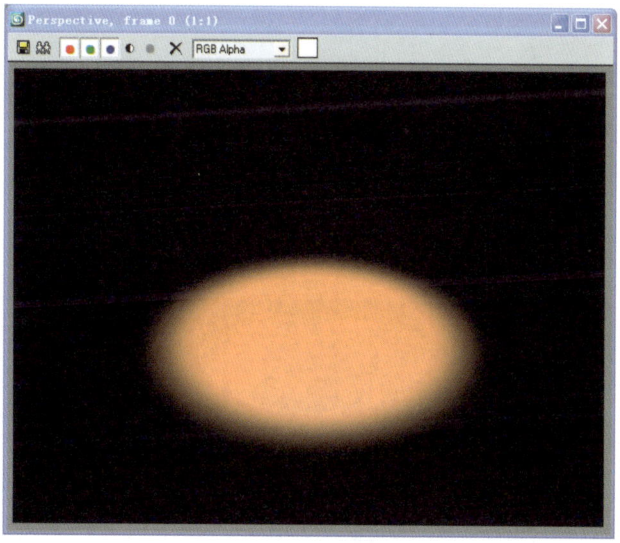

图 4-24

选择灯光，在修改面板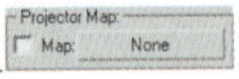中“Map”项后边的通道框中添加一张黑白贴图，可以自己制作一张黑白图片，这里加入了一张五角星的贴图，渲染效果如图 4-25 所示。

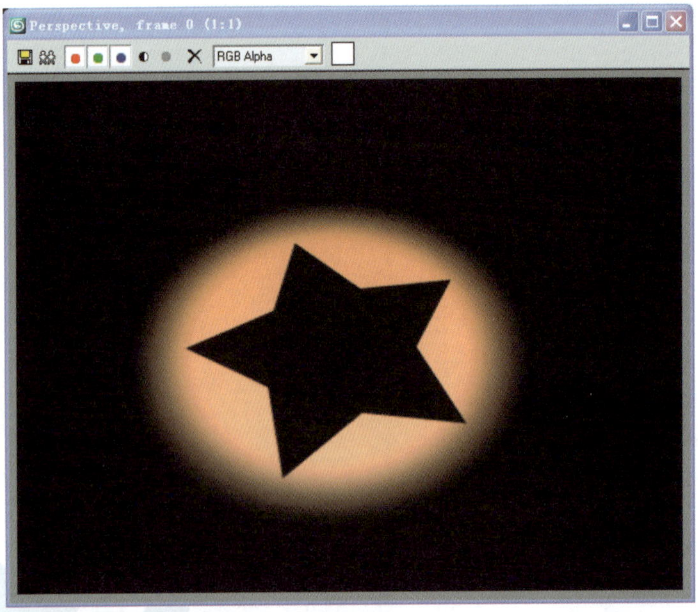

图 4-25

这个例子是利用投影贴图产生图案，可以用于制作舞台上的特殊灯光效果，也可以通过投影贴图来控制体积光的形状，会产生意想不到的效果。

4.5.2 灯光应用实例 2

（1）这个实例主要讲解灯光在场景的作用，场景很简单，可以搭建一个自己喜欢的小场景进行测试，打开场景如图 4-26 所示。

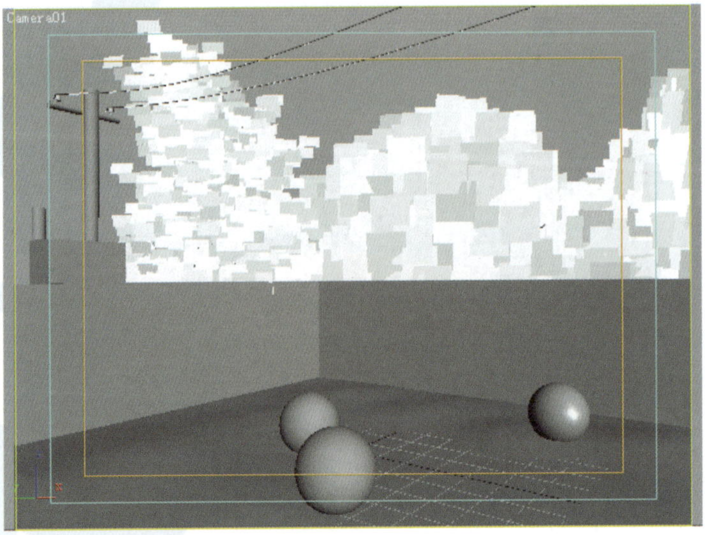

图 4-26

这个场景并不复杂，主要包括一个摄像机、三棵树、三个球体、一个围墙、一组电线杆、一个地面。下面给这个场景进行材质和灯光的设置，先设置材质再设置灯光，这样容易表现出效果和气氛，也是正常的动画制作流程顺序。

（2）下面介绍树的制作。这里用的插件是“SpeedTree”，这是一个很强大的树木制作插件，有时会用到，插件安装程序在网上可以下载，安装后在创建面板的下拉菜单中会出现“SpeedTree”的创建命令，选择“IDV Software”，如图 4-27 所示。

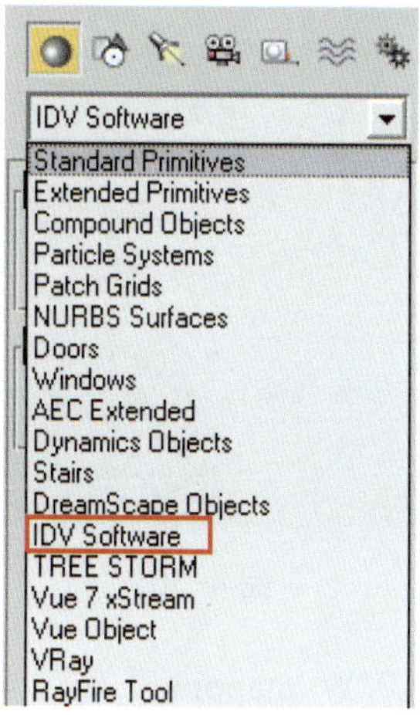

图 4-27

选择该项后，在创建面板上会出现“SpeedTree”的创建图标，如图 4-28 所示。

单击创建图标就可以在视图中创建树了。如果需要修改，可在修改面板修改参数或加载官方提供的“树木库”（安装程序带有树木库），并且带有材质，所以这里树的材质就不用调节了。

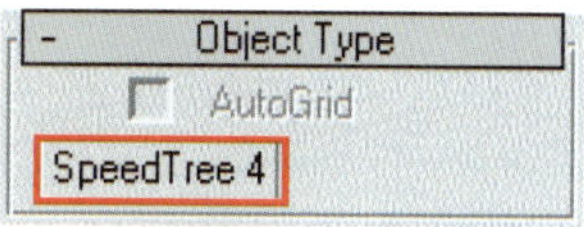

图 4-28

“SpeedTree”是外部插件，这里只是简单介绍，用户若想深入学习，可以自行寻找相关的资料学习和提高。

（3）选择墙面模型，添加“Unwrap UVW”修改器，对模型进行“UV”展平。展平后添加一张砖墙贴图，如图 4-29 所示。

图 4-29

然后，选择地面，赋予一张地面贴图，如图 4-30 所示。

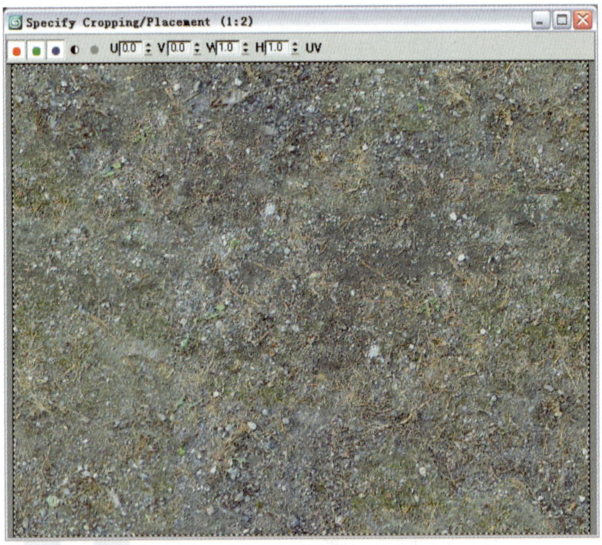

图 4-30

（4）为电线杆模型添加一个“UVW mapping”修改器，选择“Cylindrical Cap（圆柱模式）”，找到一个材质球赋予电线杆模型，并添加一张木头材质，如图 4-31 所示。

图 4-31

电线杆的材质都是木头的，所以用一张贴图就可以了，选择电线杆上的变压器，选择一张金属贴图赋予变压器，再加载一个“Unwrap UVW”对贴图进行调整，调到合适的位置为止，其他的模型赋予适合的颜色即可。

（5）设置灯光，在创建面板创建一盏“Target Spot（目标聚光灯）”，摆放位置如图 4-32 所示。

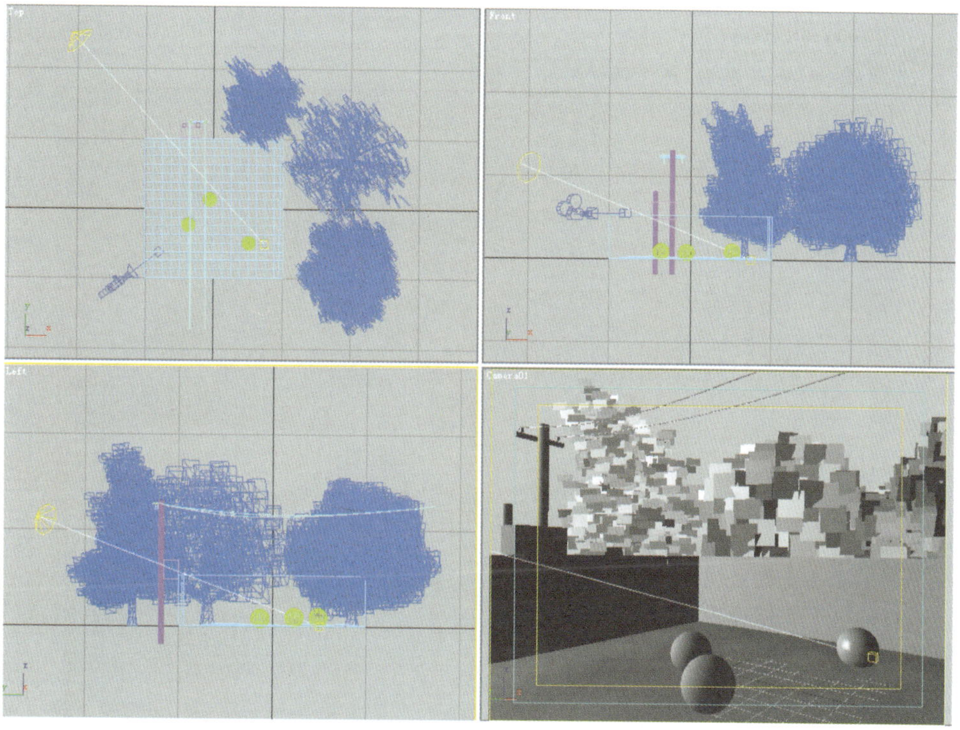

图 4-32

选择灯光并进行相应设置，开启阴影属性并在下拉菜单中选择“Area Shadows（区域阴影）”，如图 4-33 所示。

将灯光的“Multiplier（倍增值）”设置为 2，增加灯光的亮度，同时将灯光颜色调整为土黄色，如图 4-34 所示。

图 4-33

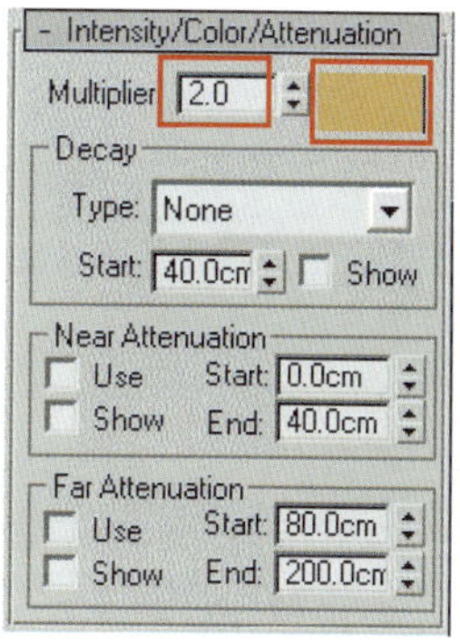

图 4-34

渲染测试如图 4-35 所示。

背景是黑色的，不方便观察效果，可利用渐变贴图制作一个天空背景和环境关联，渐变设置如图 4-36 所示。

再次进行测试，如图 4-37 所示。

图 4-35

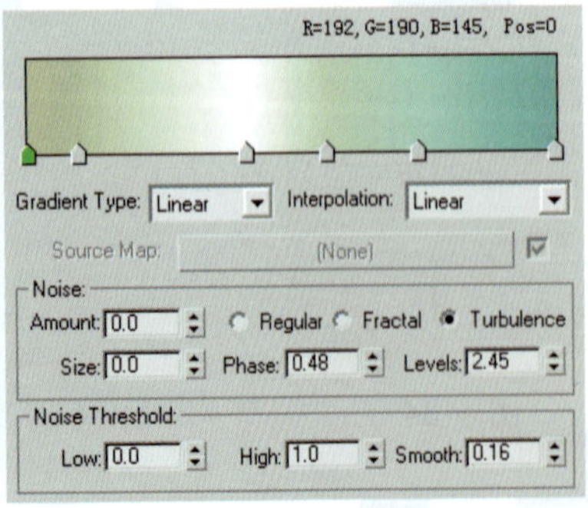

图 4-36

图 4-37

这样看效果还可以，整体气氛是一个夏日午后的感觉，只不过暗部还需要辅助灯光照亮，于是再增加一盏灯光，摆放位置如图 4-38 所示。

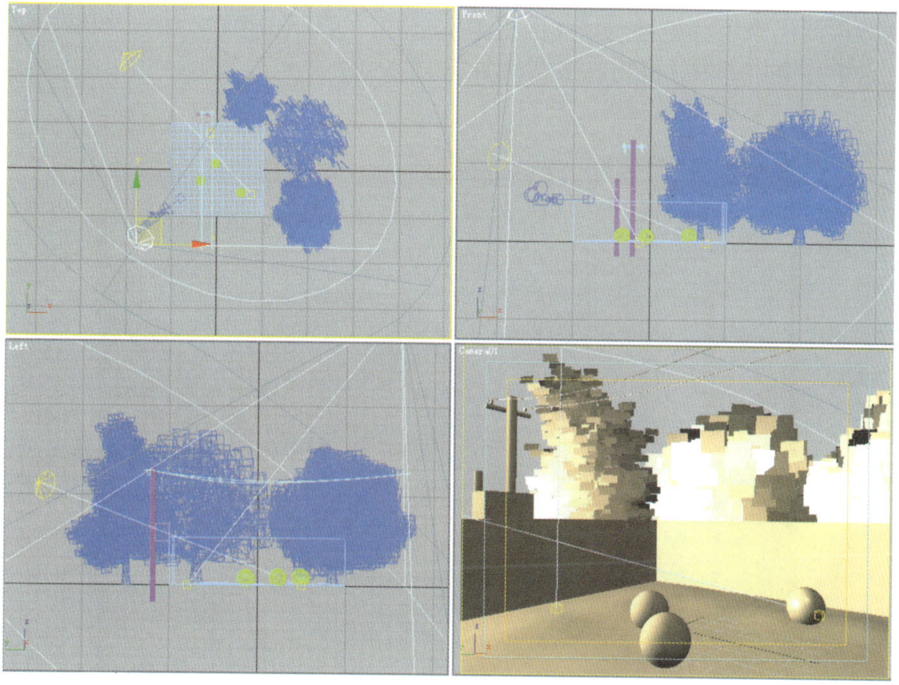

图 4-38

将灯光的“Multiplier（倍增）”值设置为 0.5，颜色设置为浅一点的土黄色，注意不启用阴影选项，如图 4-39 所示。

设置后进行渲染测试，如图 4-40 所示。

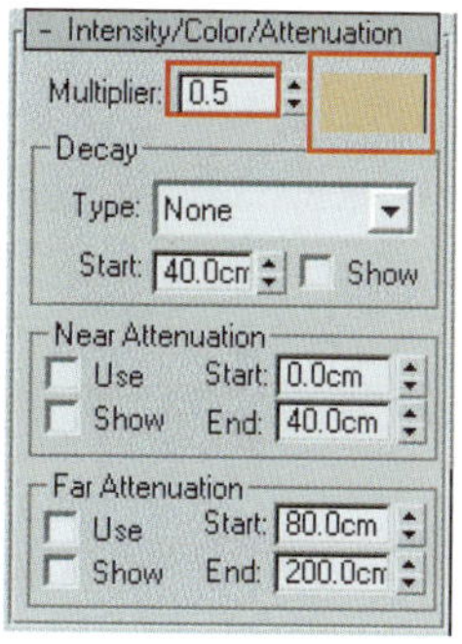

图 4-39

图 4-40

这样效果就出来了。如果想使画面更丰富一些，可以在地面上加一些植物或改变球体的材质，这里只增加了一些植物，渲染如图 4-41 所示。

图 4-41

本章总结：本章主要对灯光的类型和基本参数设置进行了讲解，实例部分只介绍了简单的应用，在后面渲染器章节中还将深入进行讲解。但提示一点：灯光并不能决定整个画面的效果，还需要材质、模型等因素的配合，练习时要多多注意。

第 5 章　渲染器讲解

知识要点

- 熟练掌握 3ds max 扫描线的使用方法；
- 熟练掌握渲染面板的参数；
- 熟练掌握渲染工作流程；
- 熟练掌握光能传递和光线跟踪的使用。

5.1　渲染器简介

在 3ds max 中有两个渲染器，默认的是扫描线渲染器，还有内置的 mental ray 渲染器，本章主要讲解默认的扫描线渲染器。它的优势就是速度快，在不开光线跟踪的情况下，可以用来调节模型、灯光、材质等效果的预览，很方便，也可以渲染出优秀的图像。

5.2　渲染面板讲解

在 3ds max 的工具栏上单击按钮会出现渲染面板，它主要由 5 个子面板组成，每一个都是独立显示，如图 5-1 所示。

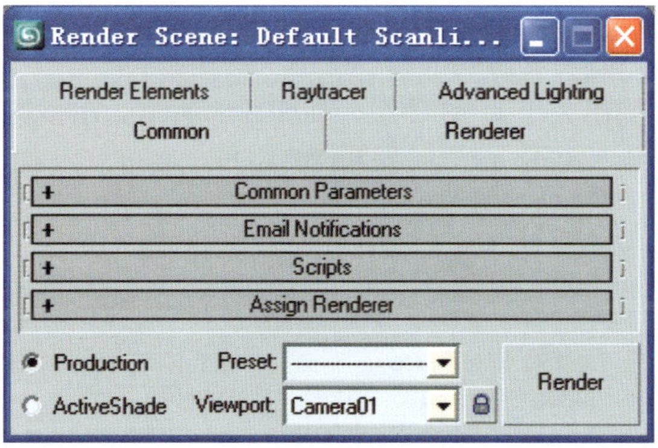

图 5-1

（1）“Common（公用）”选项卡：这个面板的参数适用于所有渲染器，并可在此面板进行指定渲染操作。它共包括 4 个部分：公用参数、电子邮件通知、脚本、指定渲染器。

（2）“Renderer（渲染器）”选项卡：用于指定渲染器的各项参数，根据渲染器的不同，它的参数位置也相应地变化为新的渲染器。例如，加载了 mental ray 渲染器时，它的参数就会变为 mental ray 的参数。本章只针对默认渲染器进行讲解。

（3）“Render Elements（渲染元素）”选项卡：可根据不同元素类型，将其渲染为单独的图像文件，以便在后期合成中应用。

（4）“Raytracer（光线跟踪）”选项卡：用于对 3ds max 的光线跟踪进行设置，包括是否抗锯齿，以及反射和折射的次数的设置。

（5）“Advanced Lighting（高级照明）”选项卡：用于高级照明参数设置。

1. “Common（公用）”选项卡

1）“Common Parameters（公用参数）”卷展栏（如图 5-2 所示）

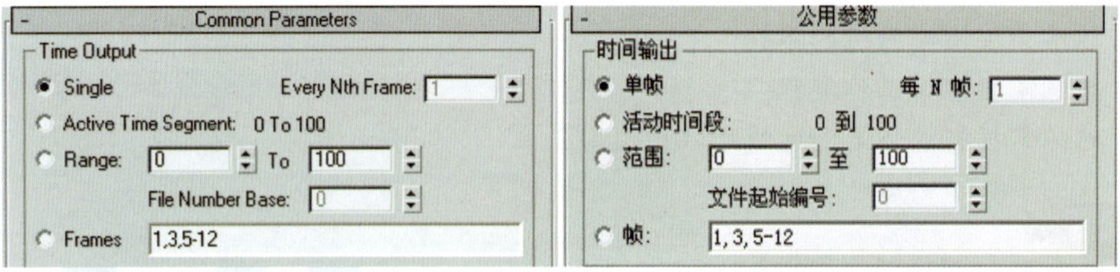

图 5-2

（1）“Time Output（时间输出）”选项组。

- Single（单个）：仅当前帧。
- Active Time Segment（激活时间段）：激活时间段为显示在时间滑块内的当前帧范围。
- Range（范围）：指定两个数字之间（包括这两个数）的所有帧。
- Frames（帧）：可以指定非连续帧，帧与帧之间用逗号隔开（如 2，5）或连续的帧范围，用连字符相连（如 0-5）。
- File Number Base（文件起始编号）：指定起始文件编号，从这个编号开始递增文件名，范围为-99999～99999，只用于“活动时间段”和“范围”输出。
- Every Nth Frame（每 N 帧）：帧的规则采样。例如，输入“8”则每隔 8 帧渲染一次。该项只用于“活动时间段”和“范围”的输出。

（2）“Output Size（输出大小）”选项组，如图 5-3 所示。在该选项组中可以选择一个预定义的渲染框大小，或在“With（宽度）”和“Height（高度）”（像素为单位）中输入自定义大小。这些控件用于控制图像的纵横比。

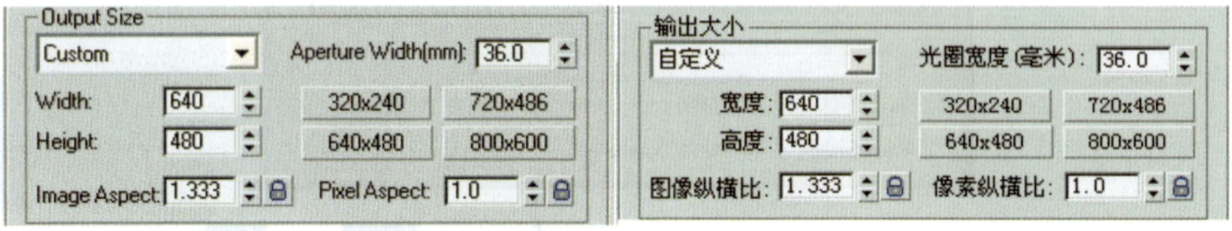

图 5-3

①“输出大小”下拉列表：在“输出大小”下拉列表中可以选择几个标准的电影和视频分辨率以及纵横比。可以选择其中一种格式，也可以选择“自定义”，使用“输出大小”

选项组中的其他项进行调节。从列表中可以选择以下格式：

- Custom（自定义）；
- 35mm 1.316：1 全光圈（电影）；
- 35mm 1.37：1 学院（电影）；
- 35mm 1.66：1（电影）；
- 35mm 1.75：1（电影）；
- 35mm 1.85：1（电影）；
- 35mm 失真（2.35：1）；
- 35mm 失真（2.35：1）（挤压）；
- 70mm 宽银幕电影（电影）；
- 70mm IMAX（电影）；
- VistaVision；
- 35mm（24mm×36mm）（幻灯片）；
- 6cm×6cm（$2\frac{1}{4}$"×$2\frac{1}{4}$"）（幻灯片）；
- 4"×5" 或 8"×10"（幻灯片）；
- NTSC D-1（视频）；
- NTSC DV（视频）；
- PAL（视频）；
- PAL DV（视频）；
- HDTV（视频）。

注意：可根据列表中选择的输出格式，更改“图像纵横比”及“宽度”和“高度”的值。

② Aperture With（mm）（光圈宽度（毫米））：指定用于创建渲染输出的摄影机光圈宽度。更改此值将更改摄影机的镜头值。这将影响镜头值和 FOV 值之间的关系，但不会更改摄影机场景的视图。

例如，如果镜头设置为 43.0 毫米，将光圈宽度从 36 更改为 50 并关闭“渲染场景”对话框（或进行渲染）时，摄影机镜头微调器将变为 59.722，但场景在视口和渲染中都不发生变化。如果使用预定义格式，而没有使用“自定义”，“光圈宽度”将由所选择的格式确定，该控件替换为文本显示。

③ Width/Height（宽度/高度）：以像素为单位指定图像的宽度和高度，从而设置输出图像的分辨率。使用自定义格式，可以分别单独设置这两个微调器。对于其他格式，两个微调器将锁定为指定的纵横比，若更改一个另一个也将改变。最大宽度和高度均为 32 768 像素。

④ 预设分辨率按钮（320×240、640×480 等）：单击这些按钮之一，即选择一个预设分辨率。可以自定义这些按钮，右键单击按钮以显示“配置预设”对话框，利用它可以更改该按钮指定的分辨率。

⑤ Image Aspect（图像纵横比）：设置图像的纵横比。更改此值将改变高度值以保持活动的分辨率正确。使用标准格式而非自定义格式时，不可以更改纵横比，该控件将替换为文本显示。

在 3ds max 中，“图像纵横比”值总是表示为倍增值。在电影和视频的书面描述中，纵横比通常描述为比率。例如，1.33333（默认的自定义纵横比）通常表示为 4∶3。这是广播视频使用的标准纵横比（NTSC 和 PAL），不使用 Letterboxing（Letterboxing 可以显示宽银幕电影格式的整个宽度，这种技术是在电影上下加上黑边）。

（3）“Options（选项）”选项组，如图 5-4 所示。

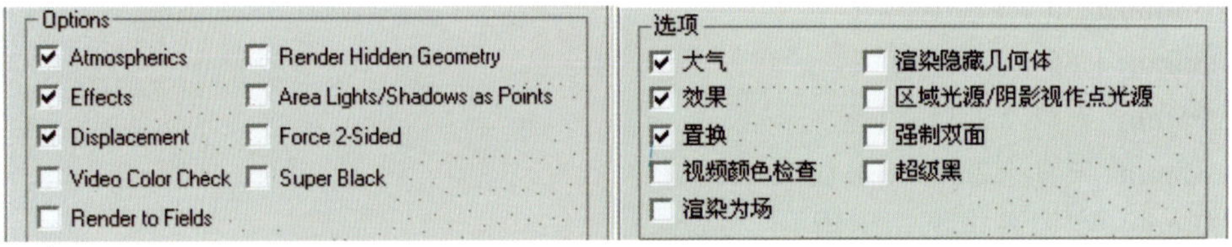

图 5-4

- Atmospherics（大气和效果）：启用此选项后，可渲染任何应用的大气效果，如体积雾。
- Effects（效果）：启用此选项后，可渲染任何应用的渲染效果，如模糊。
- Displacement（置换）：可渲染任何应用的置换贴图。
- Video Color Check（视频颜色检查）：检查超出 NTSC 或 PAL 安全阈值的像素颜色，标记这些像素颜色并将其改为可接受的值。
- Render to Fields（渲染为场）：为视频创建动画时，将视频渲染为场，而不是渲染为帧。
- Render Hidden Geometry（渲染隐藏的几何体）：渲染场景中所有的几何体对象，包括隐藏的对象。
- Area Light/Shadows as Point（区域光源/阴影视作点）：将所有的区域光源或阴影当做从点对象发出的进行渲染，这样可以加快渲染速度。

提示：这对草图渲染非常有用，因为点光源的渲染速度比区域光源快很多。

- Force 2-Sided（强制双面）：双面渲染，渲染所有曲面的两个面。
- Super Black（超级黑）：超级黑渲染限制用于视频组合的渲染几何体的暗度。除非确实需要此选项，否则将其禁用。

（4）“Advanced Lighting（高级照明）”选项组，如图 5-5 所示。

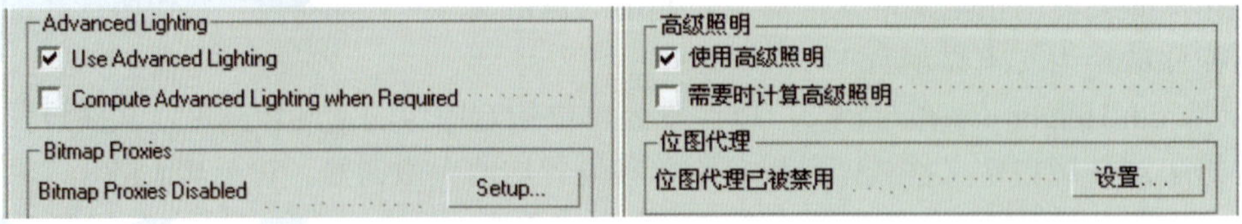

图 5-5

- Use Advanced Lighting（使用高级照明）：启用此选项后，在渲染过程中支持光能传递和光线跟踪。
- Compute Advanced Lighting When Required（需要时计算高级照明）：启用此选项后，当需要逐帧处理时，支持光能传递。例如，一扇颜色很亮丽的门打开后会影响到旁边白色墙壁的颜色，这种情况下应该重新计算高级照明。

（5）“Bitmap Proxies（位图代理）”选项组：在 3ds max 中使用高分辨率贴图或位图进行渲染，需要设置代理设备时，请单击“设备”按钮。

（6）“Render Output（渲染输出）”选项组，如图 5-6 所示。

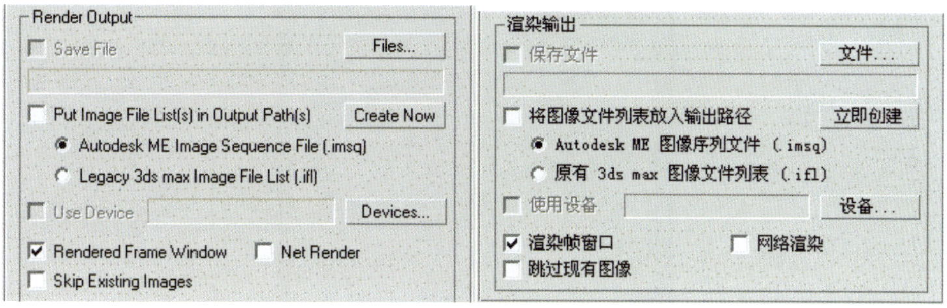

图 5-6

- Save File（保存文件）：启用此选项后，将渲染的图像或视频文件保存到硬盘上，可单击“Files（文件）”按钮指定输出文件路径。
- Put Image File List（s）in Output Path（s）（将图像文件列表放置在输出路径中）：启用此选项可创建图像序列（IMSQ）文件，并将其保存在与渲染相同的目录中。默认设置为禁用。
- Rendered Frame Windows（渲染帧窗口）：在渲染帧窗口中显示渲染输出。
- Net Render（网络渲染）：启用网络渲染。如果启用该选项，在渲染时将看到“网络作业分配”对话框。
- Skip Existing Images（跳过现有图像）：启用此选项后，渲染器将跳过序列中已经渲染到磁盘中的图像。

2）“Assign Renderer（指定渲染器）”卷展栏（如图 5-7 所示）

该卷展栏显示了当前指定的渲染器名称。单击...按钮可更改渲染器的指定。单击此按钮会弹出“选择渲染器”对话框，如图 5-8 所示。

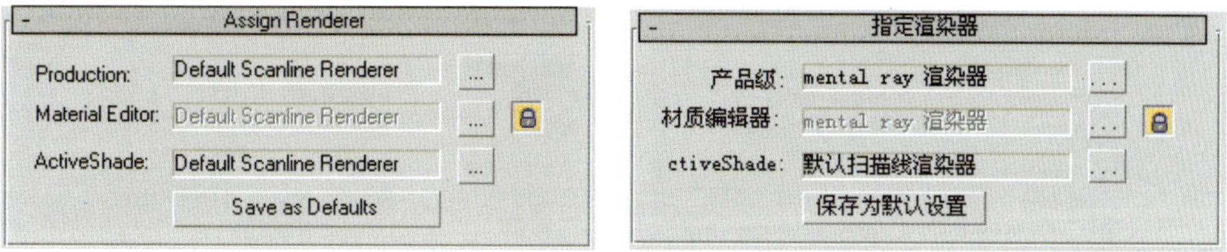

图 5-7

（1）Production（产品级）：选择用于渲染图形输出的渲染器。

（2）Material Editor（材质编辑器）：选择用于渲染“材质编辑器”中示例窗的渲染器。

（3）ActiveShade：选择用于预览场景中照明和材质更改效果的 ActiveShade渲染器。3ds max 附带的唯一 ActiveShade 渲染器为默认扫描线渲染器。

（4）Save as Defaults（保存为默认设置）：单击该按钮可将当前渲染器保存为默认设

置，以便下次重新启动 3ds max 时它们处于活动状态。

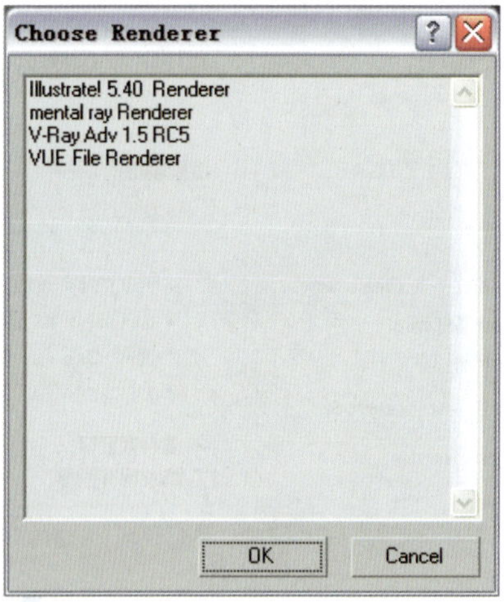

图 5-8

2．“Renderer（渲染器）”选项卡

“Default Scanline Renderer（默认扫描渲染器）”卷展栏如图 5-9 所示。

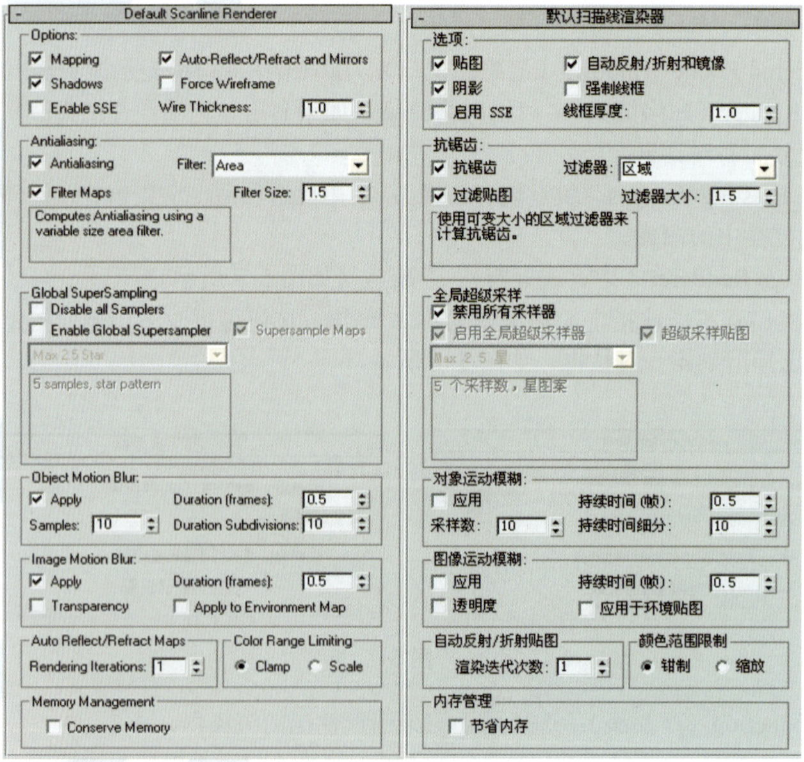

图 5-9

（1）“Option（选项）”选项组。

- Mapping（贴图）：禁用该选项可忽略所有贴图信息。

- Auto-Reflect and Mirrors（自动反射/折射和镜像）：忽略自动反射/折射贴图可以加速测试渲染。
- Shadows（阴影）：禁用该选项后，不渲染投射阴影。这可以加速测试渲染。其默认设置为启用。
- Force Wireframe（强制线框）：将场景中的模型渲染为线框，可以改变线框厚度（以像素为单位）。其默认值为 1。
- Enable SSE（启用 SSE）：启用该选项后，渲染使用“流 SIMD 扩展”（SSE）（SIMD 代表“单指令、多数据”）。是否启用该选项取决于系统的 CPU，SSE 可以缩短渲染时间。默认设置为禁用状态。

（2）“Antialiasing（抗锯齿）”选项组。

- Antialiasing（抗锯齿）：渲染时使物体边缘更加平滑或减少锯齿来增加图像的质量。
- “Filter（过滤器）”下拉列表提了供备选的抗锯齿模式，可根据需要进行选择。
- Filter Maps（过滤贴图）：对贴图材质进行过滤。其默认设置为启用。
- Filter Size（过滤器大小）：可以增加或减小应用到图像中的模糊量。只有当从下拉列表中选择“Soften 柔化”过滤器时，该选项才可用。当选择任何其他过滤器时，该微调器不可用。

（3）“Global SuperSampling（全局超级采样）”选项组。

- Disabled all Samplers（禁用所有采样器）：禁用所有超级采样。其默认设置为禁用。

注意：mental ray 渲染器忽略“超级采样”设置，它有自己的采样方法。

- Enable Global Supersampler（启用全局超级采样器）：启用该选项后，对所有的材质应用相同的超级采样器。
- Supersampler Maps（超级采样贴图）：启用或禁用对贴图材质的超级采样。默认设置为启用。

采样器下拉列表提供了几种备选采样方式，一般选择“max 2.5 start”即可。

提示：用于超级采样贴图的选项方法与出现在“材质编辑器”、“超级采样”卷展栏中的选项方法相同。某些方法提供了扩展的选项，通过这些选项可以更好地控制超级采样的质量和渲染过程中获得的采样数。

（4）“Object Motion Blur（对象运动模糊）”选项组。

- Apply（应用）：为整个场景设置运动模糊。
- Duration(frames)（持续帧）：物体持续的帧数，也可以理解为时间长短。
- Sampler（采样）：设置采样值。如果想获得平滑模糊效果，可使用最大设置 32。
- Duration subdivision：持续时间细分。

（5）“Image Motion Blur（图像运动模糊）”选项组。

注意：图像运动模糊对设置动画的 NURBS 对象无效，因此它们的细分（曲面近似）随时间而改变。在下列任何情况下，图像运动模糊也无效：

➢ 使用优化的任何对象；
➢ 任何使用动画分段的基本体；

➢ 平滑度值（迭代次数）不为 1 的任何类型的“网格平滑”；
➢ 启用“保持凸面”的多边形上的网格平滑；
➢ 使用“位移材质”的任何对象。

- Apply（应用）：为整个场景启用图像模糊效果。
- Duration(frames)（持续时间）：该值越大，运动模糊效果越明显。
- Apply to Environment Map（应用于环境贴图）：设置该选项后，图像运动模糊既可以应用于环境贴图，也可以应用于场景中的对象。当摄影机环游时效果非常显著。
- Transparency（透明）：启用该选项后，图像运动模糊对重叠的透明对象起作用。在透明对象上应用图像运动模糊会增加渲染时间。默认设置为禁用。

（6）“Auto Reflect/Refract maps（自动反射/折射贴图）”选项组。

- Rendering Iterations（渲染迭代次数）：该项用于设置对象间在非平面自动反射贴图上的反射次数。虽然增加该值有时可以改善图像质量，但是这样做也将增加反射的渲染时间。

（7）“Color Range Limiting（颜色范围限制）”选项组。

- Clamp（钳制）：要保证所有颜色分量在范围“钳制”内，则需要将任何大于 1 的值设定为 1，而将任何小于 0 的颜色限制为 0。0 与 1 间的任何值都保持不变。使用“钳制”时，因为在处理过程中色调信息会丢失，所以非常亮的颜色会渲染为白色。
- Scale（缩放）：要保证所有颜色分量在范围内，将需要通过缩放所有三个颜色分量来保留非常亮的颜色的色调，因此最大分量的值为 1。注意，这样将更改高光的外观。

（8）“Memory Management（内存管理）”选项组。

- Conserve Memory（节省内存）：启用该选项后，渲染使用更少的内存但会增加一点渲染时间。可以节约 15%～20% 的内存，而渲染时间大约增加 4%。默认设置为禁用状态。

3. “Render Elements（渲染元素）”选项卡

“Render Elements（渲染元素）”卷展栏如图 5-10 所示。

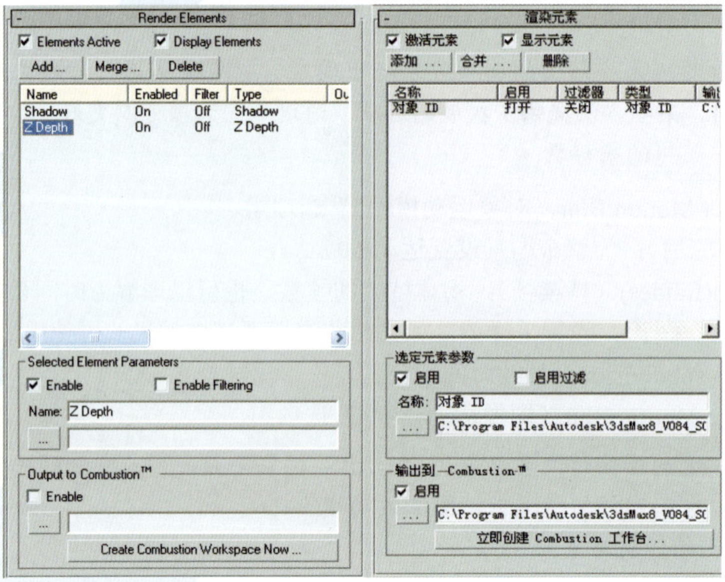

图 5-10

（1）Elements Active（激活元素）：启用该选项后，可分别对元素进行渲染。其默认设置为启用。

（2）Display Elements（显示元素）：启用该选项后，在进行渲染时每个单独元素将在其自己的渲染元素窗口中显示。禁用该选项后，元素仅渲染到文件。默认设置为启用。

（3）Add（添加）：单击该按钮可将新元素添加到列表中。单击此按钮将弹出“渲染元素”对话框。

（4）Merger（合并）：单击该按钮可合并来自其他 3ds max 场景中的渲染元素。单击“合并”按钮后会显示一个文件对话框，可以从中选择要获取元素的场景文件。选定文件中的渲染元素列表将添加到当前的列表中。

（5）Delete（删除）：单击该按钮可从列表中删除选定对象。

（6）“Selected Element Parameters（选定元素参数）”选项组。

- Enable：启用。
- Enable Filtering：启用过滤。

（7）“Output to Combustion（输出到 Combustion）”选项组。

- Enable（启用）：启用该选项后，会生成包含正进行渲染元素的 Combustion 工作区（CWS）文件。可以在 Combustion 软件中使用这个文件，并且可以在 Combustion 贴图中使用 Combustion 工作区。

4．“Raytracer（光线跟踪）”选项卡

注意：这些控件只调整扫描线渲染器的光线跟踪设置，并不影响 mental ray 渲染器，它们具有自己的光线跟踪。

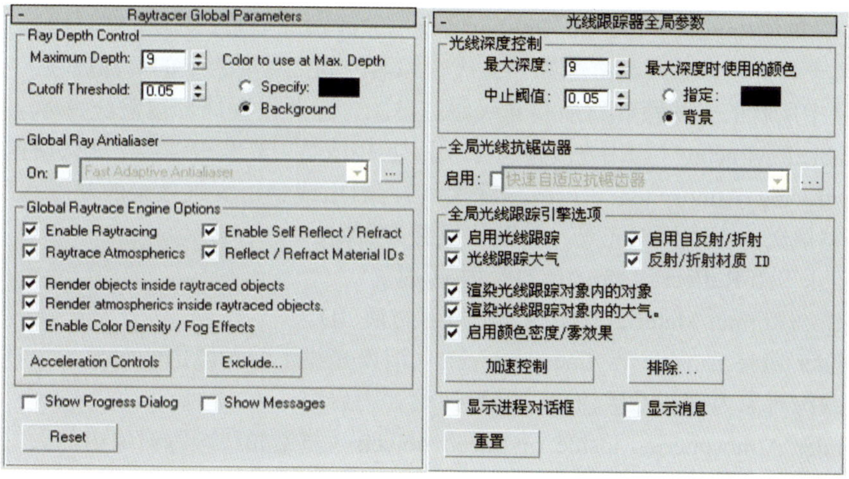

图 5-11

（1）“Ray Depth Control（光线深度控制）”选项组。

- Maximum Depth（最大深度）：设置最大深度。增加该值会潜在地提高场景的真实感，但却增加渲染时间。可以降低该值以缩短渲染时间，范围为 0～100，默认设置为 9。
- Cutoff Threshold（中止阈值）：为自适应光线级别设置一个中止阈值。如果光线对于最终像素颜色的作用降低到中止阈值以下，则终止该光线。其默认设置为 0.05（最

终像素颜色的 5%)，这能明显加速渲染时间。

- Color to use at Max Depth（最大深度时使用的颜色）：通常，当光线达到最大深度时，将被渲染为与背景环境一样的颜色。通过选择颜色或设置可选环境贴图，可以覆盖返回到最大深度的颜色。这将使“丢失”的光线在场景中不可见。

提示：如果对复杂的对象，特别是玻璃进行渲染时遇到困难，请将最大深度颜色指定为像洋红一样明显的颜色，并将背景颜色指定为具有对比性的颜色，如青色。许多光线可能在最大递归或者刚刚被发射到世界中时丢失，完全没有击中应该撞击的目标。可尝试再次渲染场景。如果这就是问题所在，请尝试减少“最大深度”值。

- Specify（指定）：当光线被视为丢失或者掉入陷阱时，指定光线跟踪器返回的颜色。单击色样可以更改该颜色。
- Background：背景。

（2）“Global Ray Antialiaser（全局光线抗锯齿器）”选项组：该选项组中控件可以设置光线跟踪贴图和材质的全局抗锯齿。

① On（启用）：启用此选项之后将使用抗锯齿，默认设置为禁用。

② 下拉列表中有两个选项。

- Fast Adaptive Antialiaser（快速自适应抗锯齿器）：默认设置。
- Multiresolution Adaptive Antialiaser（多分辨率自适应抗锯齿器）：使用“多分辨率自适应抗锯齿器”。

③ 单击...按钮可以打开另一个对话框来全局设置抗锯齿控件。所显示的对话框取决于在下拉列表中选择的备选方法。

（3）“Global Raytrace Engine Options（全局光线跟踪引擎选项）”选项组：该选项组中的选项相当于“扩展参数”卷展栏和“光线跟踪器控制”卷展栏上的局部选项。它们的设置将影响场景中所有的光线跟踪材质和光线跟踪贴图，除非设置局部覆盖。

- Enable Raytracing（启用光线跟踪）：用于启用或禁用光线跟踪器，默认设置为启用。
- Raytracing Atmosphere（光线跟踪大气）：启用或禁用大气效果的光线跟踪。大气效果包括火、雾、体积光等。其默认设置为启用。
- Enable Self Reflect /Refract：自反射/折射。
- Reflect/Refract/Material IDs：反射/折射材质 ID。
- Render objectsinside raytraced objects（渲染光线跟踪对象内的对象）：启用或禁用光线跟踪对象内部的对象渲染。其默认设置为启用。
- Render Atmospherics inside raytraced objects（渲染光线跟踪对象内的大气）：启用或禁用光线跟踪对象内部大气效果的渲染。其默认设置为启用。
- Enable Color Density /Fog Effects（启用颜色密度/雾效果）：启用或禁用颜色密度和雾功能。
- Acceleration Controls（加速控制）：单击该按钮可打开“光线跟踪加速参数”对话框，其中可以调整设置。
- Exclude（排除）：单击该按钮可以显示“光线跟踪排除/包含”对话框，其中可以设置将物体排除在光线跟踪之外。

（4）Show Progress Dialog（显示进程对话框）：启用此选项后，渲染显示带进度栏的窗口，进度栏标题为“光线跟踪引擎设置”。默认设置为启用。

（5）Showers Message（显示消息）：启用此选项后，出现“光线跟踪消息”窗口，显示来自光线跟踪引擎的状态和进度消息。默认设置为禁用。

5. “Advanced Lighting（高级照明）”选项卡

“Select Advanced Lighting（选择高级照明）”卷展栏如图 5-12 所示。

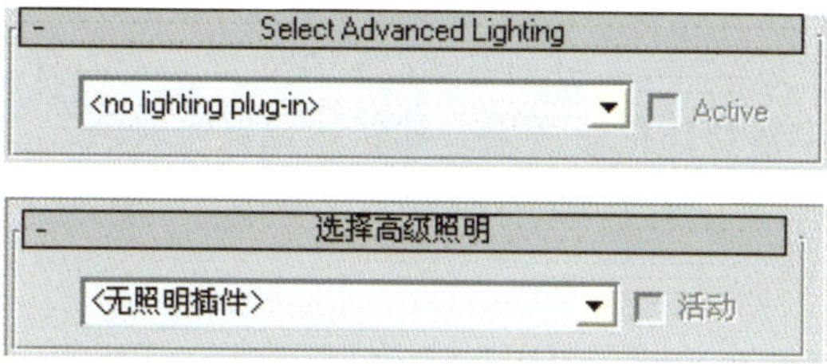

图 5-12

可以从下拉菜单中选择高级照明选项。其默认设置为未选择高级照明选项。

高级照明选项有两种：“Light Tracer（光线跟踪）”和“Radiosity（光能传递）”。

Active（活动）：选择高级照明选项时，使用该选项可在渲染场景时切换是否使用高级照明。其默认值为启用。

（1）Light Tracer（光线跟踪）。其“参数”卷展栏如图 5-13 所示。

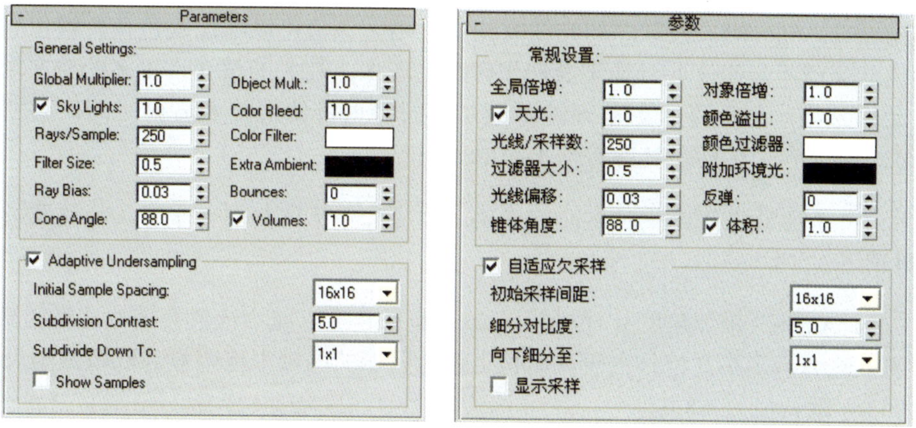

图 5-13

① “General Settings（常规设置）”选项组。

- Global Multiplier（全局倍增）：控制总体照明强度。其默认设置为 1.0。
- Object Mult.（对象倍增）：控制由场景中的对象反射的照明级别。默认设置为 1.0。

注意：只有反弹值大于或等于 2 时，该设置才起作用。

- Sky Light（天光）：（一个场景可以含有多个天光）。默认设置为启用，可通过后面数值进行调节。
- Color Bleed（颜色溢出）：控制颜色强度。当灯光在场景对象间相互反射时，颜色发生作用。其默认设置为 1.0。

注意：只有反弹值大于或等于 2 时，该设置才起作用。

● Rays/Sample（光线/采样数）：用于设置每个采样（或像素）投射的光线数目。增大该值可以增加效果的平滑度，但同时也会增加渲染时间。减小该值会导致颗粒状效果更明显，但是渲染可以进行得更快。其默认设置为 250。

提示：要想获得光跟踪效果的“初始草稿”预览，请减小光线/采样数和过滤器大小的值。

● Color Filter（颜色过滤器）：用于过滤投射在对象上的所有灯光，可以设置为除白色外的其他颜色以丰富整体色彩效果。其默认设置为白色。

● Filter Size（过滤器大小）：用于减少效果中噪波的过滤器大小（以像素为单位）。其默认设置是 0.5。

提示：当禁用“自适应欠采样”并且“光线/采样数”值较小时，“过滤器大小”选项特别有用。

● Extra Ambient（附加环境光）：当设置为除黑色外的其他颜色时，可以在对象上添加该颜色作为附加环境光。其默认颜色为黑色。

● Ray Bias（光线偏移）：像对阴影的光线跟踪偏移一样，“光线偏移”可以调整反射光效果的位置。使用该选项可更正渲染的不真实效果，如对象投射阴影到自身所可能产生的条纹。其默认值为 0.03。

● Bounces（反弹）：被跟踪的光线反弹数。增大该值可以增加映色量。该值越小，快速结果越不精确，并且通常会产生较暗的图像。较大的值允许更多的光在场景中流动，这会产生更亮、更精确的图像，但同时也将使用较多渲染时间。其默认值为 0。当反弹为 0 时，光跟踪器不考虑体积照明。

提示：如果场景中有透明对象，如玻璃，请将反弹值增加到大于零（请注意，这将增加渲染时间）。

● Cone Angle（锥体角度）：控制用于重聚集的角度。减小该值会使对比度稍微升高，尤其在有许多小几何体向较大结构上投射阴影的区域中更明显，取值范围为 33.0～90.0，默认值为 88.0。

● Volumes（体积）：启用该选项后，“光跟踪器”从体积照明效果（如体积光和体积雾）中重聚集灯光。其默认设置为启用。对使用光跟踪的体积照明，反弹值必须大于 0。

②“Adaptive Undersampling（自适应欠采样）”选项组：这些控件可以帮助用户减少渲染时间，减少所采用的灯光采样数。欠采样的理想设置根据场景的不同而不同。

● Initial Sample Spacing（自适应欠采样）：启用该选项后，光跟踪器使用欠采样。禁用该选项后，则对每个像素进行采样。禁用此选项可以增加最终渲染的细节，但是同时也将增加渲染时间。默认设置为启用。

● Subdivision Contrast（细分对比度）：确定区域是否应进一步细分的对比度阈值。增加该值将减少细分，该值过小会导致不必要的细分，默认值为 5.0

● Subdivision Down To（向下细分至）：细分的最小间距。增加该值可以缩短渲染时间，但是是以精确度为代价的。其默认值为 1×1，具体取值取决于场景中的物体，大于 1×1 的栅格可能仍然会细分为小于该指定的阈值。

- Show Samples（显示采样）：启用该选项后，采样位置渲染为红色圆点。该选项显示发生最多采样的位置，这可以帮助用户选择欠采样的最佳设置。其默认设置为禁用状态。

（2）Radiosity（光能传递）。“Radiosity Processing Parameters（光能传递处理参数）”卷展栏如图 5-14 所示。

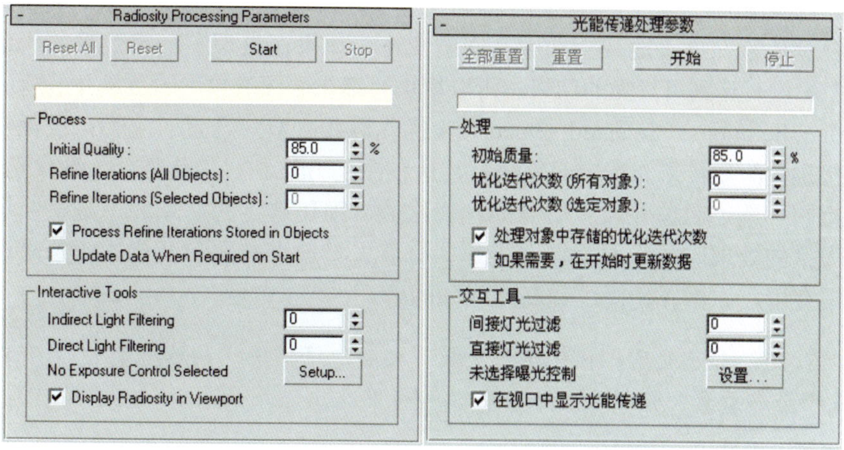

图 5-14

（1）Reset All（全部重置）：单击“开始”按钮后，将 3ds max 场景的副本加载到光能传递引擎中。单击“全部重置”按钮，将从引擎中清除所有的几何体。

（2）Reset（重置）：从光能传递引擎中清除灯光级别，但不清除几何体。

（3）Start（开始）：开始光能传递处理。一旦光能传递解决方案达到“初始质量”所指定的百分比数量，此按钮就会变成“继续”。

如果在达到全部的“初始质量”百分比之前单击“停止”按钮，然后再单击“继续”按钮，会使光能传递处理继续进行，直到达到全部的百分比或再次单击“停止”按钮。可以多次在单击“停止”按钮之后再单击“继续”按钮。

另外，可以计算光能传递直到低于 100% 的“初始质量”，然后增加“初始质量”的值，单击“继续”按钮以继续计算光能传递。

在上述任何一种情况中，“继续”都避免了重新生成草图的光能传递解决方案而节省了时间。

一旦达到全部的“初始质量”百分比，单击“继续”按钮就不会有任何的效果。

（4）Stop（停止）：停止光能传递处理。“开始”按钮将变成“继续”按钮。可以在之后单击“继续”以继续进行光能传递处理，如在描述“开始”按钮时一样。

（5）“Process（处理）选项组：此选项组中的选项用于设置光能传递解决方案前两个阶段的行为，即“初始质量”和“细化”。

- Initial Quality（初始质量）：设置停止“初始质量”阶段的质量百分比，最高到 100%。例如，如果指定为 80%，将会得到一个能量分布精确度为 80% 的光能传递解决方案。目标的初始质量设为 80%～85% 通常就足够了，它可以得到比较好的效果。

注意：“质量”指的是能量分布的精确度，而不是解决方案的视觉质量。即使“初始质量”百分比比较高，场景仍然可以显示明显的变化。变化由解决方案后面的阶段来解决。

- Refine Iterations（All Objects）（优化迭代次数（所有对象））：设置“优化”迭代次数的数目以作为一个整体来为场景执行。“优化迭代次数”阶段将增加场景中所有对象上的光能传递处理的质量。使用“初始质量”阶段其他的处理来从每个面上聚集能量，以减少面之间的变化。这个阶段并不会增加场景的亮度，但是它将提高解决方案的视觉质量并显著地减少曲面之间的变化。如果在处理了一定数量的“优化迭代次数”后没有达到可接受的结果，可以增加“细化迭代次数”的数量并继续进行处理。
- Refine Iterations（Selected Objects）（优化迭代次数（选定对象））：设置“优细化”迭代次数的数目来为选定对象执行，所使用的方法和“优化迭代次数（所有对象）”的相同。选定对象并设置所需的迭代次数。细化选定的对象而不是整个场景能够节省大量的处理时间。通常，对于那些有着大量的小曲面和变化的对象来说，该选项非常有用，如栏杆、椅子或高度细分的墙。

注意：在 3ds max 处理“优化迭代次数”之后，将禁用“初始质量”，只有在单击“重置”按钮或“全部重置”按钮之后才能对其进行更改。

- Process Refine Iterations Stored in Objects（处理对象中存储的优化迭代次数）：每个对象都有一个叫做“优化迭代次数”的光能传递属性。每当细分选定对象时，与这些对象一起存储的步骤数就会增加。

提示：如果启用了此切换，在重置光能传递解决方案然后再重新开始时，每个对象的步骤就会自动优化。这在创建动画、需要在每一帧上对光能传递进行处理以及需要维持帧之间相同层级的质量时非常有用。

- Update Data When Required on Start（在开始时更新数据）：启用此选项之后，如果解决方案无效，则必须重置光能传递引擎，然后再重新计算。在这种情况下，将更改“开始”菜单，以阅读“更新与开始”。当按下该按钮时，将重置光能传递解决方案，然后再开始进行计算。禁用此切换之后，如果光能传递解决方案无效，则不需要重置。可以使用无效的解决方案继续处理场景。

注意：当以任何方式添加、移除、移动或更改对象或灯光时，光能传递解决方案都无效。

（6）“Interactive Tools（交互工具）”选项组：该选项组中的选项有助于调整光能传递解决方案在视口中和渲染输出中的显示。这些控件在现有光能传递解决方案中立即生效，而无须任何额外的处理就能看到它们的效果。

- Indirect Light Filtering（间接灯光过滤）：用周围的元素平均化间接照明级别以减少曲面元素之间的噪波数量。通常，该值设为 3 或 4 已足够。如果使用太高的值，则可能会在场景中丢失详细信息。因为“间接灯光过滤”是交互式的，可以根据自己的需要对结果进行评估然后再对其进行调整。

- Direct Light Filtering（直接灯光过滤）：用周围的元素平均化直接照明级别以减少曲面元素之间的噪波数量。通常，该值设为 3 或 4 已足够。如果使用太高的值，则可能会在场景中丢失详细信息。“直接灯光过滤”是交互式的，可以根据自己的需要对结果进行评估然后再对其进行调整。

注意：只有在使用投射直射光时“直接灯光过滤”才可工作。如果未使用“投射直射光”，则将所有对象视为间接照明。

- No Exposure Control Selected（未选择曝光控制）：显示当前曝光控制的名称。（在通过选择“渲染→环境”命令更改曝光控制时，在“光能传递”对话框中显示的名称会自动更新。）
- 单击 Setup... 按钮将显示“环境”面板，在此面板中可以访问“曝光控制”卷展栏。在此处可以选择曝光控制并设置其参数。
- Display Radiosity in Viewport（在视口中显示光能传递）：在光能传递和标准 3ds max 着色之间切换。可以禁用光能传递着色以增加显示性能。

下面介绍一下创建光能传递网格和控制其大小的方法（用世界单位表示）。

通常网格分辨率细分得越细，照明细节将越精确。但这涉及时间和内存方面的平衡。

（1）“Radiosity Meshing Parameters（光能传递网格参数）”卷展栏，如图 5-15 所示。

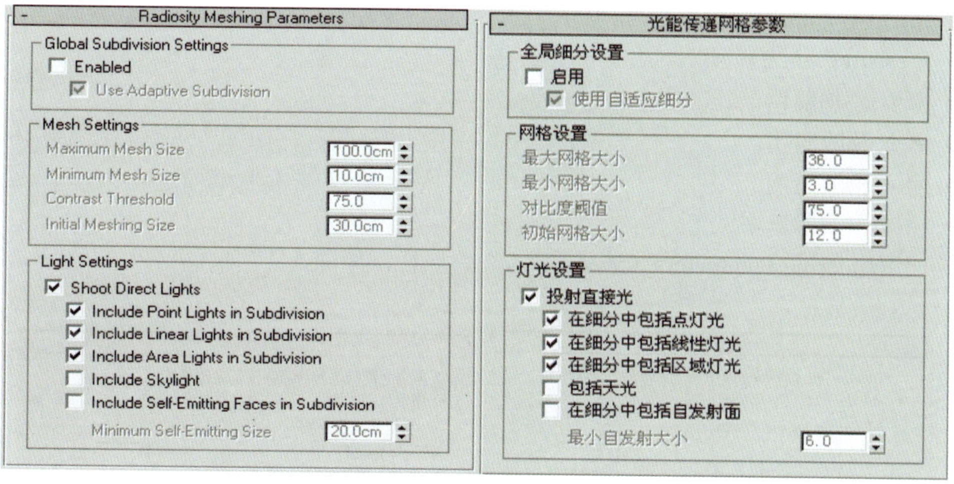

图 5-15

① “Global Subdivision Settings（全局细分设置）”选项组。

- Enabled（启用）：用于启用整个场景的光能传递网格。
- Use Adaptive Subdivision（使用自适应细分）：是否启用自适应细分。默认设置为启用。

② “Mesh Settings（网格设置）”选项组。

- Maximum Mesh Size（最大网格大小）：自适应细分之后最大面的大小。对于英制单位，默认值为 36in，对于公制单位，默认值为 100cm。

- Minimum Mesh Size（最小网格大小）：不能将面细分使其小于最小网格大小。对于英制单位，默认值为 3in，对于公制单位，默认值为 10cm。
- Contrast Threshold（对比度阈值）：默认设置为 75.0。
- Initial Meshing Size：初始网格大小。

③“Light Settings（灯光设置）”选项组。

- Shoot Direct Lights：投射直射光。
- Include Point Lights in Subdivision：在细分中包含点灯光。
- Include Linear Lights in Subdivision：在细分中包含线性灯光。
- Include Area Lights in Subdivision：在细分中包含区域灯光。
- Include Skylight：包括天光。
- Include Self-Emitting Faces in Subdivision：在细分中包括自发射面。
- Minimum Self-Emitting Size：最小自发射大小。

（2）“Light Painting（灯光绘制）”卷展栏，如图 5-16 所示。

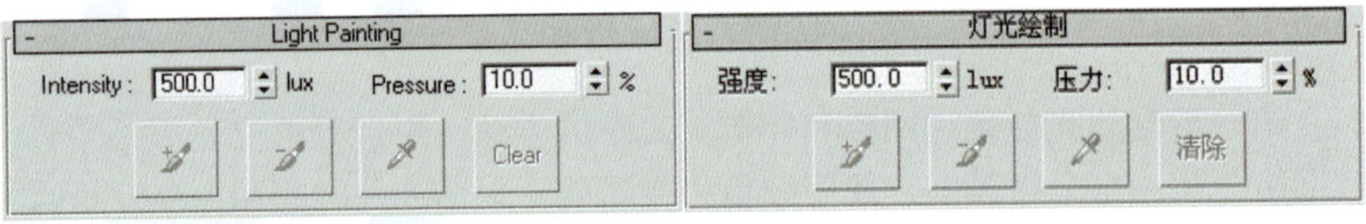

图 5-16

- Intensity：强度。
- Pressure：压力。
- ：添加照明。
- ：移除照明。
- ：拾取照明。
- Clear：清除。

（3）“Rendering Parameters（渲染参数）”卷展栏，如图 5-17 所示。

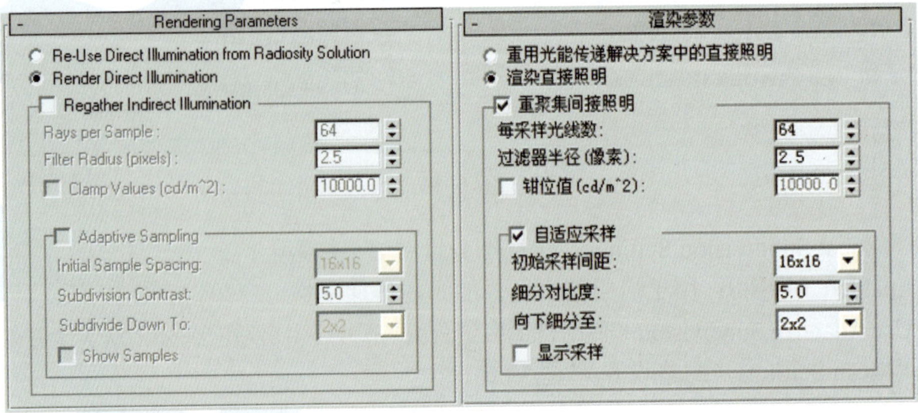

图 5-17

① Re-Use Direct Illumination From Radiosity Solution：重用光能传递解决方案中的直接照明率。

② Render Direct Illumination：渲染直接照明。

③ “Render Indirect Illumination（重聚集间接照明）选项组。

- Rays per Sample：每采样光线数。
- Filter Radius (pixels)：过滤器半径（像素）。

④ “Adaptive Sampling（自适应采样）” 选项组。

- Initial Sample Spacing：初始采样间距。
- Subdivision Contrast：细分对比度。
- Subdivide Down To：向下细分至。

（4）“Statistics（统计数据）” 卷展栏，如图 5-18 所示。

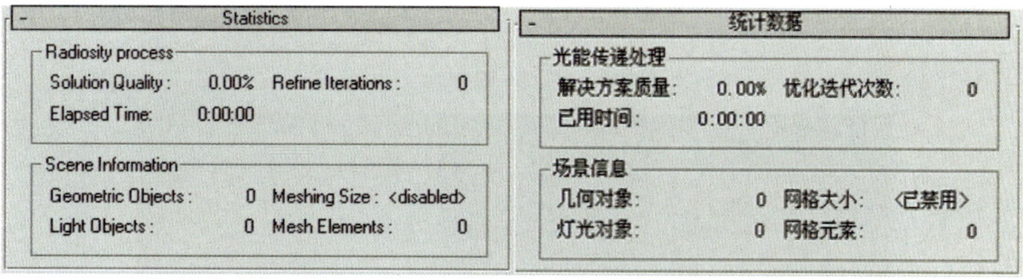

图 5-18

① “Radiosity Process（光能传递处理）” 选项组：列出了在光能传递进程中当前的质量级别和优化迭代次数。

- Solution Quality（解决方案质量）：光能传递进程中的当前质量级别。
- Refine Iterations（优化迭代次数）：光能传递进程中的优化迭代次数。
- Elapsed Time（已用时间）：自上一次重置之后处理解决方案所花费的时间。

② “Scene Information（场景信息）” 选项组：列出有关场景光能传递处理的信息。

- Geometric Objects（几何对象）：列出处理的对象数量。
- Light Objects（灯光对象）：列出处理的灯光对象数。
- Meshing Size（网格大小）：以世界单位列出光能传递网格元素的大小。
- Mesh Elements（网格元素）：列出所处理的网格中的元素数。

5.3 在实例中参数设置

本例主要讲解光线跟踪的具体用法，虽然它的渲染速度相对较慢，但可以得到较好的画面效果，在室外场景中是经常用到的方法之一。

（1）在场景中创建一个 Box，将顶面和中间相邻的两个面删除，再创建几个默认的几何形体，分别赋予材质，效果如图 5-19 所示。

（2）调整角度，设置一架摄像机，在摄像机视图中将安全框显示出来，如图 5-20 所示。

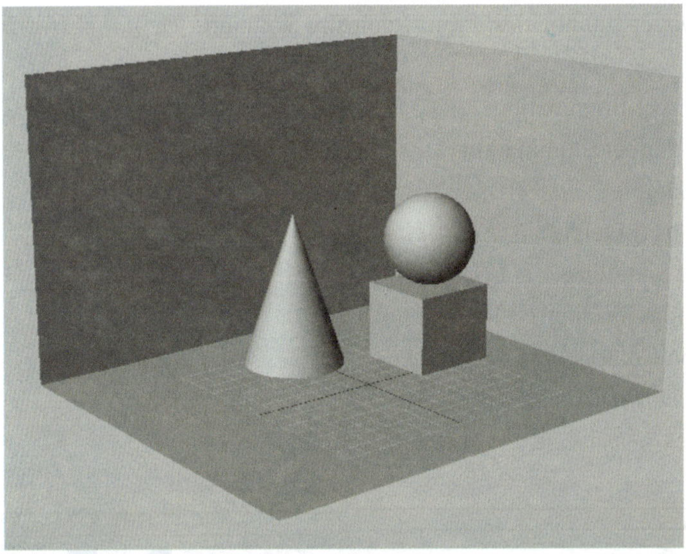

图 5-19

图 5-20

注意：安全框的显示方法为，在摄像机视图里，右键单击“Camera01”，在弹出的菜单中选择 ✓ Show Safe Frame 即可。它可以帮助用户构图，显示出输出图像的长宽比例，这在动画制作过程中尤为重要。

（3）创建“天光”。在创建面板单击按钮，再单击 Skylight 按钮，在“top”视图中创建一盏“天光”。执行“渲染面板→高级照明→光线跟踪→Active”命令，如图 5-21 所示。

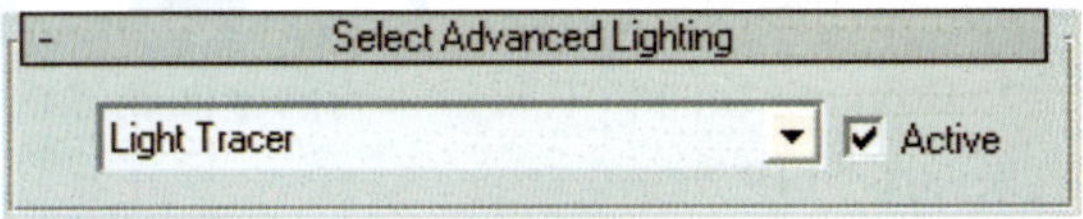

图 5-21

然后对场景进行渲染，观察一下图像，发现整个场景充满了柔和的天空光漫射的效果，可以看到软阴影的效果，如图 5-22 所示。

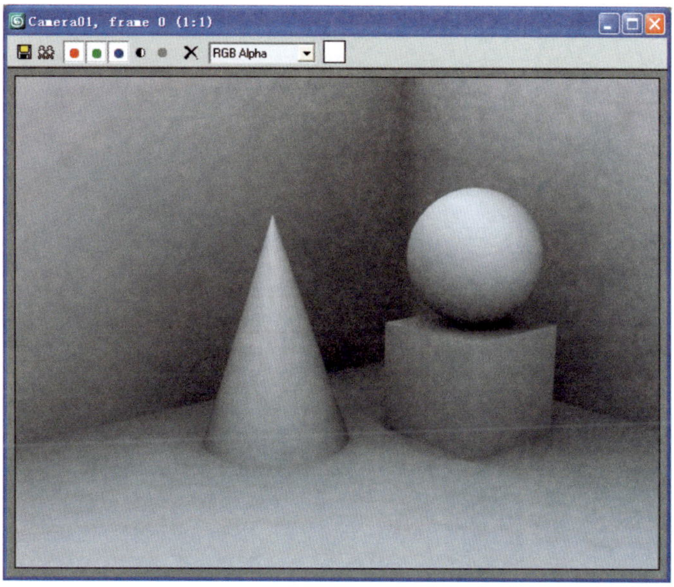

图 5-22

（4）在场景中只有天光的漫反射光。再创建一盏平行光，执行创建面板按钮，单击 Target Direct 按钮创建“目标平行光”。调整平行光的位置，将阴影类型设置为“光线跟踪”阴影，如图 5-23 所示。

渲染并查看效果，如图 5-24 所示。

图 5-23

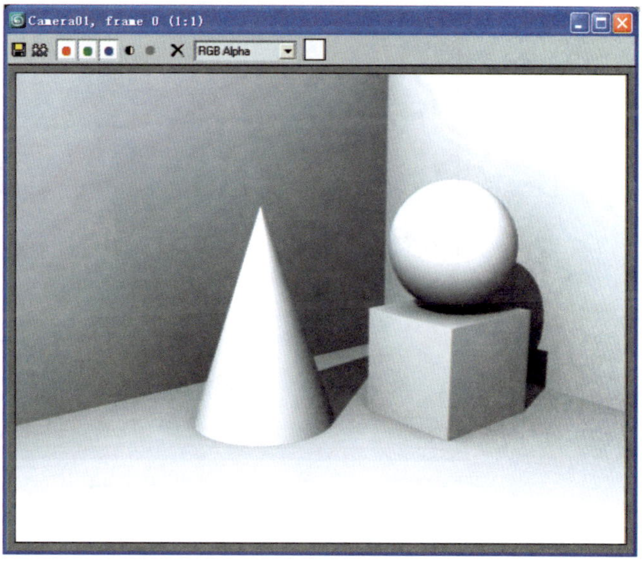

图 5-24

可以看到效果不是很理想，光过于亮，需要调节一下光源的倍增值。可以尝试着调节，再进行渲染，调节位置如图 5-25 所示。

图 5-25

（5）对场景的灯光倍增值和高级灯光的弹跳值进行调节，弹跳值设置如图 5-26 所示。

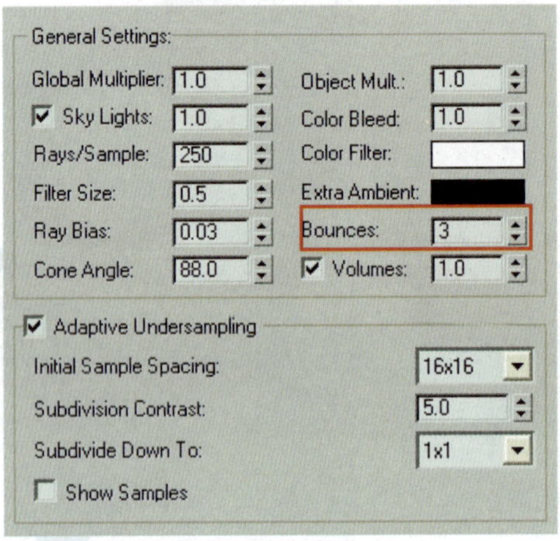

图 5-26

渲染后的结果如图 5-27 所示。

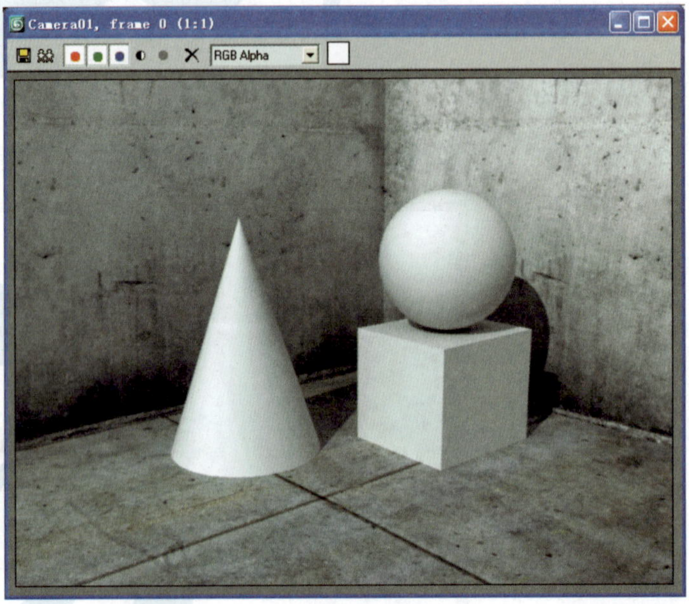

图 5-27

总结：在渲染中，白色物体的体积感不好表现，所以这里选择白色的物体作为实例。

可能场景简单一些，但它包含“光线跟踪”的整个操作流程。这种方法经常被用于室外渲染，所以希望大家熟练掌握。

本章总结：扫描线渲染器是 3ds max 的默认渲染器，它的功能比较一般，但不可忽视的是它的速度，在建模、赋予材质的环节使用频率比较高。在正式渲染输出时，扫描线渲染器使用频率是比较低的，尤其是大的场景不推荐用扫描线渲染，它的全局功能弱。如果材质调节得比较好，灯光布置也不错的情况下，使用扫描线渲染可以提高工作效率，减少渲染的时间。但在一些公司中，主要使用 mental ray 渲染器或者 V-Ray 渲染器。渲染器的外挂很多，主要看自己的喜好。另外提醒一下，画面的好坏不是渲染器单独可以决定的，它是一个有艺术感的人通过一个适合自己的工具创造出来的，主导的是人，软件只是工具而已。

第6章 mental ray 渲染器

知识要点

- 熟练掌握 mental ray 光线跟踪和采样质量的相关参数控制；
- 熟练掌握 mental ray 灯光和阴影的使用方法；
- 熟练掌握 mental ray 的 9 种材质和 30 种专用贴图；
- 熟练掌握 mental ray 的全局照明和焦散的功能，以及使用天光和 HDRI 贴图的运用，制作出更加真实的效果；
- 熟练掌握 mental ray 的运动模糊和景深效果；
- 熟练掌握 mental ray 的置换效果。

6.1 mental ray 渲染器

6.1.1 mental ray 渲染器简介

mental ray 是由德国 Mental Images 公司开发的。自从 1989 年正式发布首个商业版至今，其功能在不断地完善与提高，并一直处于业内领先的地位，拥有庞大的用户群和广泛的技术支持。在 3d max 6.0 以前，它是作为插件来使用的。3d max 6.0 就把功能强大的 mental ray 内置了，同时它还支持 3ds max 的大部分材质。在 3ds max 9.0 中，mental 的版本已经升级到 3.5 的版本，新增加了很多实用功能，如车漆材质、物理天空、建筑专用材质等，并在速度方面得到了很好的优化，可以在短时间内得到更佳的渲染质量。它备受广大用户的青睐，被广泛地应用于电影制作、广告动画、游戏开发等领域。

6.1.2 mental ray 渲染器的基本流程

使用 mental ray 渲染器的基本操作流程如下：

（1）切换渲染器。

（2）为模型添加 mental ray 材质或 3ds max 自身的材质。

（3）设置灯光，无论是 mental ray 灯光还是自身的灯光，合适即可。

（4）给场景设置摄像机，调整好角度。

（5）设置 mental ray 的属性开关。调节参数值的大小。

（6）测试渲染，将采样值和抗锯齿的设置调低一些，以节省测试的时间。

（7）最终渲染输出。

6.1.3 mental ray 灯光

3ds max 在置入了 mental ray 后，增加了两种 mental ray 专用灯光：区域泛光灯和区域聚光灯。这两种灯都可以作为面积光源来进行照明，可以表现出更加真实的阴影效果。

1. mental ray 区域泛光灯

区域泛光灯：在使用 mental ray 渲染器时可以模拟球形或圆柱形灯光的照明效果；当使用 3ds max 默认渲染器时，虽然也能起到照明的效果，但功能和 3ds max 泛光灯的功能相同。下面看一下常用的参数卷展栏，如图 6-1 所示。

- Type（类型）：在该下拉列表中可以选择球体或圆柱体。
- Radius（半径）：根据灯光的类型，表示（球体）半径或（圆柱体）的截面半径。
- Samples（采样）：设置区域泛光灯的采样质量，可以分别设置 U 向和 V 向的采样值。对于圆柱形灯光，U 表示沿高度采样值，V 表示沿角度采样值。

2. 区域聚光灯

在使用 mental ray 渲染器时，区域聚光灯可以从矩形或圆形区域发射光线来产生照明和照明阴影效果。用 3ds max 默认渲染器时，其效果等同于标准的聚光灯，如图 6-2 所示。

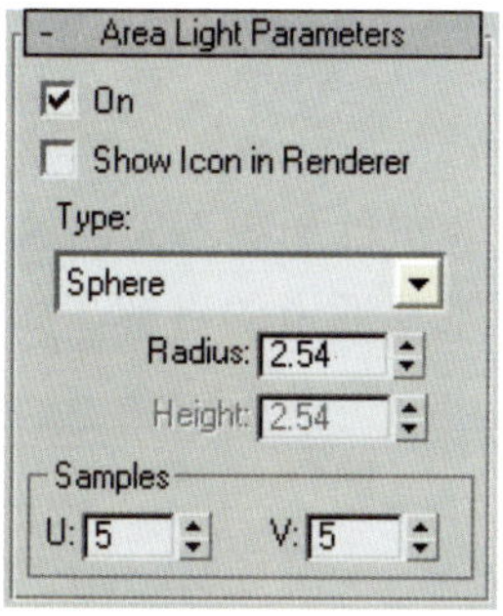

图 6-1

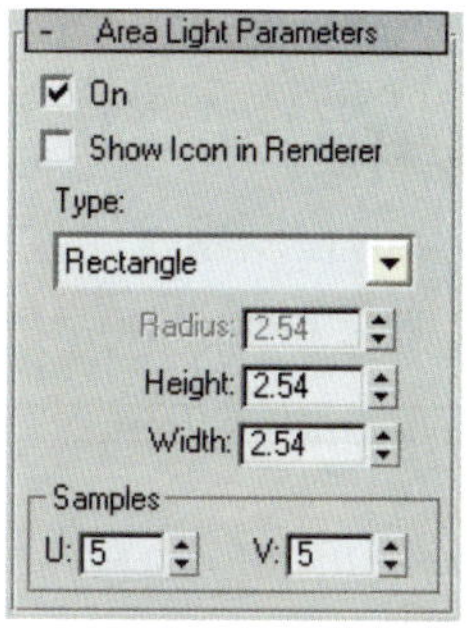

图 6-2

- Type（类型）：可以在该下拉列表中选择圆形或矩形灯光。
- Radius（半径）：当聚光灯为圆形时有效，设置圆形半径。
- Samples（采样）：等同于区域泛光灯的采样参数含义。

3. 区域灯光的阴影

区域灯光是一种高级光源类型，它能产生真实的软阴影效果。在生活当中看到的阴影都是有虚实关系的，并不都是一样明暗的。区域灯光可以模拟出现实生活中的阴影效果。

实际上 mental ray 只支持两种阴影类型，即光线跟踪类型和 mental ray 的阴影贴图类型。3ds max 的阴影类型将转化为相应的 mental ray 阴影类型。

6.1.4 mental ray 材质类型

指定 mental ray 渲染器后，在材质浏览器中可以看到 mental ray 的专用材质，显示为黄色的小球，如图 6-3 所示。mental ray 材质共有 9 种，其中最常用的是 mental ray 材质、DGS 材质、Glass 材质，Arch&Design（建筑与设计材质、Car Paint Material[mi]（车漆）材质和 SSS 材质是在一些特殊需要的时候才用到的材质。当然，mental ray 渲染器也支持 3ds max 的默认材质，只不过没有专用材质优化的效果好。

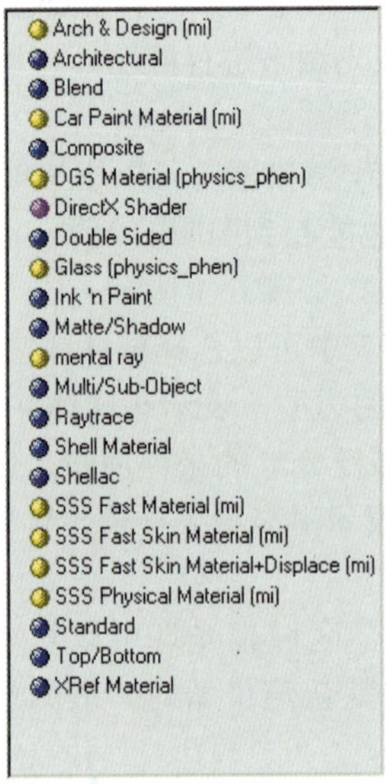

图 6-3

1. mental ray 材质

mental ray 材质的控制项目比较少，主要是通过各组件加载不同的 Shader（明暗器）来实现不同效果。下面是 mental ray 材质卷展栏的几个重要通道的讲解，如图 6-4 所示。

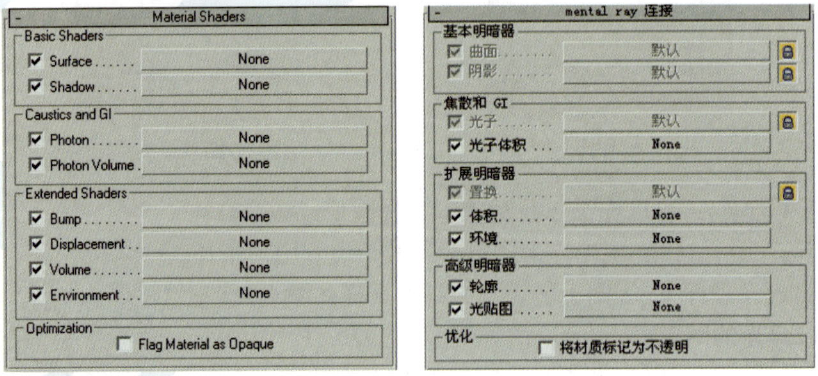

图 6-4

（1）“Basic Shaders（基本明暗器）”选项组。

- Surface（曲面）：为具有此材质的对象的曲面着色。常用于该通道的明暗器有 Dielectric Material、Glass、Metal。其中，Dielectric Material 常用于模拟绝缘类材质，如陶瓷等；而 Glass 用于模拟玻璃材质；Mental 用于模拟金属材质。
- Shadow（阴影）：指定阴影明暗器。

（2）“Caustics and GI（焦散和 GI）”选项组。

● Photon（光子）：指定光子明暗器。光子明暗器用于修改焦散和全局照明的外观。它们修改光能（光通量）而不是颜色（辐射）。

（3）“Extended Shaders（扩展明暗器）”选项组。

● Bump（凹凸）：指定凹凸明暗器。mental ray 材质的凹凸着色类似于标准材质的凹凸贴图。

● Displacement（置换）：指定位移明暗器。

● Volume（体积）：指定体积明暗器。

● Environment（环境）：指定环境明暗器。与使用“渲染场景”对话框指定对话框一样，环境明暗器用于更改场景背景。

（4）“Optimization（优化）”选项组。

● Flag Material as Opaque（将材质标记为不透明）：打开此设置时，表示材质完全不透明。这表明 mental ray 渲染器不需要处理此材质的透明度，也不需要使用阴影明暗器（如果已经指定）。这会增加渲染时间。其默认设置为禁用状态。

2. DGS 材质

DGS 代表 Diffuse（漫反射）、Glossy（光泽）、Specular（高光）。这种材质用于提供曲面物理精确模拟的 mental ray 现象（脚本明暗器树）。对 mental ray 渲染器使用 DGS 材质如同对默认的扫描线渲染器使用“建筑”材质。

1）“DGS Material（DGS 材质）”参数卷展栏

DGS 材质的基本组件出现在“参数”卷展栏上。可以为这些组件指定明暗器，创建复杂度更高的材质。“参数”卷展栏和“明暗器”卷展栏上都有用来指定明暗器的按钮，如图 6-5 所示。

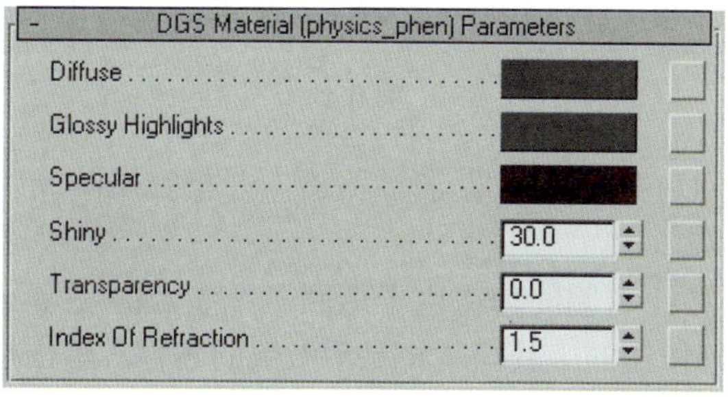

图 6-5

注意：每个控件右边的按钮都是明暗器快捷键按钮。单击其中一个按钮可显示材质，添加材质后此按钮显示字母“M”。

（1）Diffuse（漫反射）：单击色样可显示颜色选择器，并更改材质的漫反射颜色。

（2）Glossy Highlights（光泽高光）：单击色样可显示颜色选择器，并更改光泽高光的颜色。

（3）Specular（高光）：单击色样可显示颜色选择器，并更改平面镜反射的颜色。当高光颜色为白色时，材质是 100% 反射，像一面镜子。当高光颜色为黑色时，材质并不反射其周围的任何对象。

（4）Shiny（发光）：设置光泽高光的宽度。该值越大，高光就越小。其默认值为 30.0。

（5）Transparency（透明度）：指定透明度。透明度的有效范围是 0.0～1.0。当值为 0.0 时，材质完全不透明；当值为 1.0 时完全透明。其默认设置是 0.0。

警告：可以将“Transparency”值设置为 1.0 以上，但是这样做没有效果。mental ray 和 Lume 库中明暗器用户界面的一个异常现象是：微调器的值不像 3ds max 中的控件那样被“钳制”在它们的有效范围内。

透明度的值还间接指定材质的反射率，计算方式是 1.0 减去透明度值。

（6）Index Of Refraction（折射率）：指定 IOR。在物理世界中，IOR 是通过灯光穿过眼睛或摄影机所在的透明材质和介质的相对速度得列的，通常其与对象的密度有关。IOR 越高，对象的密度越大。其默认设置为 1.5。

注意：当 IOR 等于 1.0 时，没有折射，当材质为折射材质时，计算透明度要花费更长的时间。向组件指定贴图或明暗器之后，此按钮显示字母“M”，“明暗器”卷展栏上的同等按钮将显示贴图或明暗器名称。

2）“Shaders（明暗器）”卷展栏

该卷展栏上的控件用于向 DGS 材质的一个基本参数指定贴图或明暗器。这相当于设置标准材质组件的贴图。通过添加明暗器，可以创建生成复杂效果的明暗器树，如图 6-6 所示。

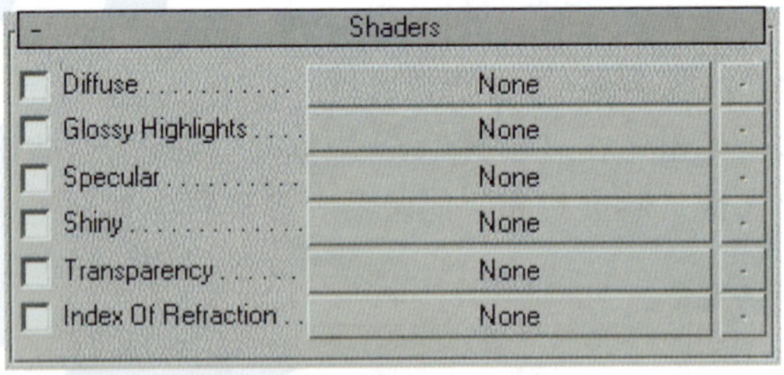

图 6-6

单击一个组件的按钮可打开材质/贴图浏览器，并指定贴图或明暗器。使用左侧的切换可启用或禁用贴图的效果。

：每个主明暗器按钮右侧的按钮用于返回多个参数的明暗器。如果将返回多个参数的明暗器指定给组件，则按钮的工具提示将显示参数的名称。单击按钮可弹出“将参数连接到明暗器”对话框，在此可以更改所使用的参数。

提示：UV 坐标和 XYZ 坐标是唯一由 3ds max 附带的具有多个返回值的明暗器。可能会遇到其他明暗器库或自定义明暗器代码附带的明暗器中具有多个返回值的情况。

3. Glass（physics_phen）材质

玻璃材质是模拟玻璃的表面属性和光线透射（光子）属性。这等同于向曲面和光子组件（两者的参数设置相同）指定电介质材质明暗器的 mental ray 材质的 mental ray 现象（脚本化的明暗器树）。像玻璃这样的电解质材质，其表面透射以接近垂直的角度（90°）撞击它的大多数灯光，但是却反射以斜角度撞击（接近 0°）大多数灯光，如图 6-7 所示。

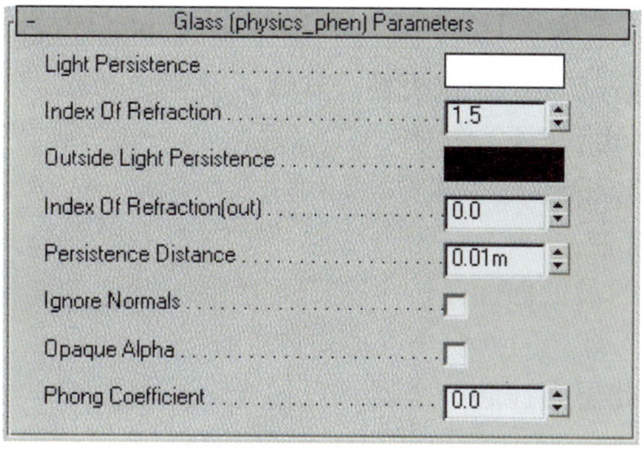

图 6-7

注意：此材质并不使用阴影明暗器，因此除非生成焦散，否则阴影始终是不透明的。

（1）Light Persistence（灯光持久性）：与“持久性距离”结合使用，控制体积透射的灯光百分比。例如，如果将颜色设置为 R=G=B=0.5，并将“持久性距离”设置为 2.0，则厚度为 2.0 个单位的对象将显示 50% 的透明度。其默认设置为白色（R=G=B=1.0）。

由于透明度取决于对象的厚度，所以厚度不同的对象显示不同的透明度，视查看的角度而定。

（2）Index Of Refraction（折射率）：指定折射率（IOR）。在物理世界中，IOR 通过灯光穿过眼睛或摄影机所在的透明材质和介质的相对速度得出，通常与对象的密度有关。IOR 越高，对象的密度越大。其默认设置为 1.5。

有关常用材质的 IOR 值列表，请参见“扩展参数”卷展栏（标准材质）。

（3）Outside Light Persistence（外部灯光持久性）：与“持久性距离”结合使用，控制在曲面的另一面透射的灯光百分比。设置为默认设置“黑色”后，此控件不起作用。请参见“相邻折射材质”相关内容。

（4）Index Of Refraction(out)（折射率（出））：设置曲面另一面上的 IOR。设置为默认设置“0”后，此控件不起作用。请参见“相邻折射材质”相关内容。

（5）Persistence Distance（距离持久性）：与“灯光持久性”颜色结合使用，控制体积透射的灯光百分比。这是灯光投射降低到“灯光持久性 RGB”值指定的百分比所采用的距离。其默认设置为 1.0。如果指定“外部灯光持久性”颜色，则该设置也使用“持久性距离”。

（6）Ignore Normals（忽略法线）：启用此选项之后，渲染器不使用法线来决定灯光光线是进入对象还是离开对象。通常，材质使用法线来决定光线是进入对象还是离开对象（如果法线指向光线，则光线将进入；如果法线移离光线，则光线将离开）。如果渲染法线不统一的对象，则可能会出现问题。启用“忽略法线”之后，材质通过计算光线与对象相交的次数来决定光线是进入对象还是离开对象。其默认设置为禁用状态。

（7）Opaque Alpha（不透明 Alpha）：启用此选项之后，接触环境的折射光线不生成透明 alpha 值（这是 3ds max 通常采用的处理环境的方式）。禁用该选项后，接触环境的折射光线将渲染透明 alpha 值，如果计划将渲染用做合成的一部分，则会有所帮助。其默认设置为禁用。

（8）Phong 系数：系数大于零时，将在材质上生成 Phong 高光，高光会出现在示例窗中。通常，该值必须大于 10，高光才明显。其默认设置是 0.0。

4．Car paint Material（车漆）材质

车漆材质既可用做 mental ray 材质，也可用做明暗器。二者有相同的参数，并支持真实汽车颜料的以下独特特性：

- 直接应用于车体的最低曲面是一个薄的着色层。此层的属性是：感觉到的颜色会根据查看角度和引入灯光的入射角度而更改。
- 细小的金属片在此层内挂起。金属片反射光，并且由于单独的金属片可以反射太阳光（观察者可直接看到），所以还可以在晴天看到金属片闪光。
- 该层顶部是透明涂层，可以或多或少反射，并且或多或少具有光泽，具体情况取决于该层的质量以及是否添加蜡膜。更特别的是，该层趋向于显示显著的 Fresnel 效果，可以在斜角度反射更多灯光。
- 包括 Lambertian 尘土层，用于该“未洗的”外观。

1）“车漆材质”卷展栏（如图 6-8 所示）

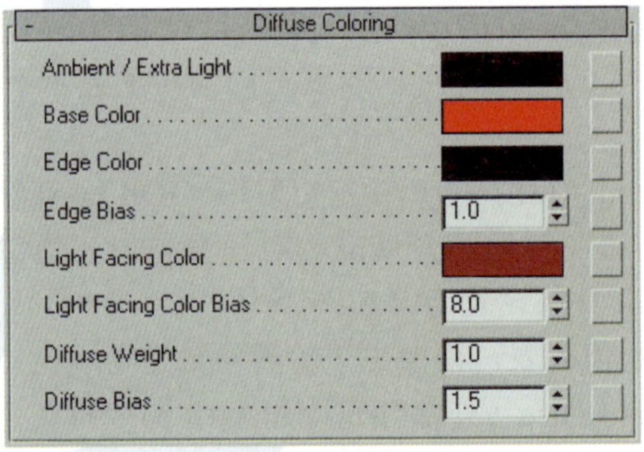

图 6-8

（1）Ambient/Extra Light（环境/附加光）：环境光组件。

注意：该参数受其他“漫反射颜色”参数的影响，因此表示入射光而非该对象的“环境光颜色”。从这一点考虑，对该参数的处理方式不同于许多其他基础明暗器的环境/环境光参数对。

（2）Base Color（基础颜色）：材质的基础漫反射颜色。

（3）Edge Color（边颜色）：在斜角度（也就是边）可见此颜色，很可能看起来非常暗。对于所涂金属颜色很深的跑车，很可能看起来就是黑色的。

（4）Edge Bias（边偏移）：朝向边的颜色的衰减比率。较高的值会使边缘区域较窄，较低的值会使其较宽。可用的范围是 0.0～10.0，其中值 0.0 表示禁用此效果。

（5）Light Facing Color（朝向光的颜色）：面对光源的区域的颜色。

（6）Light Facing Color Bias（朝向光的颜色偏移）：朝向光的颜色的衰减比率。较高的值会使朝向光的彩色区域变小/变窄；而较低的值会使其变大/变宽。可用的范围是 0.0～10.0，其中值 0.0 表示禁用此效果。

（7）Diffuse Weight（漫反射权重）：控制“漫反射颜色”参数的整体级别。

（8）Diffuse Bias（漫反射偏差）：修改漫反射着色的衰减。较高的值会推动漫反射峰靠近光源，而较低的值会使漫反射峰变平。有效范围为 0.5～2.0，其中 1.0 表示标准 Lambertian 着色。

2）“Flakes（金属片）”卷展栏（如图 6-9 所示）

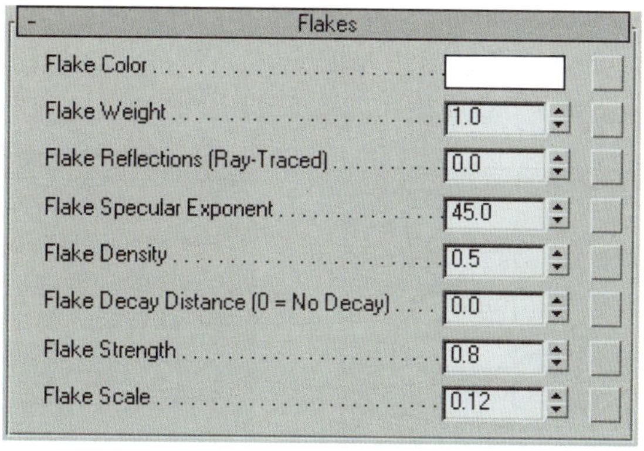

图 6-9

（1）Flake Color（金属片颜色）：金属片的颜色（反射率），通常为白色。

（2）Flake Weight（金属片权重）：金属片颜色的标量倍增。

（3）Flake Reflections（Ray-Traced）（金属片反射（跟踪的光线））：金属片中跟踪的光线反射的数量，它允许如 HDRI 环境的闪烁反射。值 0.0 表示禁用此效果。此效果非常精细，值 0.1 通常就已足够。最终反射强度还取决于“金属片颜色”和“金属片权重”的值。

（4）Flake Specular Exponent（金属片反射指数）：金属片的 Phong 反射指数。

（5）Flake Density（金属片密度）：金属片的密度。可用的范围是 0.1～10.0。值较低表示金属片较稀少，值较高表示金属片较稠密。

（6）Flake Decay Distance（0=No Decay）（金属片衰减距离）：金属片不再产生影响的距离。值为 0.0 表示禁用衰减。任何正值都会导致重新调整“金属片权重”值，以便它在此距离处达到零。

因为金属片相对较小，所以如果其可视密度远小于 1 像素，则使用金属片可能会带来不真实的渲染效果。如果将渲染的过度采样设置为高，则小的金属片还可能会触发大量过度采样，并将增加不必要的渲染时间，因为过度采样产生的平均副作用会基本抵消金属片效果。如果遇到这些问题，可以使用“金属片衰减距离”进行抵消。

（7）Flake Strength（金属片强度）：金属片方向之间的差异。有效范围为 0.0～1.0，其中 0.0 意味着所有金属片与曲面平行，较大的值会逐渐改变金属片的方向。

（8）Flake Scale（金属片比例）：金属片的大小。程序纹理是在对象空间中计算的，因此将跟随对象。所以，对象上任何比例变换都会影响该比例。

3）“Specular Reflections（镜面反射）”卷展栏（如图 6-10 所示）

（1）Specular Color #1：主要反射高光的颜色。

（2）Specular Weight #1：应用于“Specular Color #1”的标量倍增。

（3）Specular Exponent #1：“Specular Color #1”的 Phong 指数。

（4）Specular Color #2 ：次级反射高光的颜色。

（5）Specular Weight #2：应用于“Specular Color #2”的标量倍增。

（6）Specular Exponent #2：“Specular Color #2”的 Phong 指数。

（7）Glazed Specularity #1：在主要反射高光上启用一个特殊模式，称为“玻璃”。通过将阈值应用到反射高光，可以使曲面看起来更加光亮、有光泽。对于打蜡较多的新运动车，启用此选项。对于垃圾场的老爷车，禁用此选项。

4）“Reflectivity（反射率）”卷展栏（如图 6-11 所示）

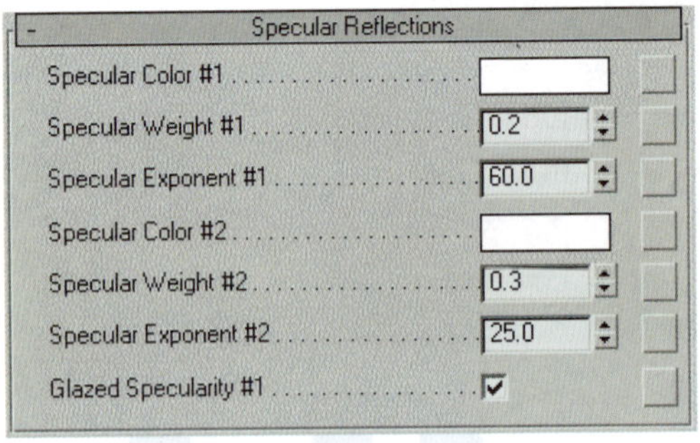

图 6-10

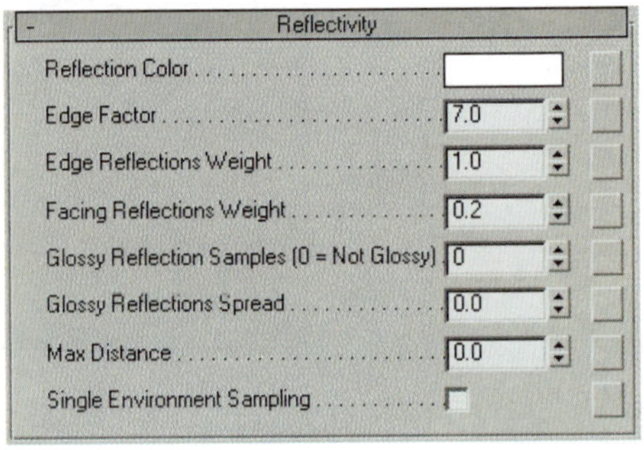

图 6-11

（1）Reflection Color（反射颜色）：透明涂层中反射的颜色。通常情况下为白色。

（2）Edge Factor（边缘因子）：透明涂层往往在斜角度（边缘）进行更多反射。此参数定义该边缘的“狭窄程度”。

（3）Edge Reflections Weight：边缘的反射强度（通常为 1.0）。

（4）Facing Reflections Weight：面向角的反射强度（通常较低，0.1～0.3）。

（5）Glossy Reflection Samples（反射光泽采样）：启用有光泽的透明涂层。此参数设置跟踪的光泽反射光线的数量。0 表示禁用光泽度。

（6）Glossy Reflection Spread（光泽反射扩散）：设置光泽度。通常汽车表面近似于镜面，所以应该使此值保持较小。

（7）Max Distance（最大距离）：限制反射光线的范围。

（8）Single Environment Sampling（单个环境采样）：优化环境贴图的查找方式。

5）“Dirty Layer（尘土层）”卷展栏（如图 6-12 所示）

（1）Dirt Color（尘土颜色）：尘土的颜色。

（2）Dirt Weight（尘土量）：层中的污浊量。此项与纹理明暗器接合，以获得整个曲面的尘土变化。如果值为 0.0，则不添加尘土。

6）“Advanced Options（高级选项）”卷展栏（如图 6-13 所示）

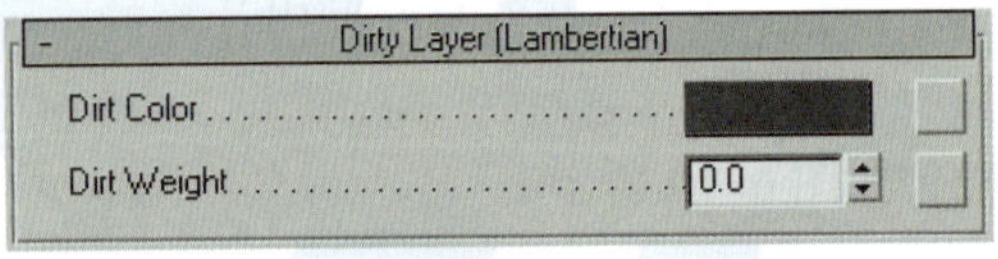

图 6-12

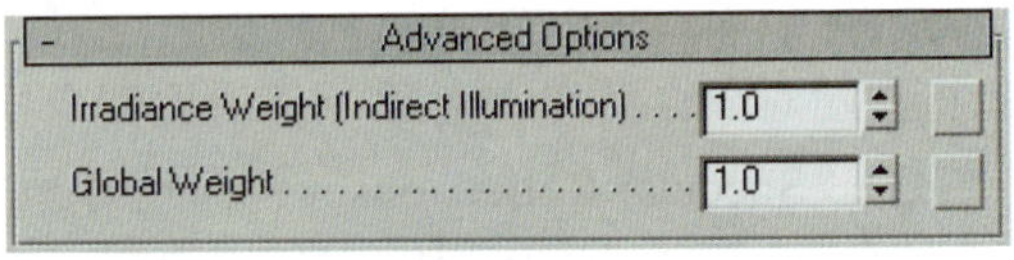

图 6-13

（1）Irradiance Weight（Indirect Illumination）（发光量（间接照明））：曲面上间接照明（光子和最终聚集）的影响。以 pi（3.14159）进行内部划分，如值 1.0 表示标准量 1.0/pi。

（2）Global Weight（全局权重）：影响整个漫反射、金属片和镜面反射子系统的全局调整参数。它不影响反射率或尘土。

7）“Shader（明暗器）”卷展栏

此卷展栏能够将贴图或明暗器应用于任何“汽车颜料”。当然，也可以单击明暗器的“贴图”按钮调节明暗器参数。因此，在不移除贴图的情况下，使用复选框，该卷展栏主要的值也可以用于切换参数的明暗器。

5. SSS 材质

SSS 材质是次表面散射材质，它适合表现不透明但是透光的对象的质感，3ds max 提供了四种这样的材质，如图 6-14 所示。

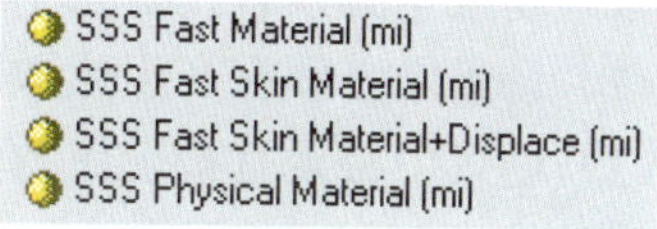

图 6-14

SSS Fast Material：SSS 快速材质。

SSS Fast Skin Material：SSS 快速皮肤材质。

SSS Fast Skin Material+Displace：SSS 快速皮肤材质+位移。

SSS Physical Material：SSS 物理材质。

6.1.5 mental ray 贴图类型

mental ray 渲染器除了支持原来的部分 3ds max 的 Shader（明暗器）之外，还有自己专用的 Shader。指定 mental ray 渲染器后，进入材质编辑器中 mental ray 材质类型的任意一个贴图通道，就能看到这些 Shader。3ds max 为 mental ray 提供一系列已经编写好的 Shader，共有 10 种。Mental Images 公司也提供了一些已经编写好的 Shader，这些 Shader 主要来自三个 mental ray 标准库，分别是 Base Shader（Base.mi）、Physics（Physics.mi）和 Contour Shader（Contour.mi），共有 33 种。LumeTools 提供了多个实用的 Shader。在材质贴图浏览器列表中，字后面标有“Lume”的字样，就是由 LumeTools 提供的。LumeTools 公司成立于 1996 年，专门为 mental ray 渲染器提供 Shader。3ds max 整合了 mental ray，自然也包括这一重要的 Shader。在官方公开的 Shader 中，还有一些 Shader 被隐藏了。

6.1.6 mental ray 光线跟踪

mental ray 可以通过光线跟踪的方式计算反射和折射的效果，这种方式是对从光源发出光线进行采样跟踪，生成反射和折射结果都符合物理规律，因此效果真实、准确。

mental ray 的光线跟踪算法是非常优秀的，不仅真实，在速度上也比 3ds max 默认的扫描线快很多，可以对光线的反射和折射次数进行设置，从而控制渲染时间。

6.1.7 mental ray 全局照明

mental ray 是使用光子贴图技术来计算全局照明的，可以是光线在场景中来回反射，以至于没有被光源直接照射的区域也可以得到照明效果。

全局照明效果需要满足以下条件：

（1）场景中必须有能够发射光子的灯光。

（2）场景中必须有能够产生全局照明的对象。

（3）场景中必须有能够接受全局照明的对象。

（4）在“Render（渲染）”、“Indirect Illumination（间接照明）”、“Caustics and Global Illumination（焦散和全局照明）”面板中勾选“Global Illumination（全局照明）（GI）”参数组的“Enable（启用）”选项。

6.1.8 mental ray 焦散

焦散是光线受到反射或折射后投射到对象表面产生照明的效果。mental ray 产生焦散的原理是使用光子图技术设置灯光发射出光子，并跟踪光子传播的路径，光子经过场景对象的反射或折射后到达对象物体表面。渲染焦散效果需要以下条件：

（1）场景中必须有投射光子的灯光。

（2）场景中必须有产生焦散的对象。

（3）场景中必须有接受焦散的对象。

（4）在“Render（渲染）”、“Indirect Illumination（间接照明）”、“Caustics and Global Illumination（焦散和全局照明）”面板中勾选“Caustics（焦散）”参数组的“Enable（启用）”选项。

6.1.9 mental ray 景深

景深是真实摄像机的一种效果，当物体距离焦点远时，物体会变得模糊。在影视作品中经常见到虚化背景或人物的镜头，大多采用景深的效果来突出画面的重点。mental ray 渲染器可以模拟真实摄像机的景深效果，但景深效果也增加了渲染时间。

使用景深效果必须开启光线跟踪算法，还要在摄影机的（修改面板）的“Multi-pass Effect（多过程效果）”下启用“Depth Of mental ray”方式，参数卷展栏的最下面可以看到“Target Distance（目标距离）”值。mental ray 渲染器就是利用这个距离来确定焦距，利用“F-stop（F 制光圈）”来调节光圈大小，从而调节场景对象模糊的程度。值越小，光圈越大，越模糊；值越大，光圈越小，就越清晰。注意不要使用 3ds max 自带的景深效果，否则会造成渲染错误。

6.1.10 mental ray 运动模糊

在使用真实的摄像机或相机时，如果场景中的物体运动速度过快，快门速度跟不上去，就会产生模糊的现象，mental ray 渲染器也可以模拟这种运动模糊效果。使用 mental ray 渲染器的运动模糊效果，在渲染面板中启用光线跟踪，并在“Camera Effects（摄像机效果）”卷展栏中设置“Enable（启用）”运动模糊选项。mental ray 是通过“Shutter Duration（frames）（快门时间）”来控制模糊程度的，值越大，就越模糊，反之则小。

6.1.11 mental ray 贴图置换

mental ray 的置换贴图与 3ds max 的置换功能相同，都是通过贴图来细分模型，控制模型表面的凹凸效果，增加模型的细节。不同的是，mental ray 的贴图置换增加的模型细节缓存在场景数据库中，而不是存在 3ds max 的场景中，因此只有在渲染时才增加内存的占用；而 3ds max 的贴图置换显示在场景中，耗费资源多，不如 mental ray 的贴图置换优秀，渲染速度也不如 mental ray 贴图置换快。

6.2 实例应用

6.2.1 实例讲解 1

（1）打开场景文件“注射器 Start”，如图 6-15 所示。这个场景包括两个光源、一个摄像机、“注射器组”和底板。选择“注射器组”，在 3ds max 的 “Group” 菜单栏选择“Open”命令，检查一下模型是否有破面、法线向内等问题。在赋予材质前应仔细检查，确认没有问题后，再进行材质赋予。如果不进行检查，一旦模型出现问题，赋予材质的时间就浪费了，还得重新修改模型，这样会导致工作进度迟缓。调出渲染器面板后，将默认渲染器更换为 mental ray 渲染器。

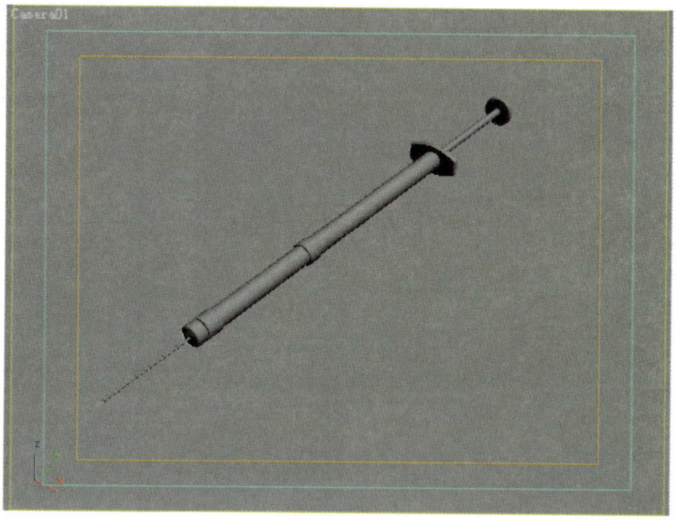

图 6-15

（2）对场景进行材质分析，这个环节很重要，注射器主要是由玻璃和金属构成的，哪个部分是金属，哪个部分是玻璃，一定要分清楚。分析如图 6-16 所示。

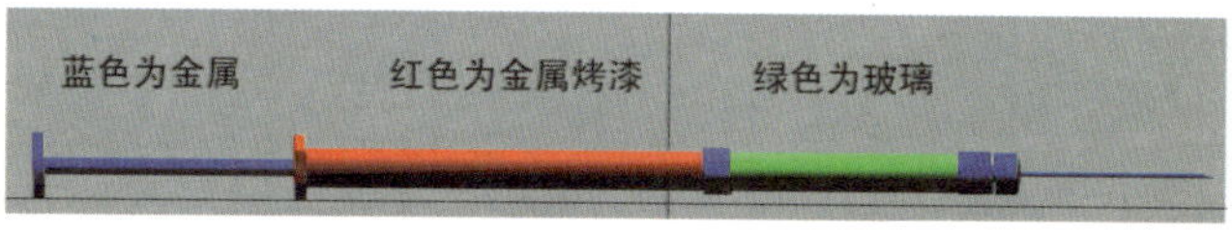

图 6-16

按“H”键，选择“针管 02”，对模型进行“ID”的指定。打开修改器面板进入到多边形的面层级，选中图 6-16 的绿色部分的面，在“Polygon Properties（多边形属性）”栏的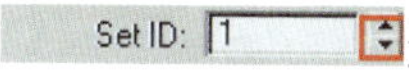

进行“ID”设置，在“Set ID（设置）ID”后面输入“2”后回车，将其材质 ID 设为“2”。将“针管 02”的蓝色部分模型的“ID”设置为 1。按“M”键，调出材质编辑器，选择一个空的材质球，将其更改为“

（多维子材质）”，单击

Set Number 将子材质个数改为 2，单击“OK”按钮后将多位子材质命名为“针管 02 材质”并将材质赋予模型“针管 02”。单击多维子材质的材质球 1 后面的按钮，如图 6-17 所示，将其命名为“金属 1”，用同样方法将材质 2 命名为“玻璃”。

命名后的效果如图 6-18 所示。

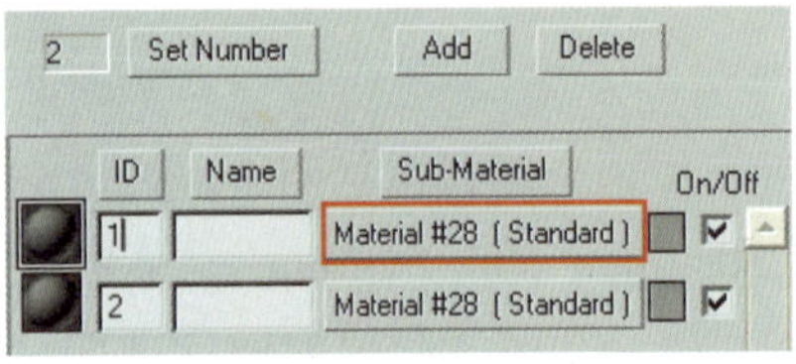

图 6-17

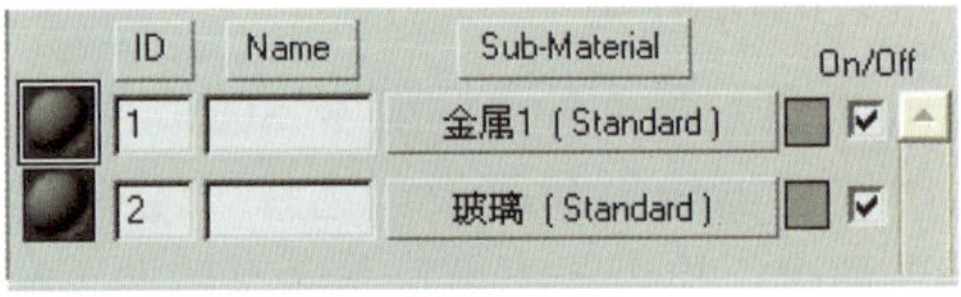

图 6-18

可以将材质球的颜色改变一下，测试“材质 ID”和模型 ID 是否匹配。

（3）进入“金属 1”材质层级，将“Standard（标准材质）”改为 Arch & Design (mi) （建筑与设计材质）材质（只有在使用 mental ray 渲染器时才可以）。加载后如图 6-19 所示。

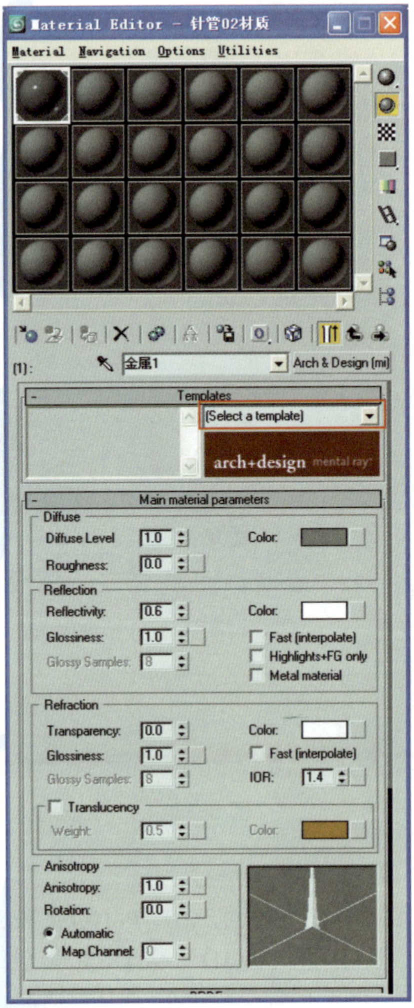

图 6-19

在“Templates”卷展栏中打开下拉列表选择“Chrome（镍铬合金金属）”，如图 6-20 所示。

用同样的方法将玻璃材质指定为“建筑与设计”材质，在下拉列表中选择“Glass（Physical）（玻璃材质）”，如图 6-21 所示。

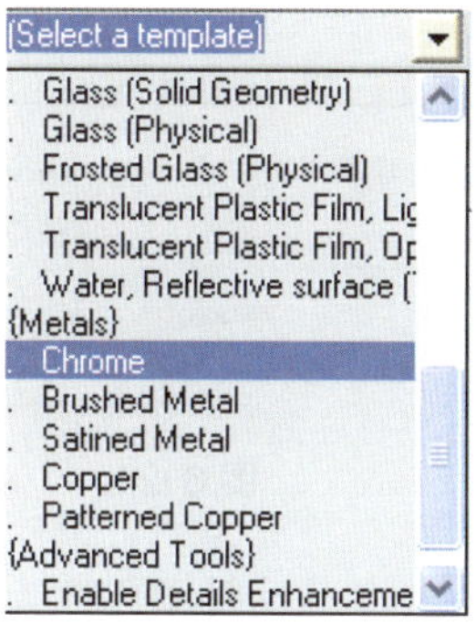

图 6-20

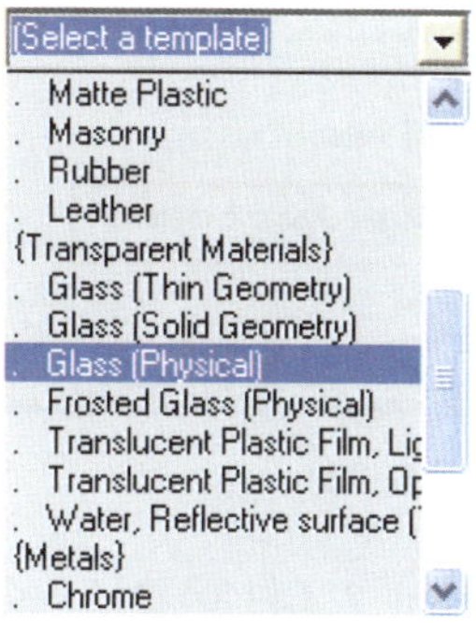

图 6-21

测试渲染效果，如图 6-22 所示。

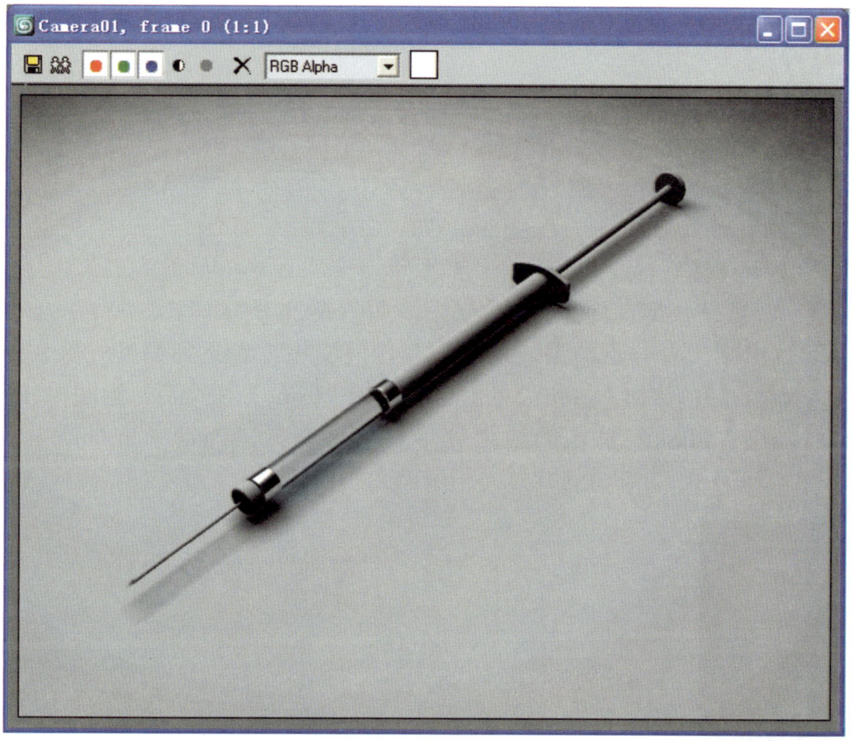

图 6-22

（4）现在玻璃部分还缺少刻度的贴图，打开材质编辑器进入玻璃材质的层级，单击“建筑与设计”材质，将材质改为“Blend（混合材质）”，选择“Keep old material as sub-material（选择保存旧材质）”，然后单击“OK”按钮，如图 6-23 所示。

注意：在指定建筑与设计材质之前可以把标准材质更改为混合材质，这里这样做的目的是为了让读者知道，材质的指定可以有不同方法，有些材质先后顺序可以颠倒，学习要灵活。

更改完材质后的效果如图 6-24 所示。

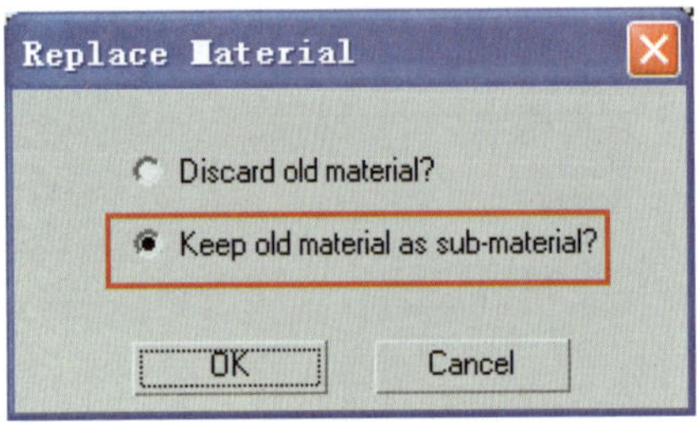

图 6-23

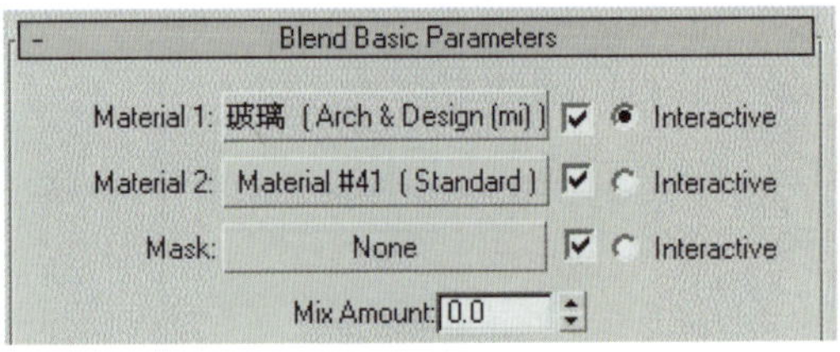

图 6-24

进入“Material 2（材质 2）”，命名为“刻度材质”，将漫反射颜色改为纯黑色（R=0，G=0，B=0），设置后如图 6-25 所示。

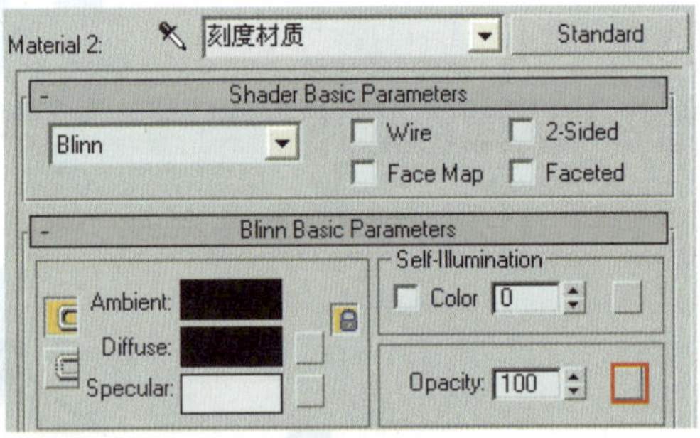

图 6-25

给透明通道加载一张带有刻度的黑白贴图，如图 6-26 所示。

指定后测试渲染，看一下结果，发现没有任何变化，看不到刻度。那么在“Opacity（透明通道）”的“M”按钮处单击右键选择“Copy”命令后，返回 “Blend（混合材质）”级别，在“Mask”后面的通道处单击右键选择“Paste（Instance）（复制（关联））”，如图 6-27 所示，为什么这样做，稍后就会明白了。

图 6-26

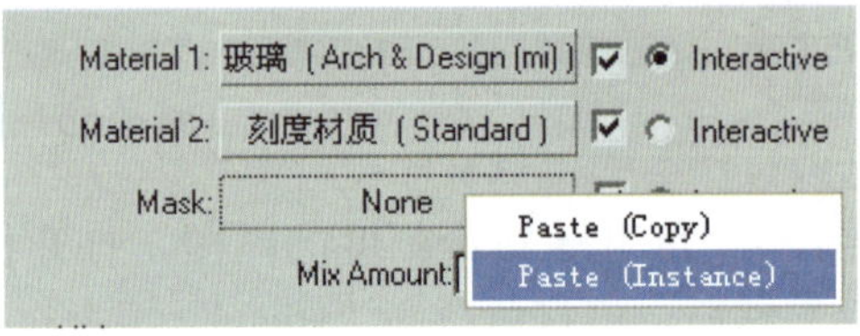

图 6-27

测试渲染结果，如图 6-28 所示。

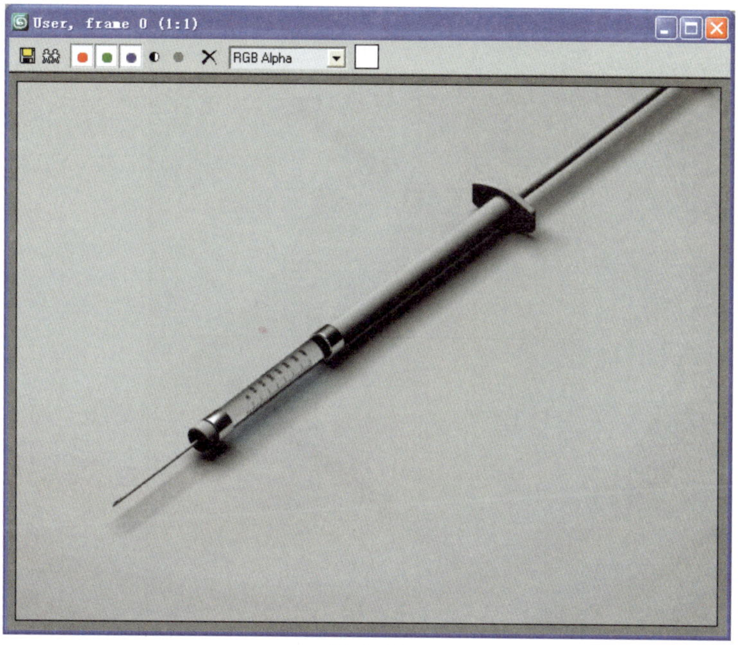

图 6-28

刻度有了，但位置还有点问题。在模型上加一个“UVW map”修改器。注意，由于模型“针管 02”是分过 ID 的，所以在加修改器前，先加载一个“Poly Select（多边形选择）”，选择玻璃部分（按模型的 ID 选择也可以，选择“ID2”），不要退出，加载“UVW map”修改器，设置如图 6-29 所示。

然后返回到材质编辑器，设置如图 6-30 所示。

这样做是因为在测试渲染时发现刻度显示不太对，修改一下显示的面积会好一些。

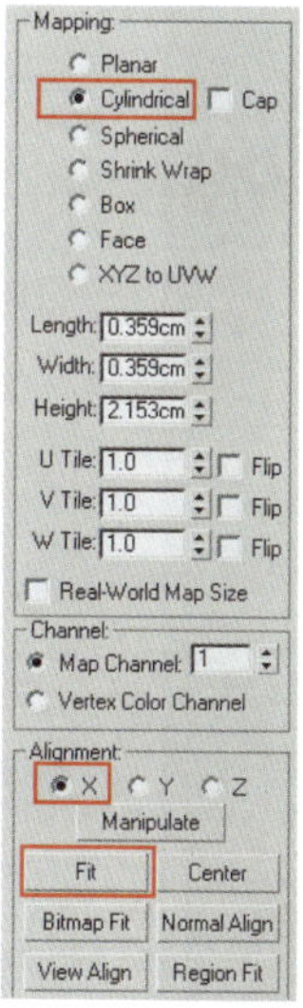

图 6-29

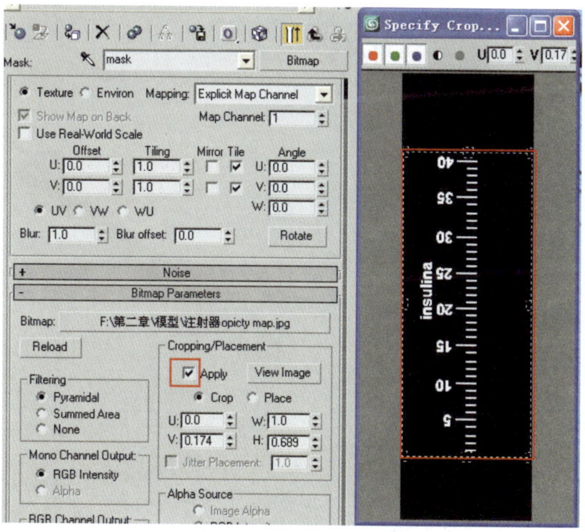

图 6-30

测试一下效果，将修改前后对比一下，如图 6-31 所示。注意标记位置。

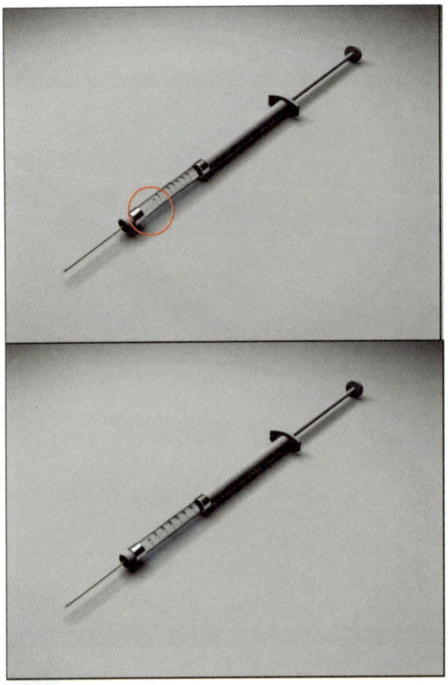

图 6-31

（5）对其他物体进行金属材质设定，选择“针管 01、04、05”，在材质编辑器上找一个空的材质球赋予它们，将“Standard（标准）”材质更改为“Arch&Design（mi）（建筑与设计）”材质，在下拉列表中选择“Chrome（镍铬合金金属）”材质，进行测试渲染，效果如图 6-32 所示。

图 6-32

（6）设置烤漆材质，选择“针管 03”赋予一个标准材质，将其更改为车漆材质 Car Paint Material (mi)，设置颜色如图 6-33 所示。

渲染测试效果如图 6-34 所示。

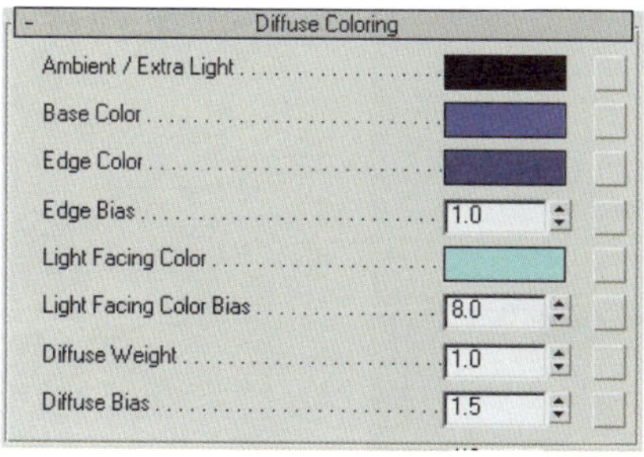

图 6-33

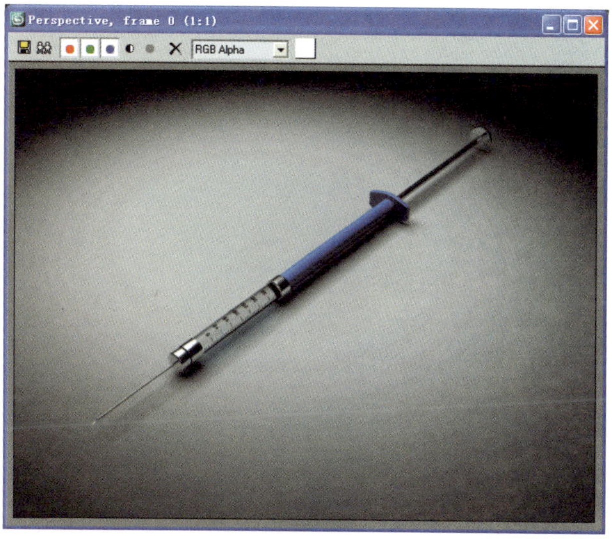

图 6-34

（7）在场景增加一些陪衬的物件，效果会更好一些。可以打开场景文件“注射器 end”进行观察，此处还添加了一些陪衬物，对灯光和构图进行了微调，渲染效果如图 6-35 所示。

图 6-35

6.2.2 实例讲解 2

这个实例主要讲解一下 mental ray 的 SSS 材质。SSS 材质的英文为 Sub-surface Scatter（次表面散射），它主要用来表现不透明但是透光的对象。平时常见的 SSS 效果有玉石、蜡烛、塑料、冰、叶子、皮肤、纸等物体。这些物体在强光的照射下，看起来有晶莹剔透的感觉。这种现象就是光线在物体的次表面发生了散射的现象。

（1）打开场景文件“shou_sss_start”，场景中有三个模型和一架摄像机。三个模型分别为“yifu”、“bing_sss”、“shou_sss”。摄像机视图效果如图 6-36 所示。

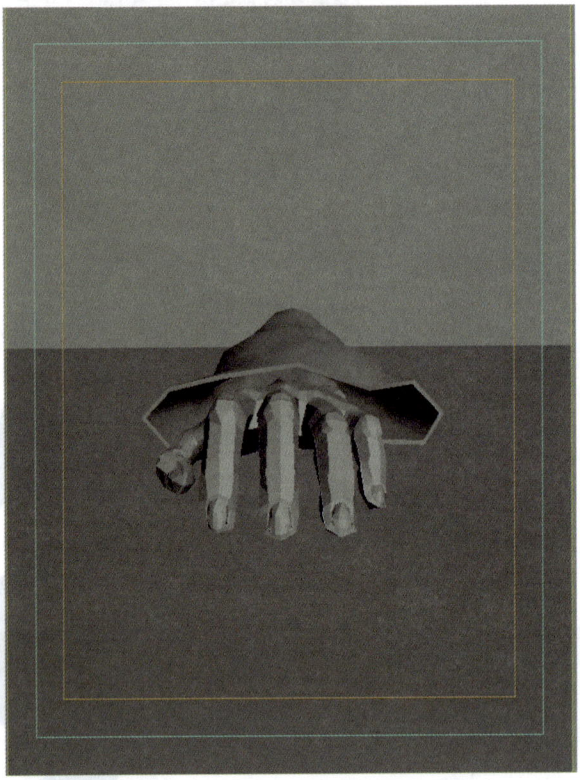

图 6-36

模型的 UV 是已经展好的，检查确认一下，把渲染器切换为 mental ray 渲染器，如图 6-37 所示。

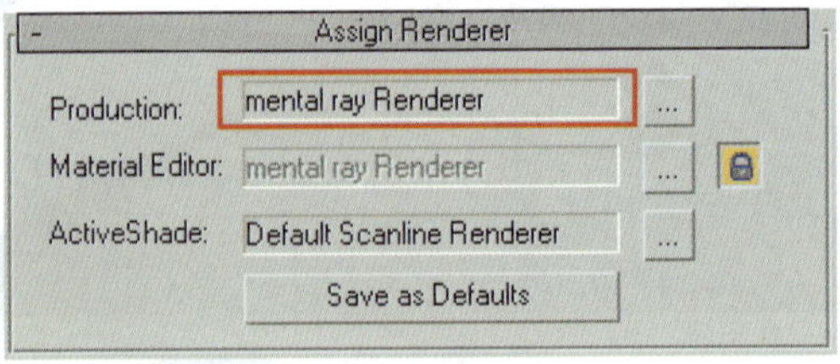

图 6-37

（2）选择模型“shou_sss”，打开材质编辑器，找到一个空的材质球命名为“shou_sss”，赋予模型，将标准材质改为 SSS Fast Skin Material (mi) 材质，如图 6-38 所示。

指定材质后，渲染测试一下效果，发现没有出现 SSS 效果，这是因为场景里还没有设置灯光，为场景设置一盏 mental ray 的聚光灯，如图 6-39 所示。

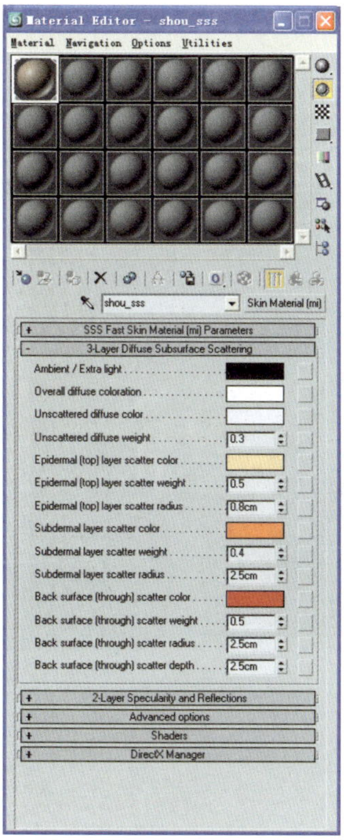

图 6-38

图 6-39

灯光的位置如图 6-40 所示。

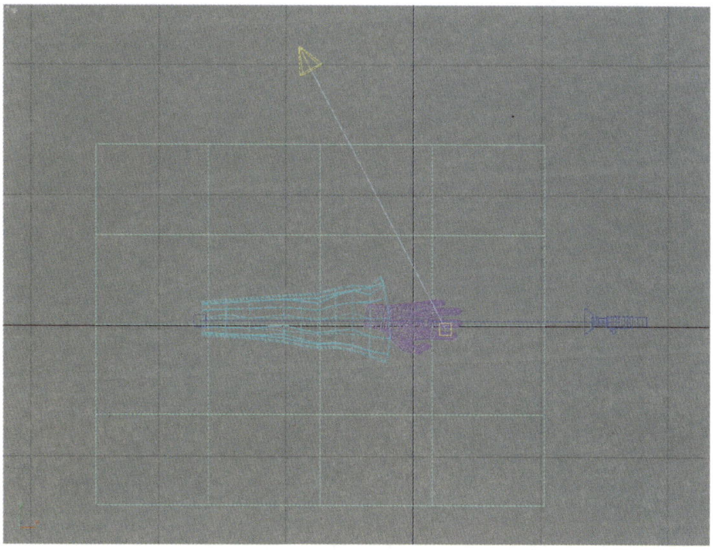

图 6-40

设置灯光的倍增值为 8 ，投影为“光线跟踪模式”，如图 6-41 所示。

提示：灯光的位置很关键，因为 SSS 材质的表现方法有点特殊，需要一盏灯在背面或侧面强光照射，才能很好地表现 SSS 材质的特性。

测试一下效果，可以看到已经有 SSS 材质的效果了，如图 6-42 所示。

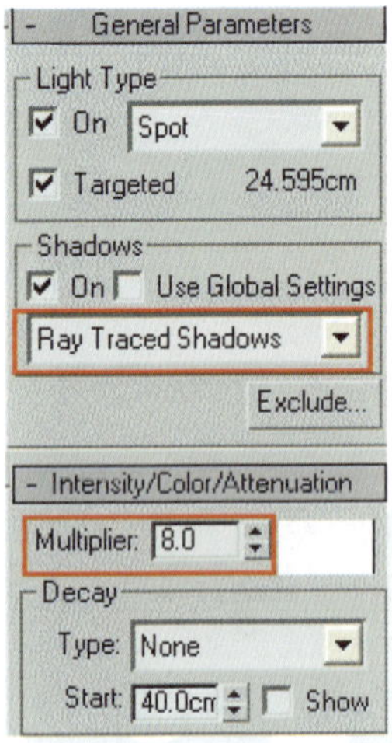

图 6-41

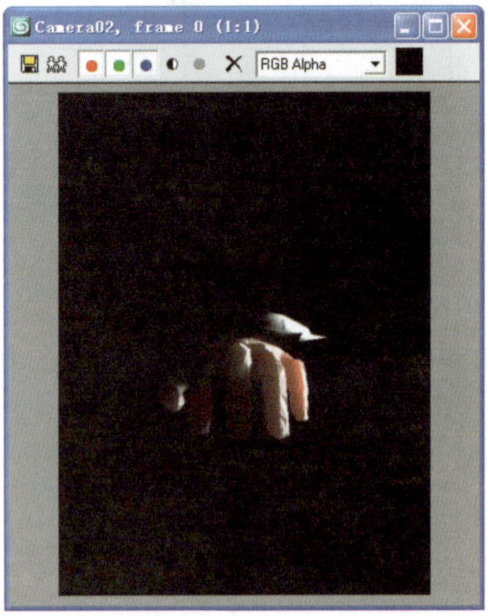

图 6-42

如果把模型的“涡轮平滑”的 TurboSmooth 灯的图标点亮，模型就被平滑了，效果会更好观察一些。

（3）设置两盏灯光，这盏灯主要控制整体的光影效果，所以位置在摄像机位置附近就可以了，倍增值默认，阴影模式为“光线跟踪”，设置衰减区域，位置如图 6-43 所示。

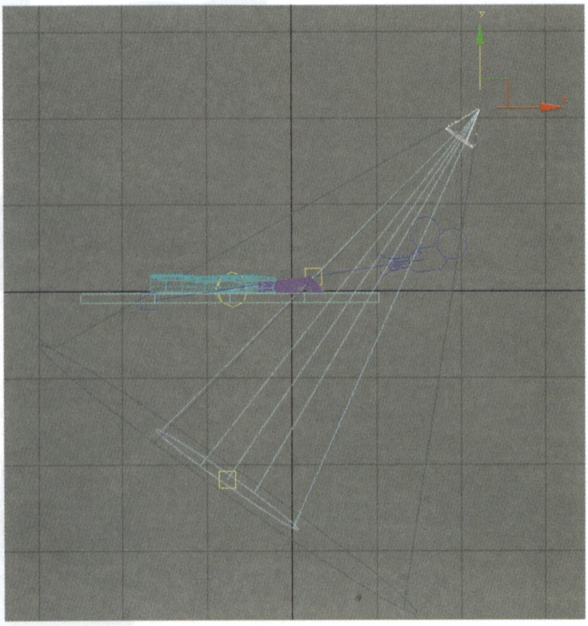

图 6-43

打开“涡轮平滑”后，测试摄像机视图的效果，如图 6-44 所示。

可以看到效果显得很苍白，没有血色，这是因为材质是默认的，没有进行任何调节，需要为材质加载一些贴图来控制画面的效果。

（4）因为模型的 UV 已经展好，只要在 Photoshop 里绘制好贴图就可以赋予模型了，需要在 

中的红色位置加载一张漫放射贴图，贴图效果如图 6-45 所示。

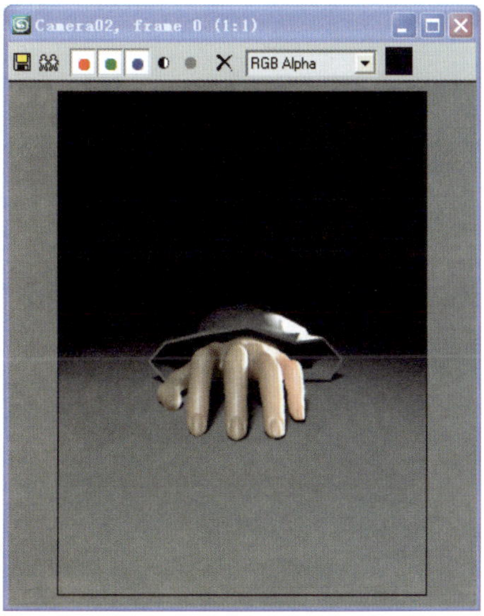

图 6-44

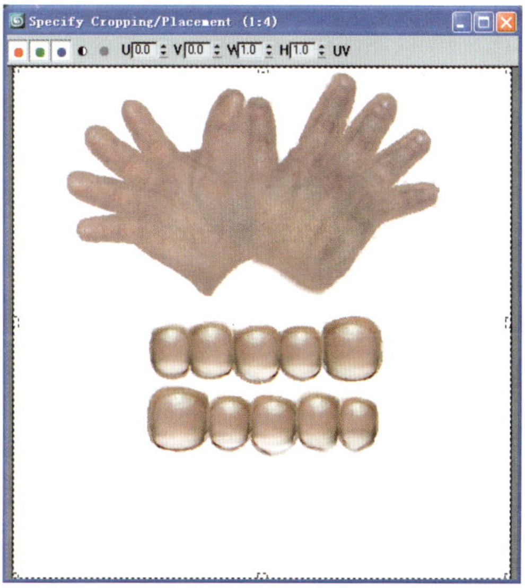

图 6-45

然后在 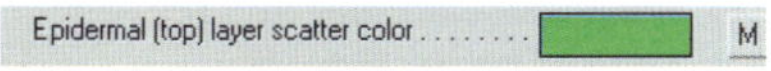

中加载一张次表面颜色贴图，它的颜色要比漫反射贴图深一些，如图 6-46 所示。

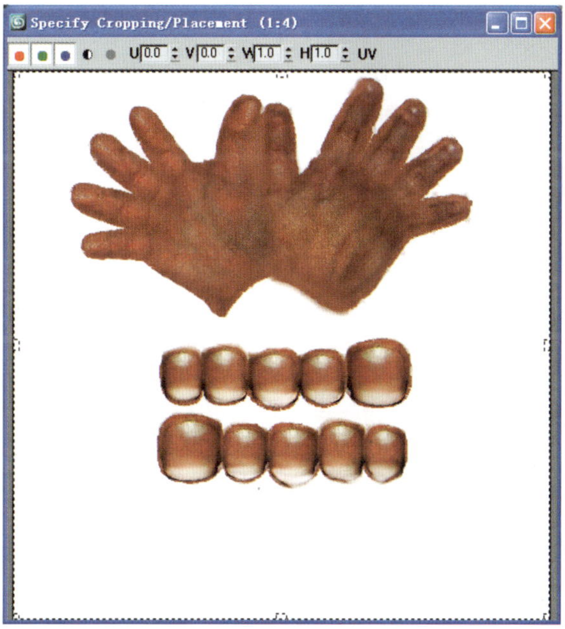

图 6-46

再把 Subdermal layer scatter color 颜色改为肉色（R=218，G=180，B=155），为模型增加一张凹凸贴图，单击 Bump shader Bump (3dsmax) (Bump (3dsmax)) 进入下一层级，将“Multiplier”值改为-2，添加凹凸贴图，位置如图 6-47 所示。

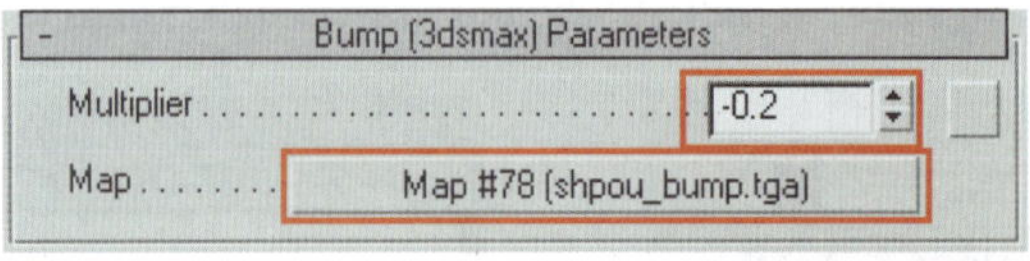

图 6-47

渲染测试，效果如图 6-48 所示。

可以看到比以前的效果稍好一些，但还是没有达到想要的效果，继续调节材质和参数。在 Specular Color#1 后加载一张高光控制贴图，Specular Color#2 也加载一张高光贴图，以控制物体的高光位置和范围。贴图要根据物体在光源的作用下高光的位置绘制，这里用的是凹凸贴图来代替其他参数调节，如图 6-49 所示。

图 6-48

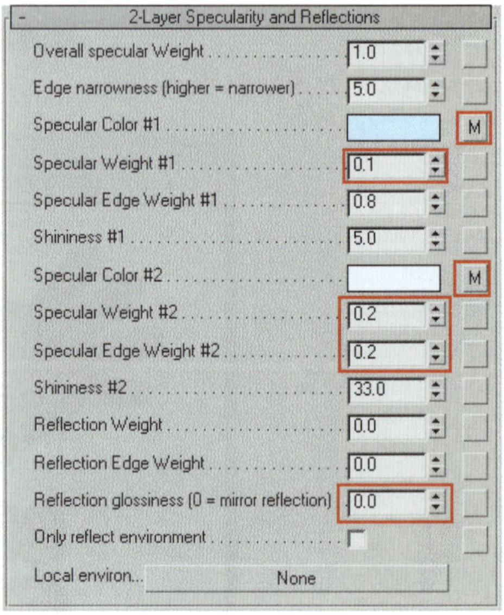

图 6-49

测试效果如图 6-50 所示。

图 6-50

这时效果已经好很多了，比较接近真实效果。手的材质可先调节到这里，等把其他的材质都调好后，再整体调节。这个方法很重要，因为一个物体的材质调节得再好，也不能决定全局的效果，在调节材质的时候要有一个整体的概念。

（5）选择模型“bing_sss”，赋予它一个 mental ray 的 SSS Fast Material (mi) 材质，记住它和手的 SSS 材质类型是有区别的。将材质命名为“bing_sss”，进行调节，在 Unscattered diffuse color .... M 中加载一个“Noise”贴图，参数如图 6-51 所示。

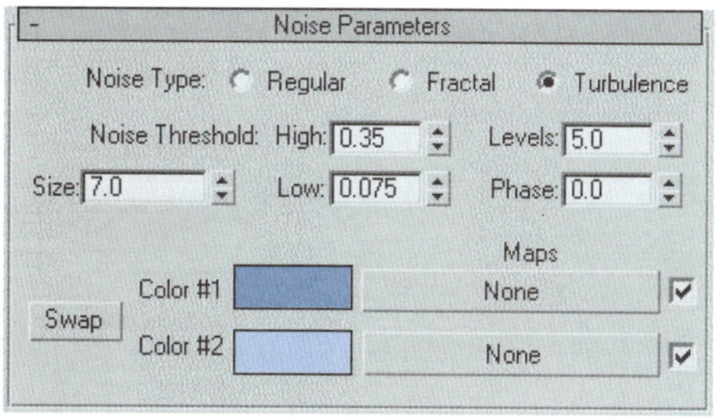

图 6-51

在 Front surface scatter color .... M 中加载“Splat（泼溅材质）”，然后在“Color#2”后面加载一个“Noise”贴图，参数设置如图 6-52 所示。

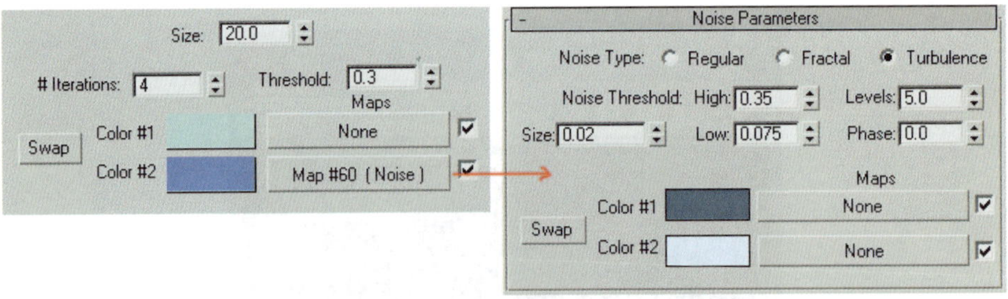

图 6-52

在 

后面加载一个“Noise”贴图，参数如图 6-53 所示。

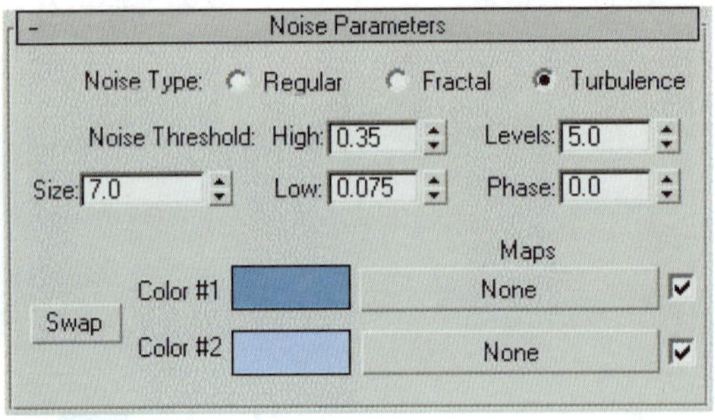

图 6-53

提示：因为参数相同，可以复制、粘贴给“Back Surface Scatter Color”。

其他参数设置如图 6-54 所示。

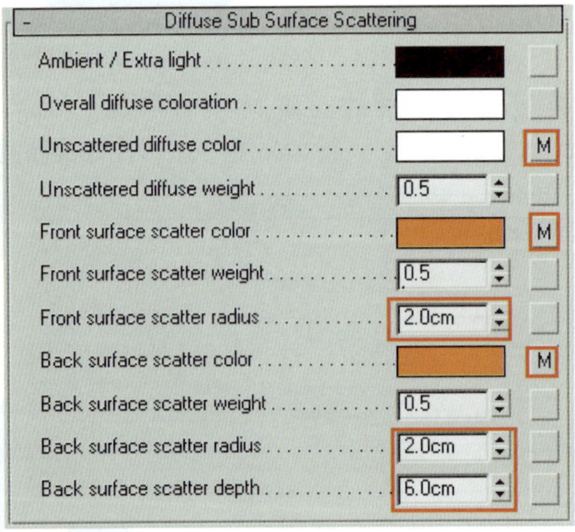

图 6-54

测试效果如图 6-55 所示。

图 6-55

现在有一些效果了，但还需要调节材质。

为模型增加一个凹凸效果，进入“Bump Shader”的下一层级，在“Maps”处加载一个“Mix（混合贴图）”，如图 6-56 所示。

在“Color#1”后面加载“Swirl（漩涡贴图）”，参数如图 6-57 所示。

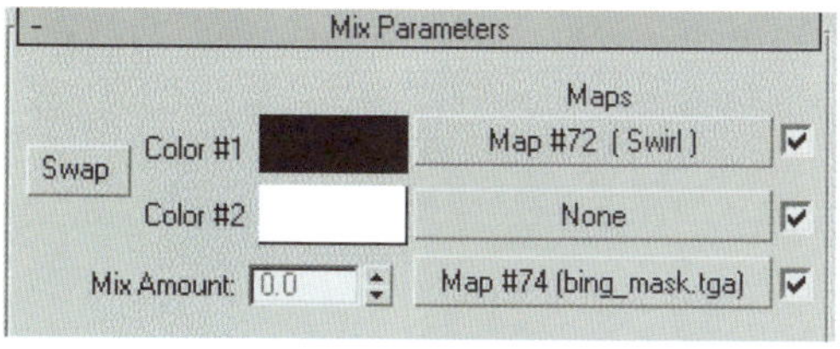

图 6-56

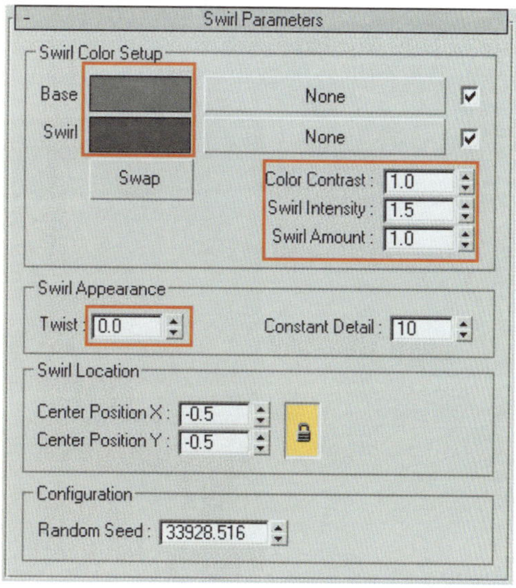

图 6-57

在“Swirl”后加载“Splat”贴图，参数设置如图 6-58 所示。

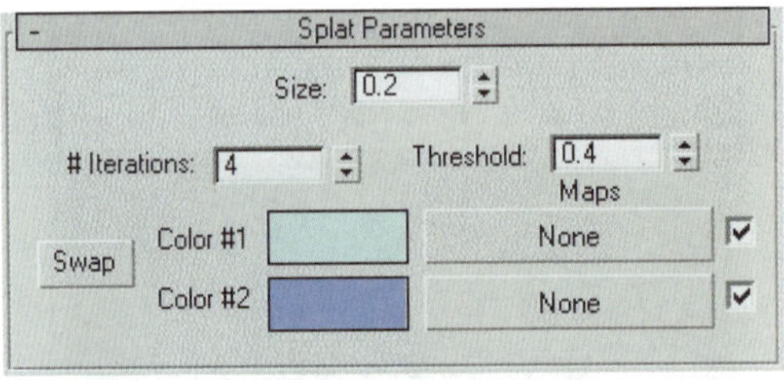

图 6-58

返回“Mix（混合贴图）”层级，在“Mix Amount”后添加一张贴图，如图 6-59 所示。渲染测试摄像机视图，效果如图 6-60 所示。

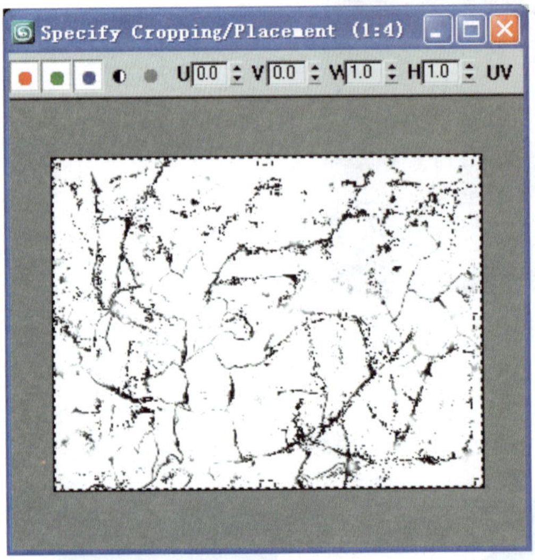

图 6-59

图 6-60

为了得到更好的效果，为场景添加 3 个点光源，选择的灯的位置如图 6-61 所示。

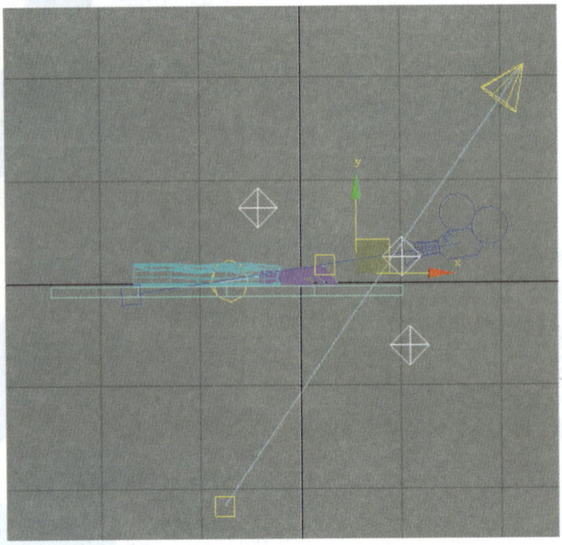

图 6-61

进行渲染测试，效果如图 6-62 所示。

效果还是不太理想，继续调节材质。

（6）分析一下，因为 SSS 材质不能设置反射效果，所以要制作一个模型来控制反射效果。在“bing_sss”模型上面再添加一个 plane 作为反射平面，但 plane 的位置很关键，要尽量贴近“bing_sss”模型，但不可以重合。赋予“bing_fanshe”模型材质，命名为“bingfanshe”，在“Specular”后面加载一个“Noise”贴图，其他设置如图 6-63 所示。

图 6-62

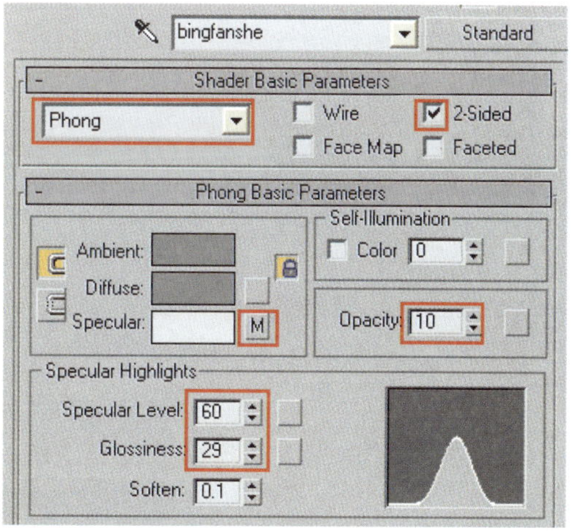

图 6-63

“Noise”贴图设置如图 6-64 所示。

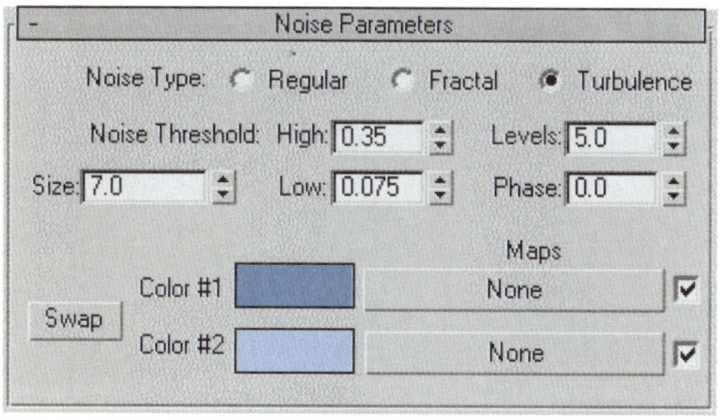

图 6-64

在“Map”卷展栏的“bump”通道加载一个贴图，为了使凹凸效果和冰面的凹凸一致，直接把冰面材质的凹凸复制过来就可以。测试效果如图 6-65 所示。

（7）为衣服赋予材质。选择衣服模型，把平滑打开，赋予一个材质，命名为“yifu”，参数设置如图 6-66 所示。

图 6-65

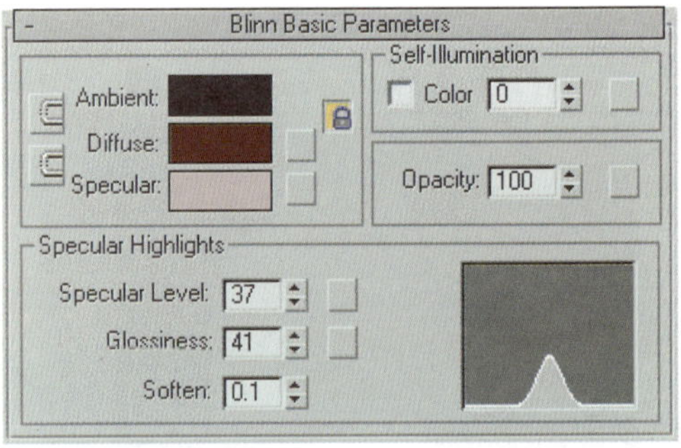

图 6-66

衣服的材质很简单，这个实例主要讲解 SSS 材质，所以衣服材质没有多调。现在来看一下渲染结果，如图 6-67 所示。

图 6-67

总结：这个实例主要讲解了 SSS 材质的运用，用它来模拟皮肤，效果是很棒的，模拟冰也不错。这些材质效果在动画当中是经常用到的，尤其在电影里的虚拟角色和特技里很常见，所以一定掌握这种用法。也可以总结一套适合自己的方法，关键是最终的图像效果。

6.2.3 实例讲解 3

这个实例主要讲解 mental ray 的焦散效果。焦散有两种：一种是反射焦散，如拉丝钢板在光的作用下会产生焦散现象；另一种是折射焦散，如玻璃杯在光的作用下会产生漂亮的焦散现象。

（1）下面讲解一下金属的反射焦散效果，场景很简单，有一个指环、一个底板和一架摄像机，如图 6-68 所示。

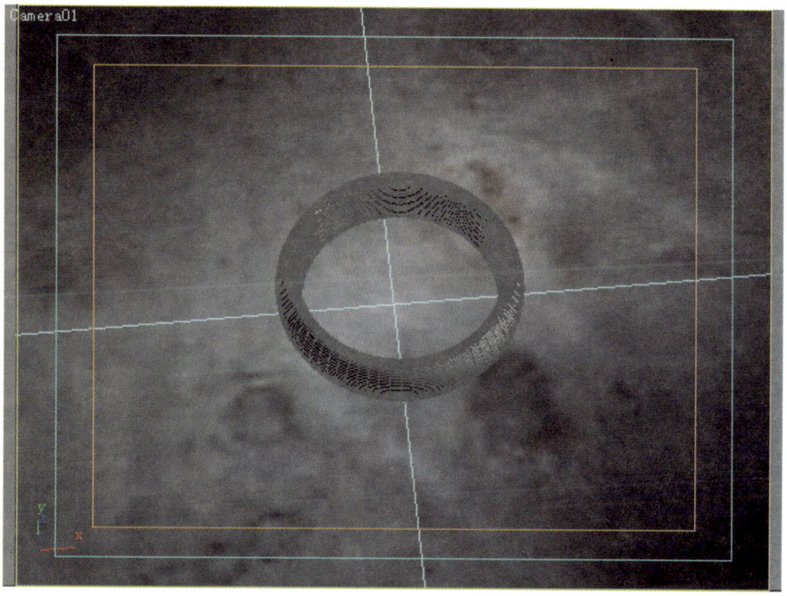

图 6-68

将渲染器切换到 mental ray 渲染器，为场景打一盏灯光，位置大致在右上方，阴影模式设置为“Ray Traced Shadows ”，灯光倍增值“Multiplier”设置为 1.2 ，如图 6-69 所示。

按“F10”键打开渲染面板，单击 Indirect Illumination ，勾选“Caustics”的“Enable”，打开焦散效果，并对其他参数进行设置，如图 6-70 所示。

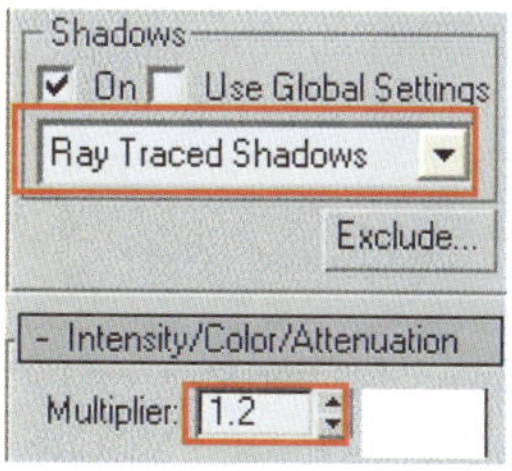

图 6-69

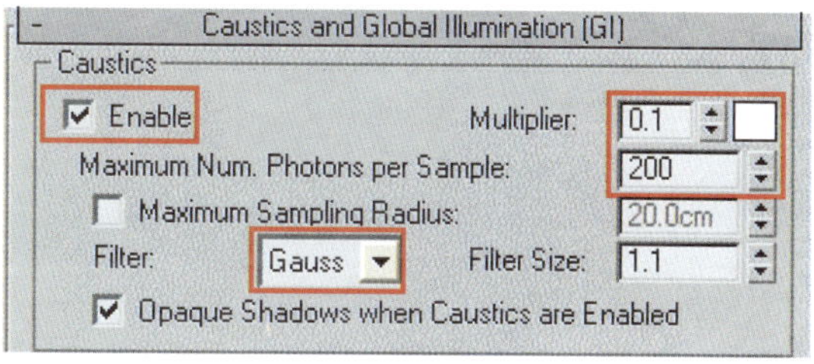

图 6-70

这时候渲染并没有焦散效果，是因为物体还没有设置焦散效果，选择指环模型，右键单击 Object Properties... ，弹出对话框，选择“mental ray”选项卡，勾选 “Generate Caustics”，如图 6-71 所示。

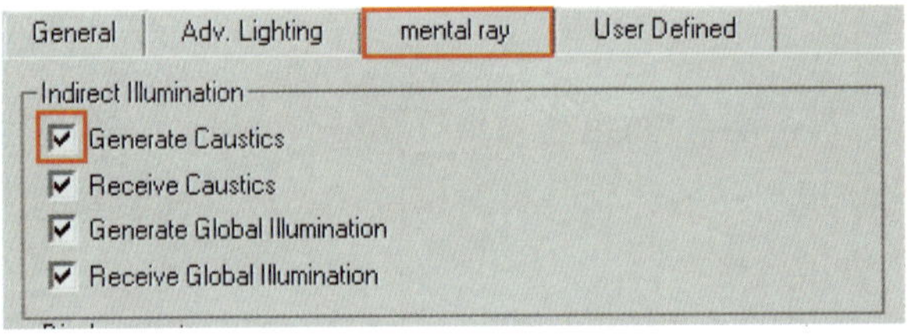

图 6-71

（2）设置物体材质。选择指环模型，打开材质编辑器，找到空的材质球赋给指环，将材质更改为 mental ray 材质，在“Surface”后的贴图通道添加“Metal（lume）”，如图 6-72 所示。

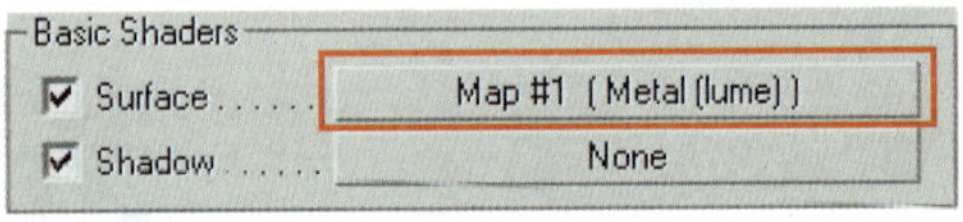

图 6-72

在“Metal（lume）”的“Reflect Color”后的贴图通道加载一张“Glow（lume）”贴图，设置如图 6-73 所示。

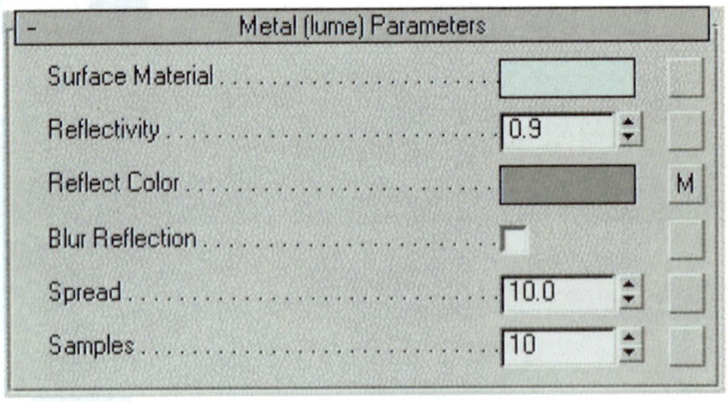

图 6-73

“Glow（lume）”设置如图 6-74 所示。

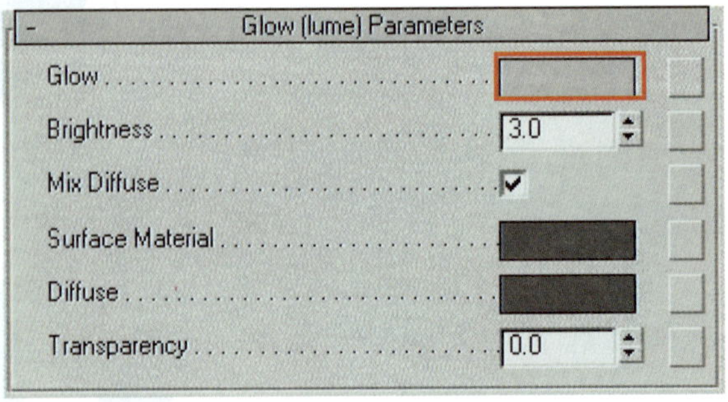

图 6-74

在“Photon”后的贴图通道加载 “Photon Basic（base）”，如图 6-75 所示。

“Photon Basic（base）”设置如图 6-76 所示。

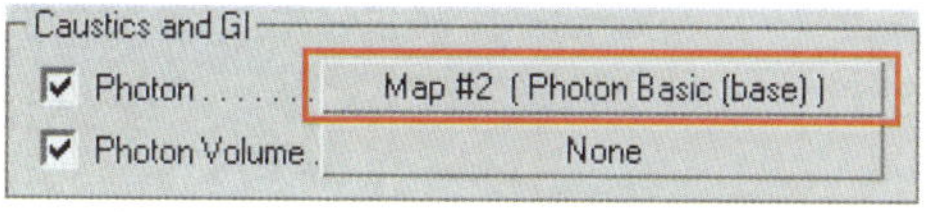

图 6-75

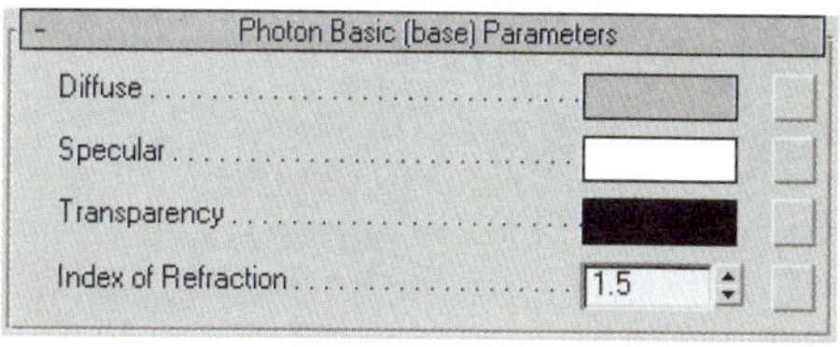

图 6-76

下面选择底板模型，赋予材质。可以选择一张底板的贴图或者其他自己认为适合的贴图，这里赋予一张木板贴图，如图 6-77 所示。

图 6-77

渲染测试效果如图 6-78 所示。

图 6-78

很明显，金属焦散效果已经出来了，但焦散的效果不漂亮，可以在渲染面板修改参数，如图 6-79 所示。

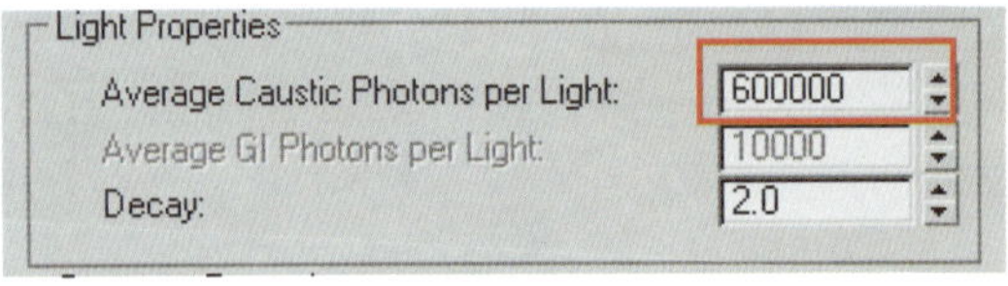

图 6-79

注意：“Average Caustic Photons Per Light”的值越高效果越好，但也不能夸张地加大，它是以牺牲渲染时间为代价的。

再渲染测试，效果如图 6-80 所示。

图 6-80

这时焦散效果已经比以前好多了，也可以对参数进行微调，反复测试以得到更好的效果。焦散效果具备的条件，这里再重点说明一下：

① 场景中必须有投射光子的灯光；

② 场景中必须有产生焦散的对象；

③ 场景中必须有接受焦散的对象。

这三个条件是不可缺少的。

6.2.4 实例讲解 4

这个例子主要讲解 mental ray 的折射焦散效果，它的操作方法和反射焦散是一样的，不同的就是产生焦散的物体是透明的，如玻璃、水晶、水等物质都可以产生光的折射，同时也可以产生焦散现象。

（1）场景不需要太复杂，主要是测试折射焦散效果，但必须符合焦散的三个条件。这里的场景也很简单，有一个平面和一个 Box，加了一个“Twist（扭曲）”修改器，如图 6-81 所示。

图 6-81

还可以为场景添加一架摄像机。

（2）设置一下灯光，在 Box 的右上方加一盏“Target Spot（目标聚光灯）”，调节一下位置，阴影设置为“mental ray Shadow Map”模式，如图 6-82 所示。

调节“mental ray 阴影”属性，设置如图 6-83 所示。

图 6-82

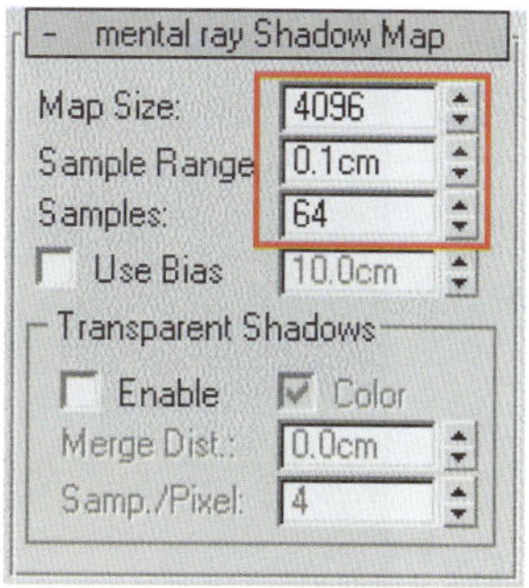

图 6-83

（3）选择 Box，赋予一个 mental ray 的玻璃材质 Glass (physics_phen)，设置如图 6-84 所示。

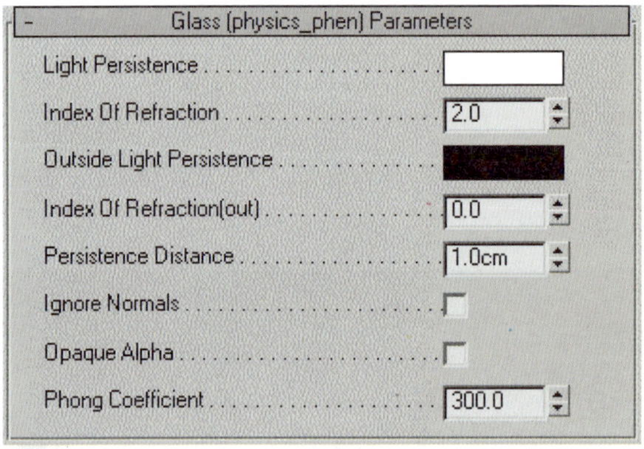

图 6-84

打开 Box 的焦散效果（和反射焦散设置方法相同），在渲染面板勾选焦散效果开启，并设置参数如图 6-85 所示。

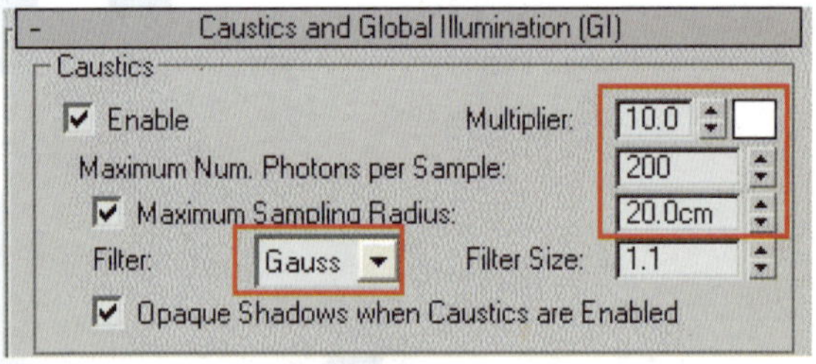

图 6-85

可以渲染测试了，测试效果如图 6-86 所示。

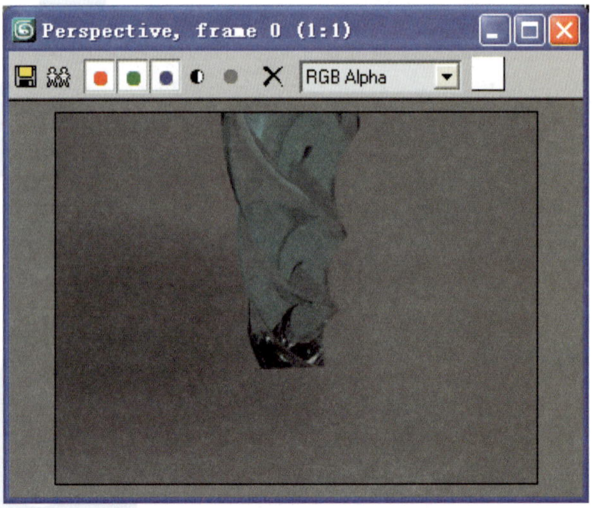

图 6-86

渲染结果没有出现焦散效果，这是因为场景过大，光子数过少，所以还要设置一些参数。选择灯光，在灯光的修改面板打开“mental ray Indirect Illumination”卷展栏，设置如图 6-87 所示。

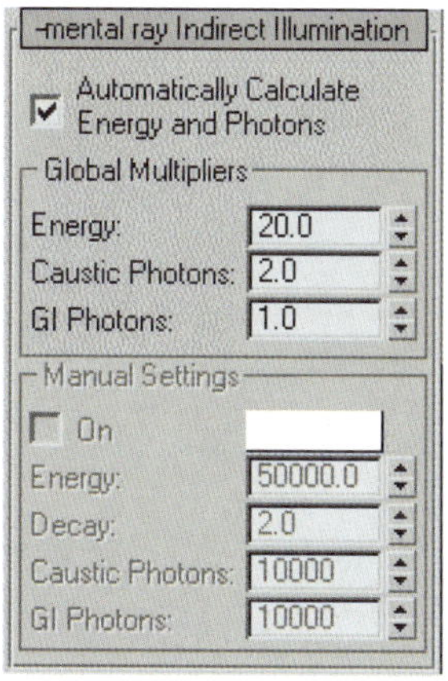

图 6-87

再测试渲染，结果如图 6-88 所示。

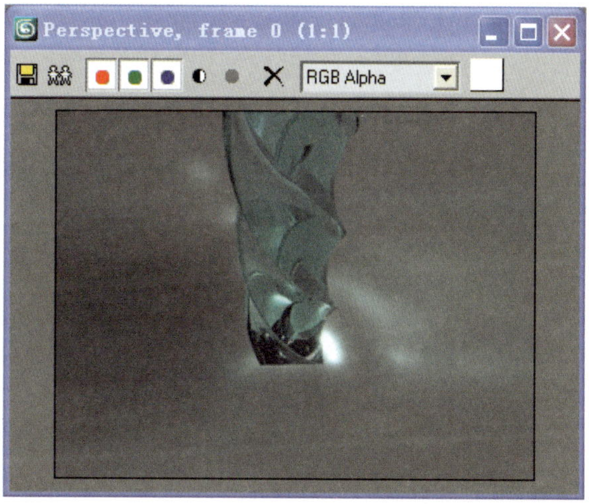

图 6-88

可以看到已经出现了焦散效果，但不是很漂亮，想得到好的效果还需要对参数进行一些调节。在渲染面板设置“Light Properties”参数，如图 6-89 所示。

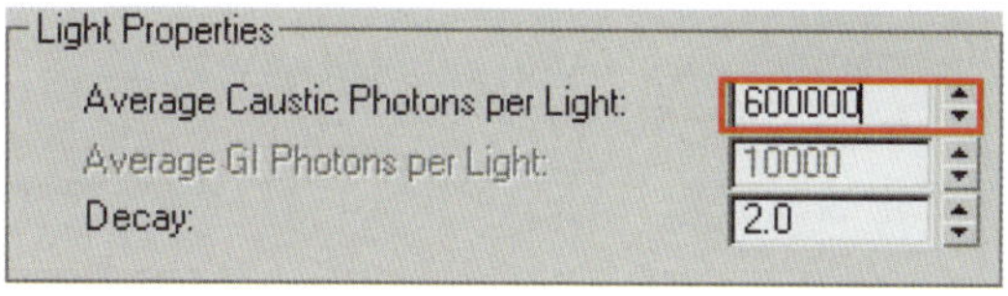

图 6-89

测试效果如图 6-90 所示。

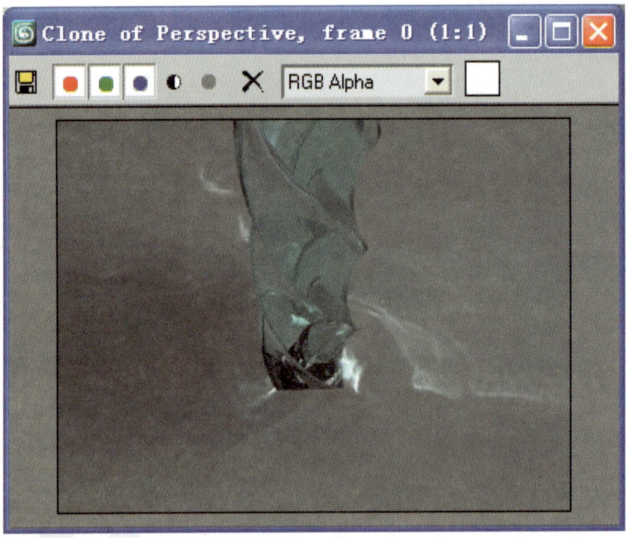

图 6-90

现在的效果已经很细腻了，焦散也很漂亮。

（4）要想得到更好的焦散效果，再加一盏灯，灯光的倍增值不要太大，放到合适的位置进行测试，但时间会很长，好的效果往往需要时间作为代价。加一盏灯后的效果如图 6-91 所示。

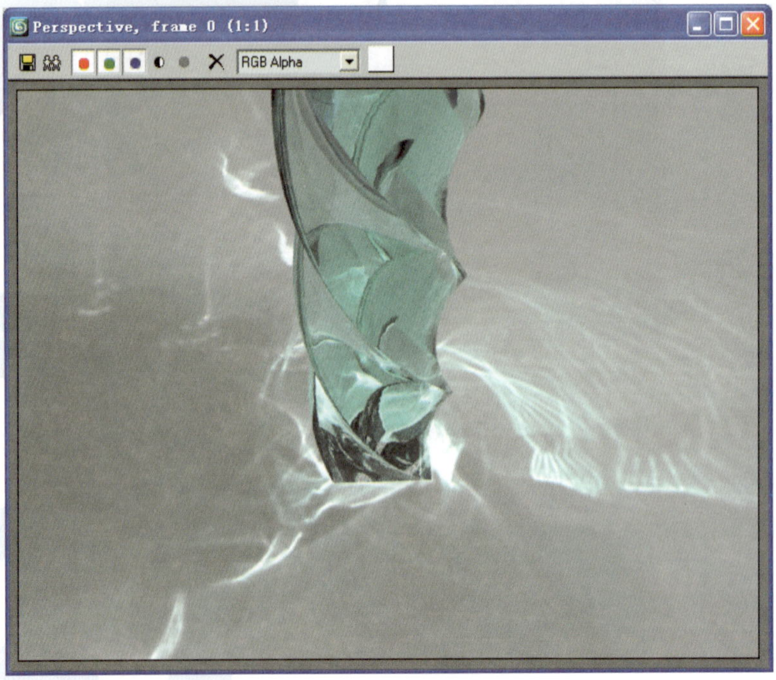

图 6-91

总结： 无论是反射焦散还是折射都必须具备焦散的三个条件。还有就是场景的大小（单位），它决定光子数量，场景的大小和光子数量要匹配。此外，灯光的位置和数量也对焦散的效果有一定的影响。所以要渲染出好的焦散效果，不是单一的元素就能决定的，它需要综合调节，反复测试，才能得到一个好的效果。

6.3 V-Ray 渲染器

V-Ray 渲染器是由 ChaosGroup 和 Asgvis 公司出品，在中国由曼恒公司负责推广的一款高质量渲染软件，是目前业界最受欢迎的渲染引擎。基于 V-Ray 内核开发的有 V-Ray for 3ds max、Maya、Sketchup、Rhino 等诸多版本，为不同领域的优秀 3D 建模软件提供了高质量的图片和动画渲染。除此之外，V-Ray 也可以提供单独的渲染程序，方便使用者渲染各种图片。

V-Ray 渲染器提供了一种特殊的材质——V-Ray Mtl。在场景中使用该材质能够获得更加准确的物理照明（光能分布）、更快的渲染，反射和折射参数调节更方便。使用 V-Ray Mtl，可以应用不同的纹理贴图，控制其反射和折射，增加凹凸贴图和置换贴图，强制直接全局照明计算，选择用于材质的 BRDF。

提示： 在 V-Ray 渲染器界面中，有“VRay”和“V-Ray”两种写法，本书在介绍时统一为“V-Ray”。

6.3.1 知识要点

- 了解 V-Ray 渲染器的基本设置；
- 简单效果的渲染；
- HDRI 的运用。

6.3.2 要点详解

由于 V-Ray 是插件渲染器，所以还要进行软件的安装。安装成功后，在渲染面板进行加载，加载位置如图 6-92 所示。

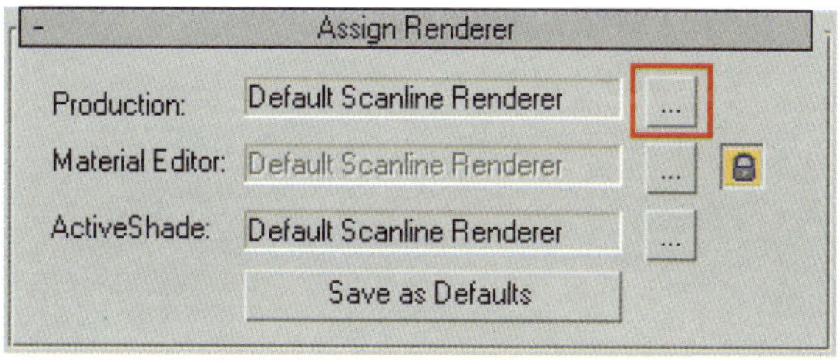

图 6-92

选择 V-Ray 渲染器，本书讲解的 V-Ray 版本为 V-Ray Adv1.5 RC5，加载成功后，渲染面板已经发生变化了，如图 6-93 所示。

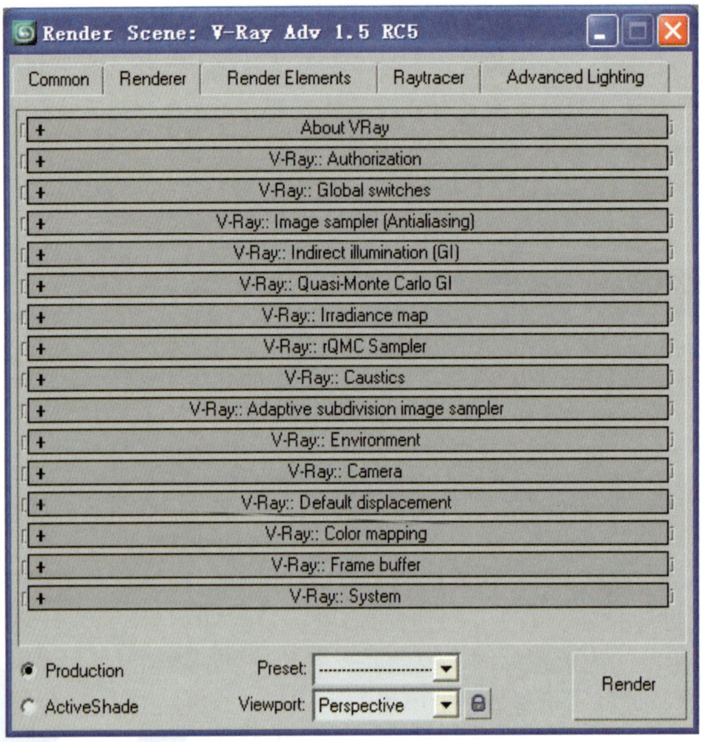

图 6-93

V-Ray 渲染器主要参数部分如下。

（1）Image sampler (Antialiasing)：图像采样（抗锯齿）。

（2）Indirect illumination (GI)：间接照明（全局照明 GI）。

（3）Quasi-Monte Carlo GI：准蒙特卡罗 GI。

（4）Irradiance map：发光贴图。

（5）rQMC Sampler：采样。

（6）Caustics：散焦。

（7）Adaptive subdivision image sampler：高级细分图像采样。

（8）Environment：环境。

（9）Camera：摄像机。

（10）Default displacement：默认置换。

（11）Color mapping：颜色贴图。

（12）Frame buffer：帧缓冲。

（13）System：系统。

6.3.3 渲染器参数简介

V-Ray 渲染器是插件渲染器，本书只进行简要介绍，不常用的参数和面板这里就不再说明了。现在对每个卷展栏的常用部分进行讲解。

1. “Global switches（全局开关）”卷展栏（如图 6-94 所示）

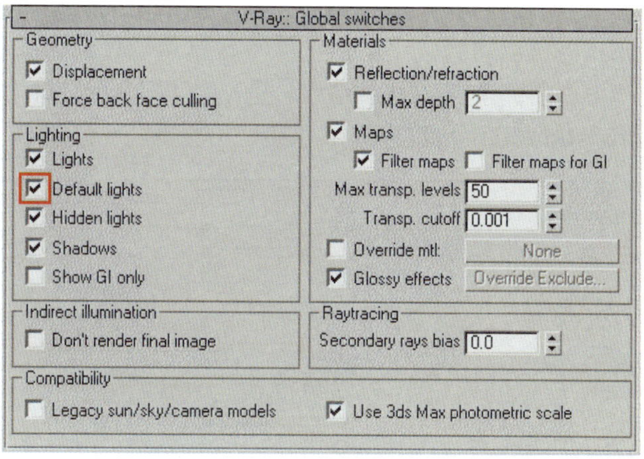

图 6-94

Default lights（默认灯光）：决定是否使用 3ds max 的默认灯光，默认勾选，一般情况不勾选此项。

2. “Image sampler (Antialiasing)（图像采样（抗锯齿））”卷展栏（如图 6-95 所示）

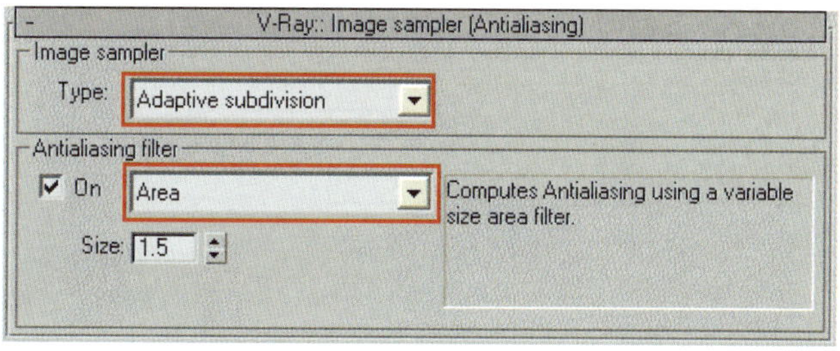

图 6-95

（1）“Image sampler（贴图采样）”选项组。

Type（类型）：它有三种类型可以选择。

① Fixed：固定比例采样。

② Adaptive QMC：自适应 QMC 采样。

③ Adaptive subdivision：自适应细分采样。

这三种采样类型各有千秋，不同场景可以选择不同贴图采样类型，这是需要一些技巧的。

- 对于仅有一些模糊效果的场景或纹理贴图，选择“Adaptive subdivision（自适应细分采样）”。
- 当一个场景具有高细节的纹理贴图或大量的几何学细节而只有少量的模糊效果时，选择“Adaptive QMC（自适应 QMC 采样）”是不错的选择，特别是这种场景有动画时，如果使用“Adaptive subdivision（自适应细分采样）”会有抖动现象。
- 对于具有大量模糊特效或高细节纹理的场景，使用“Fixed（固定比例采样）”是兼顾品质和渲染时间的最好选择。

（2）“Antialiasing filter（抗锯齿过滤）”选项组。

On（开启）：默认为勾选，它有很多抗锯齿方式，但常用的有如下两种。

- Mitchell-Netravali：可以得到较平滑的边缘（很常用的过滤方式）。
- Catmull-Rom：可以得到非常锐利的边缘，有一点像 Photoshop 的锐化效果。

3．“Indirect illumination (GI)（间接照明（GI））”卷展栏（如图 6-96 所示）

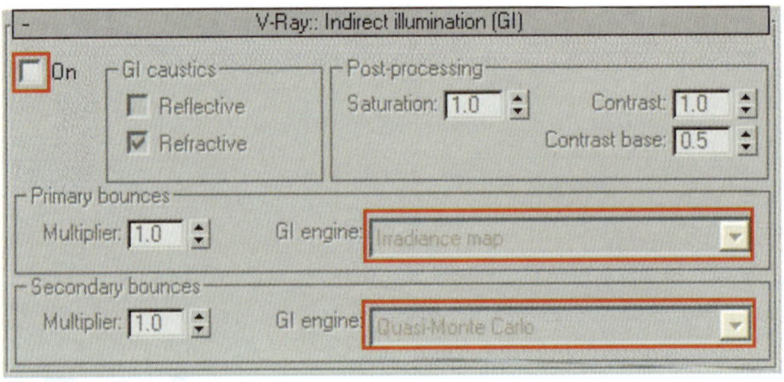

图 6-96

“On”默认为关闭状态，只有勾选才可以开启全局效果，在图 6-96 所示的框选区域内，可以在下拉菜单中选择不同的计算方式，可以自己尝试。

4．“Irradiance map（发光贴图）”卷展栏（如图 6-97 所示）

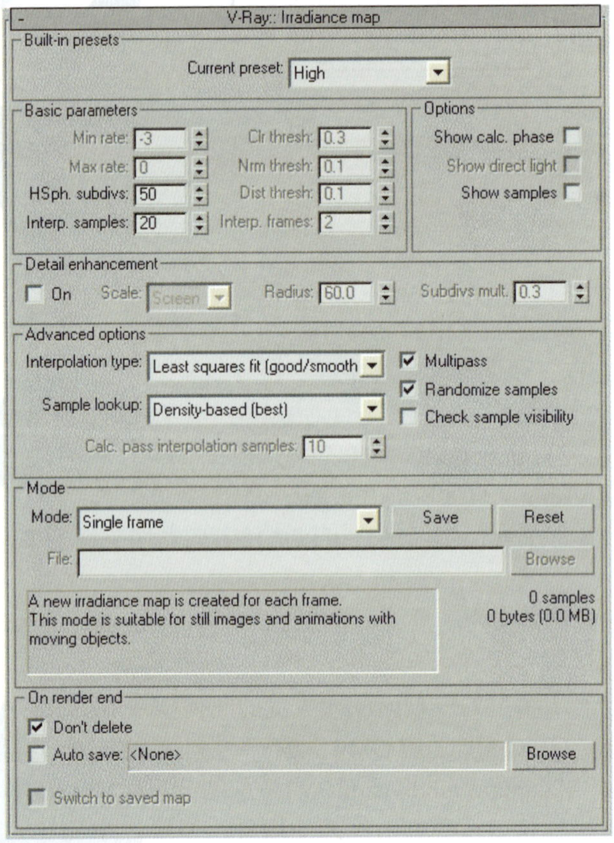

图 6-97

该卷展栏只有在“Indirect illumination（GI）（间接照明（GI））”开启的状态下才可用。

（1）Current Presets（当前预设模式）：系统提供了 8 种模式可供选择。

- Very low（非常低）：这个预设模式仅仅对预览目的有用，只表现场景中的普通照明。
- Low（低）：一种低品质，用于预览模式。
- Medium（中等）：一种中等品质的预设模式，如果场景中不需要太多的细节，大多数可以产生好的效果。
- Medium animation（中等动画品质的预设模式）：目的就是减少动画中的闪烁。
- High（高）：一种高品质预设模式，可以应用多种情形，具有大量的细节。
- High animation（高品质动画）：主要用于解决 High 品质下的动画闪烁问题。
- Very High（非常高）：一种极高预设品质模式，一般用于具有大量极其细小细节或复杂的场景。
- Custom（自定义）：可以根据自己的不同需要进行设置，这也是默认的选项。

（2）Show calc.phase（显示计算相位）：勾选可以增加一点渲染时间，但在测试的时候可以帮助你观察图像效果，可以不等图像计算完成就停掉，节约点测试时间。

5. “Environment（环境）”卷展栏（如图 6-98 所示）

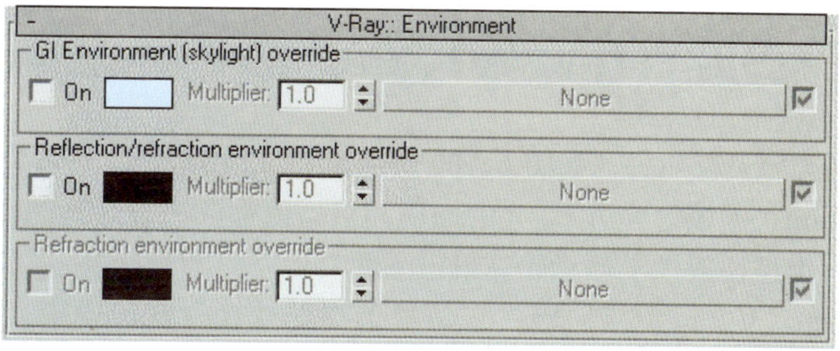

图 6-98

（1）GI Environment（skylight）override（GI 环境（天空光））：允许用户在计算间接照明的时候替代 3ds max 的环境设置，这种改变环境的效果类似于天空光。实际上 V-Ray 没有独立的天空光。

该设置只有在“On”勾选时才可用，可以改变背景颜色 ，也可以通过改变“Multiplier（倍增值）”的数值来控制场景亮度。在贴图通道可以加载贴图或 HDRI（高动态范围）贴图。

（2）Reflection/refraction environment override（反射折射环境替代）：主要用于控制物体反射和折射的纹理（实际上是一种假的反射环境），可以改变颜色和倍增值，支持 HDRI（高动态范围）贴图。

（3）Refraction environment override（折射环境替代）：主要用于控制物体折射的环境，同样可以改变颜色和倍增值，支持 HDRI（高动态范围）贴图。

V-Ray 渲染器的渲染参数面板介绍的这些内容，都是最为常用的参数和命令，希望熟练掌握。关于渲染面板的其他参数和命令，用户可以自行寻找相关资料学习一下。

6.3.4 V-Ray 材质

V-Ray 的材质并不多，但它支持绝大部分的 3ds max 材质，所以不要担心不够用。V-Ray 材质如图 6-99 所示。

这些材质和 3ds max 的材质功能和用途相似，这里不再介绍了，在应用时再对常用的参数加以说明。

V-Ray 贴图如图 6-100 所示。

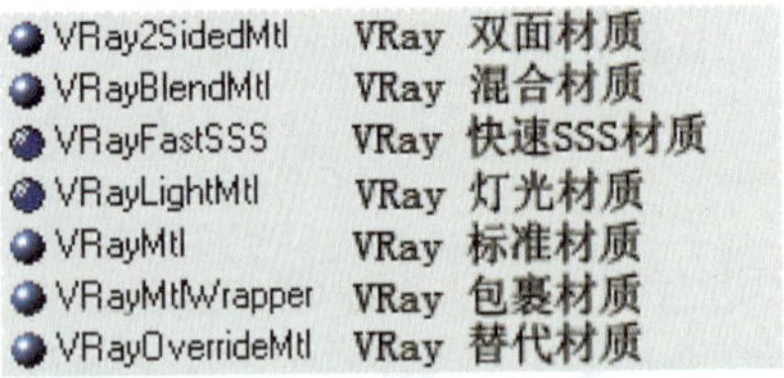

图 6-99

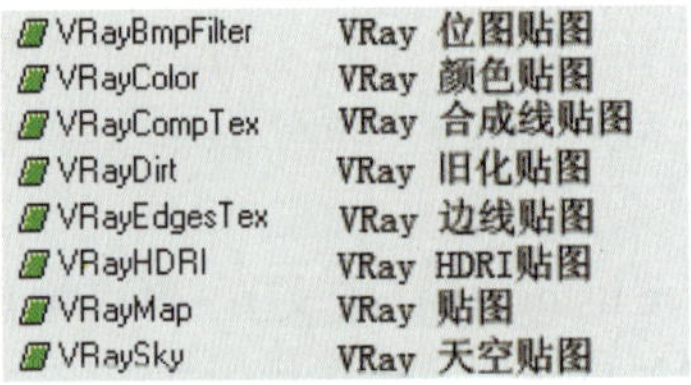

图 6-100

6.3.5 V-Ray 灯光简介

V-Ray 的灯光创建方法：创建面板，选择灯光创建，在下拉菜单中选择 V-Ray，如图 6-101 所示。

V-Ray 的灯光类型只有两种，如图 6-102 所示。

（1）V-Ray Light（区域灯光）：灯光的面积和倍增值都取决于灯光的亮度。创建后可以在修改面板里进行类型切换（半球形、球形、平面）。

（2）V-Ray Sun（V-Ray 太阳光）：它是基于物理计算方式，模拟太阳和太阳光的光源。

V-Ray 灯光有自己的阴影模式：“V-Ray Shadow”。它支持软阴影效果，如图 6-103 所示。

图 6-101

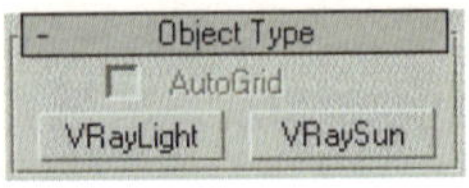

图 6-102

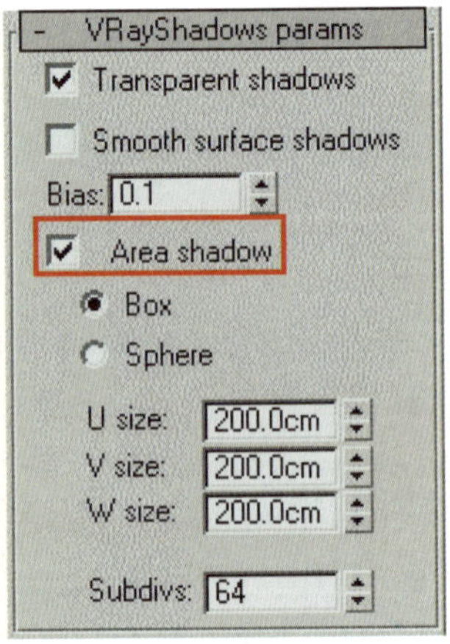

图 6-103

6.3.6 V-Ray 实例讲解

这个实例只介绍轿车效果的渲染，会用到 V-Ray 自身的材质和 3ds max 的材质，或者它们的组合，希望认真学习，会提高你的渲染技巧和能力。

（1）打开资源包中的“兰博基尼 start”场景，场景里面有一辆兰博基尼的轿车，所有的部件都被连接到虚拟体上了，移动虚拟体即可移动全部模型，模型本身有的部分已经群组了，赋予材质只要解开群组即可，这样便于管理。首先要做的是切换渲染器，把默认的渲染器切换成 V-Ray 渲染器，如图 6-104 所示。

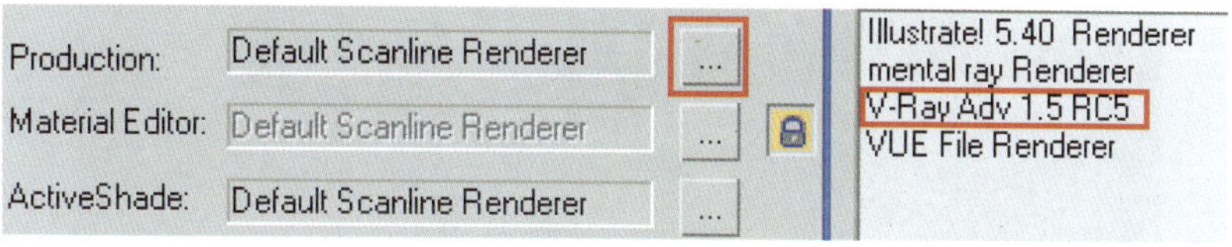

图 6-104

然后激活透视窗，按“Alt+B”组合键调出“Viewport Background（背景视口）”，单击“Files”按钮选择光盘提供的图片“Background”并打开，然后选择“Match Bitmap”项，再勾选“Lock Zoom/pan”项，最后单击“OK”按钮，操作步骤如图 6-105 所示。

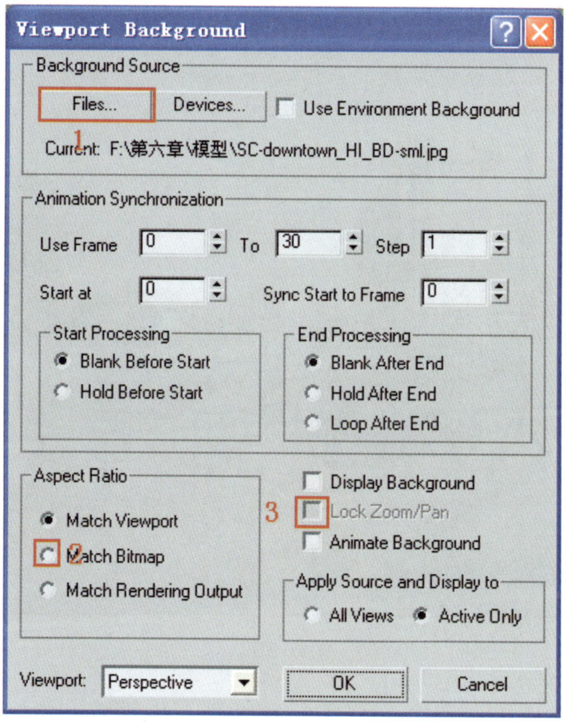

图 6-105

执行后在透视窗会显示图片效果，它不会随着视图操作而变化，所以可以放心地摆放车的位置，摆放后好设置一架摄像机，效果如图 6-106 所示。

图 6-106

（2）调节材质。选择车身，按“Alt+Q”组合键，只留车身在操作视图中，打开材质编辑器，找到一个空的材质球，将其转换成多维子材质，设置子材质数量为 2，赋给车身模型，检查一下材质球对应的 ID 关系，显示如图 6-107 所示。

图 6-107

这样就知道哪个材质控制哪个部分了。可以进一步设置，将多维材质命名为“车材质”，将 ID1 命名为“车身材质”，将 ID2 命名为“车灯玻璃材质”，如图 6-108 所示。

进入“车身材质”层级，将 3ds max 的默认材质转化为 V-Ray 材质，单击“Standard”按钮，在材质浏览器中选择“Shellac”材质，单击“OK”按钮分别重命名，将“Base Material”命名为“车漆材质”，将“Shellac Material”命名为“高光反射”，如图 6-109 所示。

图 6-108

图 6-109

进入“车身材质”层级，单击“Standard”按钮选择“V-Ray Mt”材质（这是 V-Ray 的标准材质），这一步是将 3ds max 的材质转化为 V-Ray 的材质，将“Diffuse”漫反射颜色改为纯黑（R=0，G=0，B=0），将“Relract”反射颜色改为灰色（R=55，G=55，B=55）（注意：V-Ray 的材质的反射程度是通过颜色的暗度来控制的，常用黑白灰的方式控制，很少用颜色控制）。“Refl.glossiness（反射高光）”设置为 0.7，“Subdivs（细分值）”设置为 80（控制反射表面的细分程度，一般到最后设置，这里先设置是因为已经测试过了）。在“BRDF”卷展栏中将“Blinn”改为“Ward”，将“Ansotropy（-1..1）”设置为 0.7，如图 6-110 所示。

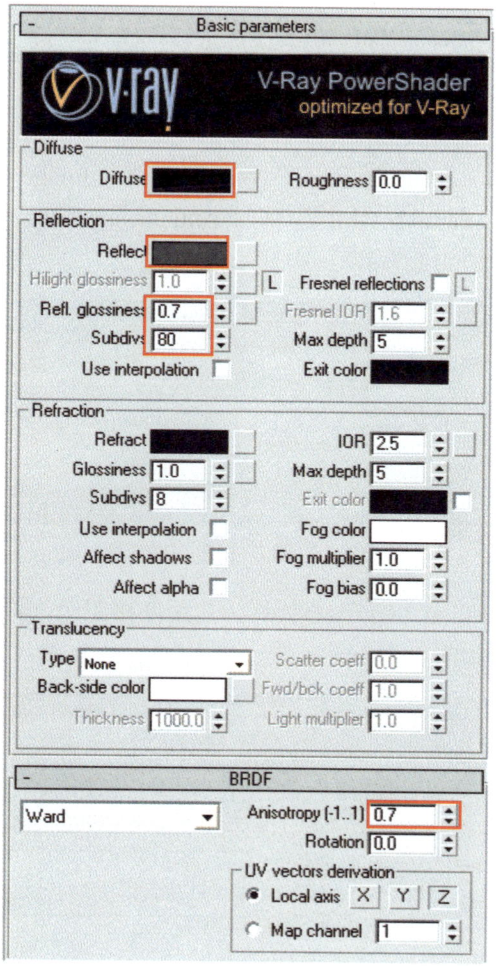

图 6-110

测试渲染，结果发现没有什么效果，这是因为渲染面板的设置为默认效果，还需要进行设置和参数调节。

（3）打开渲染面板进行设置。单击“Renderer”切换一下面板，这个面板是 V-Ray 的专用面板，V-Ray 的渲染设置大部分都在这里。打开“Global switches”卷展栏，取消勾选“Default lights”（这个选项是决定是否使用 3ds max 的默认灯光，除特殊需要外，一般情况下都不勾选），如图 6-111 所示。

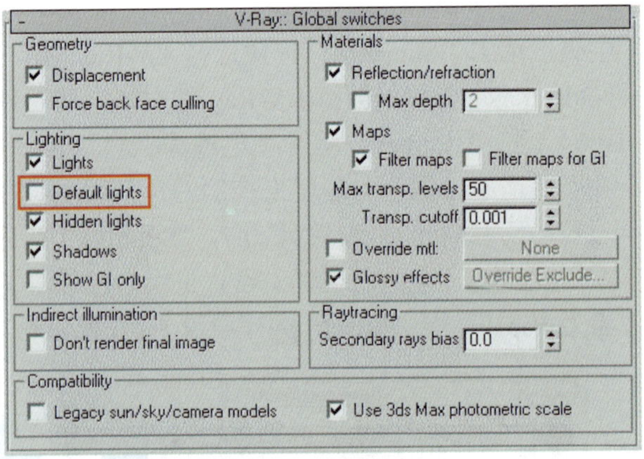

图 6-111

打开“Image sampler （Antialiasing）”卷展栏，将“Image sampler（图像采样）”的“Type（类型）”设置为“Adaptive QMC”，将“Antialiasing filter（抗锯齿过滤）”方式设置为“Catmull-Rom”，如图 6-112 所示。

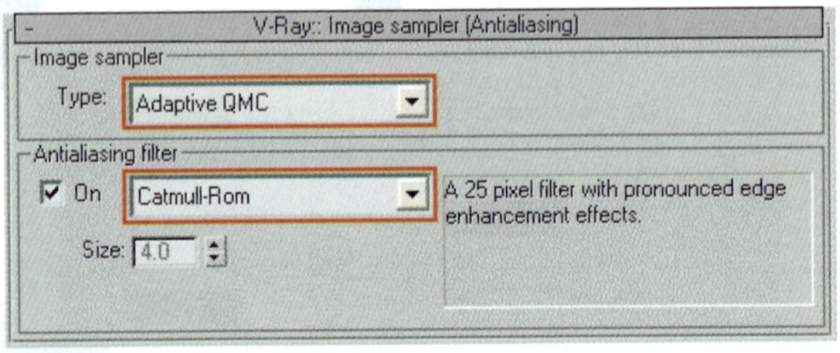

图 6-112

打开“Indirect illumination（GI）”卷展栏，启用间接照明，将“Secondary bounces（二次反弹）”值设置为 0.5，如图 6-113 所示。

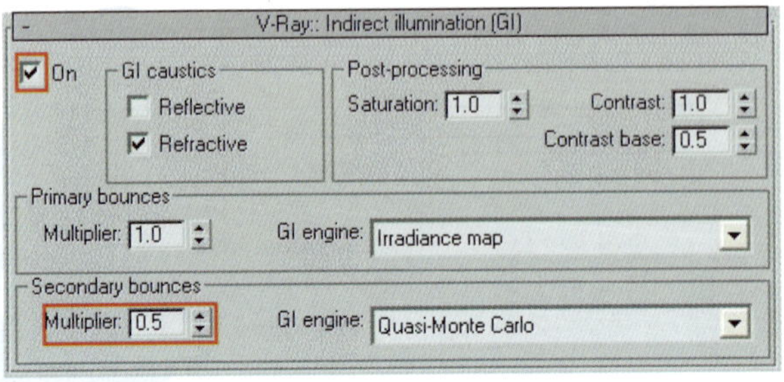

图 6-113

打开“Irradiance map”卷展栏，将“Min rate”设置为-3，将“Max rate”设置为-2（这是测试的设置，以使速度更快），“Intep.samples”设置为 50，勾选“Show calc.phase（显示计算相位）”，如图 6-114 所示。

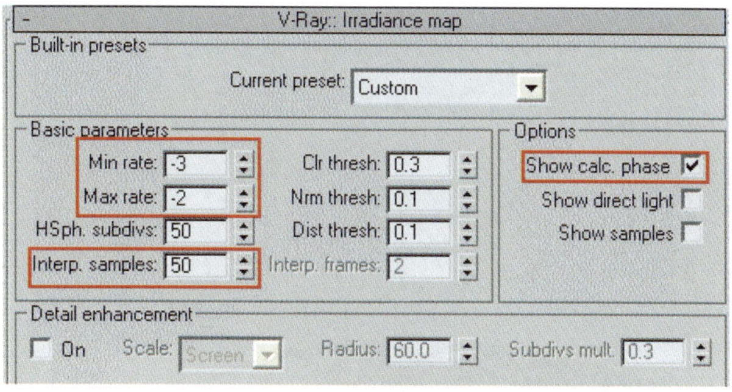

图 6-114

打开“Environment”卷展栏，启用“GI Environment（skylight）override”，将颜色设置为暗黄色（R=232，G=194，B=141），“Multiplier（倍增值）”设置为 0.8，启用“Reflection/refraction environment override”，将“Multiplier（倍增值）”设置为 0.5，在贴图通道加载一张名为“sky”的 HDRI 贴图（光盘提供），如图 6-115 所示。

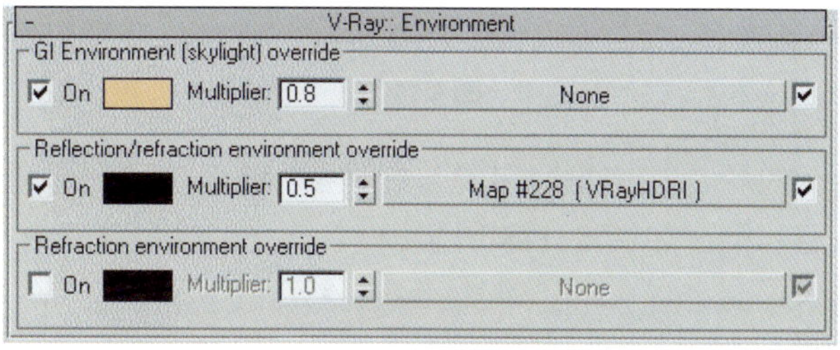

图 6-115

提示：介绍一下 HDRI 贴图的加载方法。单击贴图通道，在材质贴图浏览器里选择“VRayHDRI”，单击“OK”按钮，再单击贴图通道，按住左键拖到材质编辑器中的材质球上放开，选择“Instance（关联）”模式，在材质编辑器上单击“Browse（浏览）”按钮，找到需要的 HDRI 贴图，加载后具体设置如图 6-116 所示。

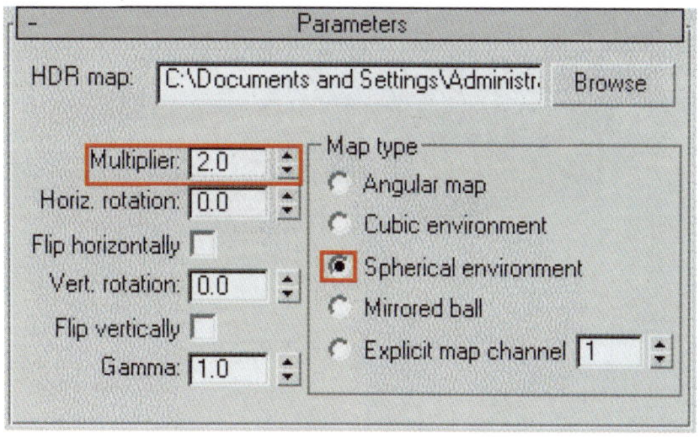

图 6-116

测试效果如图 6-117 所示。

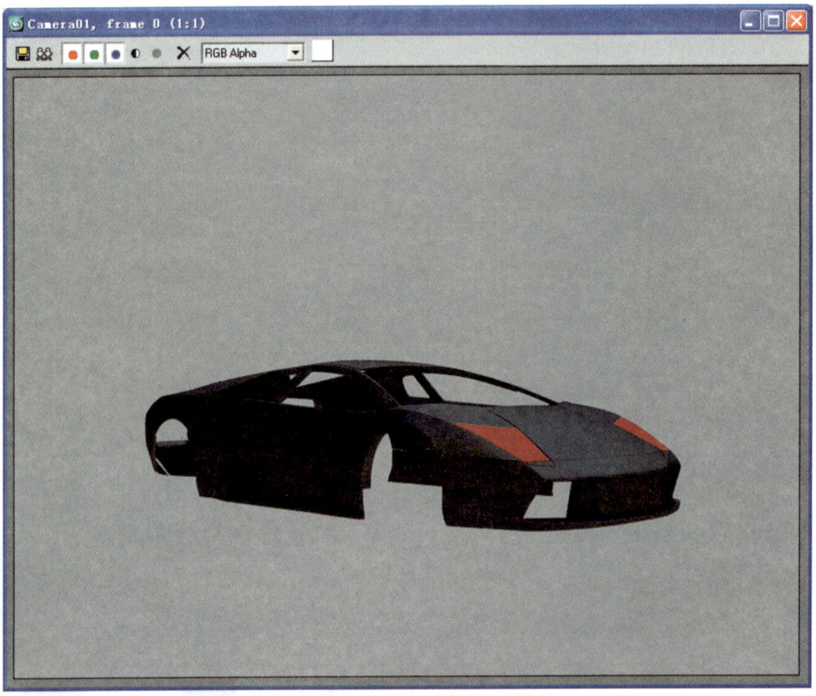

图 6-117

如果想让背景显示的图片在渲染时可见，按“8”键，在贴图通道加载背景的那张贴图就可以了。可以看一下效果，如图 6-118 所示。

图 6-118

现在有点效果了，但还不是很好，返回到材质编辑器的反射高光层级，将标准材质转化为 V-Ray 材质，“Diffuse”的颜色设置为黑色（R=0，G=0，B=0），“Reflect”设置为灰色（R=203，G=203，B=203），“Refl.glossiness（反射高光）”设置为 0.98。在“BRDF”卷展栏中将“Blinn”改为“Phong”，将“Anisotropy（-1..1）”设置为 0.7，如图 6-119 所示。

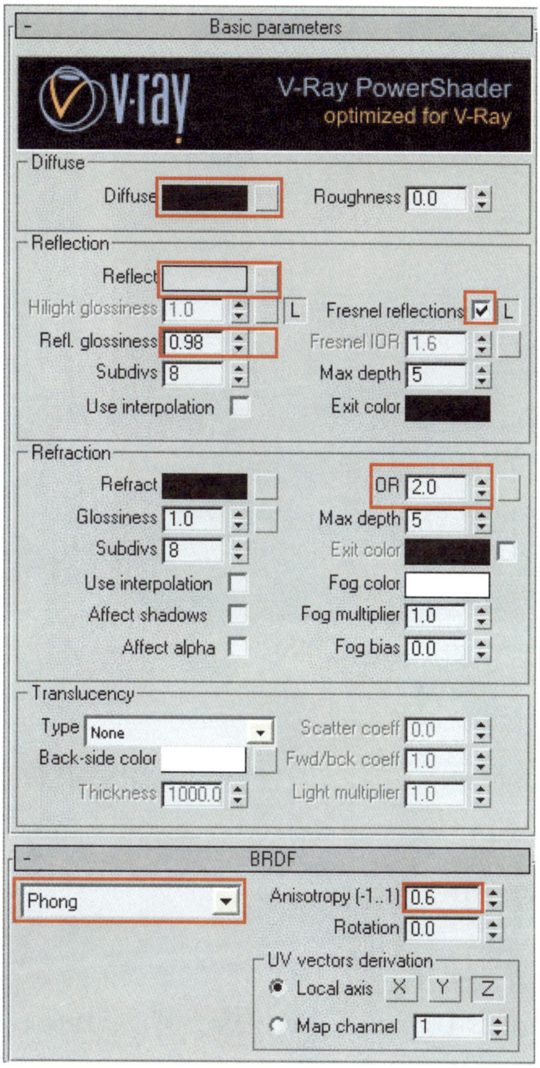

图 6-119

现在没有设置灯光，还需要设置一个虚拟地面，让物体产生投影效果。

（4）为场景设置一盏 V-Ray 灯光，灯光位置在左上方，如图 6-120 所示。

将灯光的“Multiplier（倍增）”值设置为 30；“Size”的数值是灯光的长宽值，它的面积决定灯光的亮度（区域灯光的特点是面积可以决定亮度）；“Affect reflections（反射效果）”取消勾选，物体反射的时候，就不反射灯光了（可以自己比较一下勾选和不勾选的差别），设置如图 6-121 所示。

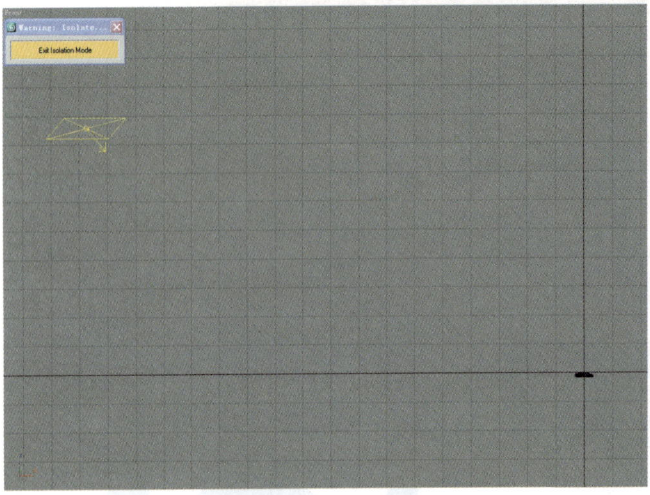

图 6-120

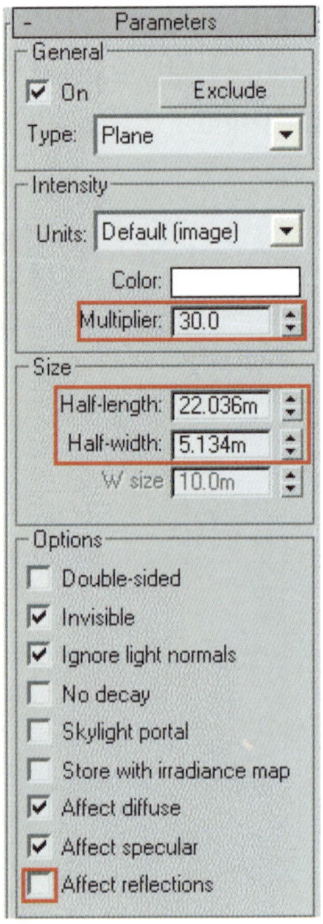

图 6-121

再创建一个“虚拟地面”，位置如图 6-122 所示。

图 6-122

注意创建地面时位置一定要放好，因为它要虚拟真实地面，也就是要使背景和图片相匹配，这样效果才会真实一些，创建地面后渲染效果如图 6-123 所示。

图 6-123

把地面材质调节一下，找到一个空的材质球，命名为“地面投影”，转化为 V-Ray 材质中的“V-RayMtlWrapper（V-Ray 包裹材质）”，然后在“Base Material（基础材质）”的贴图通道加载“Matte/Shadow（Matte/阴影）”材质，赋给“虚拟地面”物体（这种材质的结合方法是典型的 V-Ray 材质和 3ds max 材质的联合应用，也是最常用的方法）。为什么不直接用“Matte/Shadow（Matte/阴影）”材质，而是先加一个“V-RayMtlWrapper”？这是因为 V-Ray 渲染器和 3ds max 的“Matte/Shadow”材质兼容不是很好，有时会有问题。这样做可以得到一个更好的效果。材质连接如图 6-124 所示。

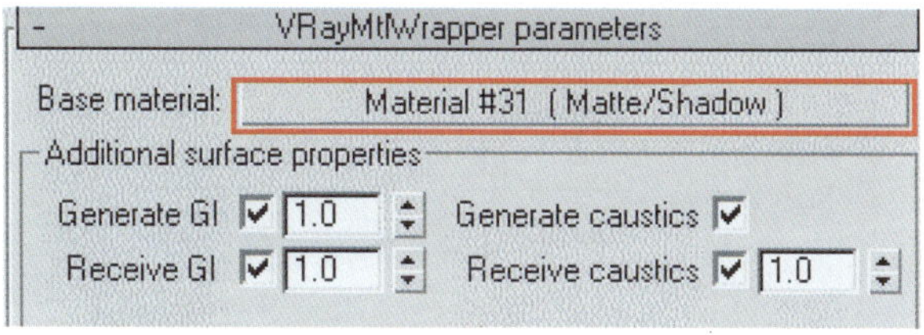

图 6-124

“虚拟地面”增加材质后的效果如图 6-125 所示。

图 6-125

现在设置前车灯的玻璃材质。在材质编辑器中进入“车灯玻璃材质”层级，将 max 的材质转化成 V-Ray 的标准材质，将“Diffuse”的颜色改成褐色（R=0，G=0，B=0），将“Reflec”值设置为（R=10，G=10，B=10），如图 6-126 所示。

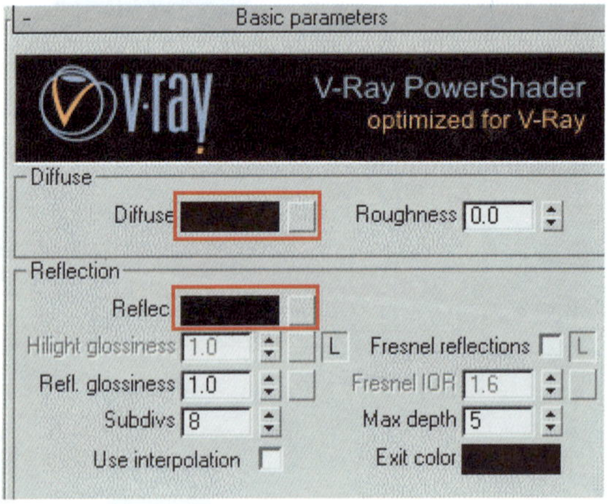

图 6-126

测试渲染结果如图 6-127 所示。

图 6-127

下面设置车窗玻璃材质。选择场景中的所有车窗玻璃模型，打开材质编辑器后赋予材质，玻璃材质直接用 max 的标准材质来调节，勾选“2-Sided（双面）”，在“Diffuse”后的贴图通道加载一张“Falloff（衰减）”材质，设置如图 6-128 所示。

将“Opacity（透明度）”设置为 60，“Specular Level”值设置为 80，“Glossiness”设置为 30，在反射贴图通道加载“V-Ray Map”材质，将值设置为 30，具体设置如图 6-129 所示。

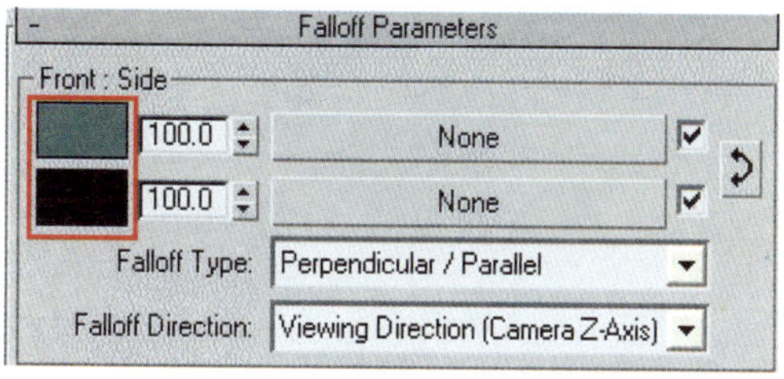

图 6-128

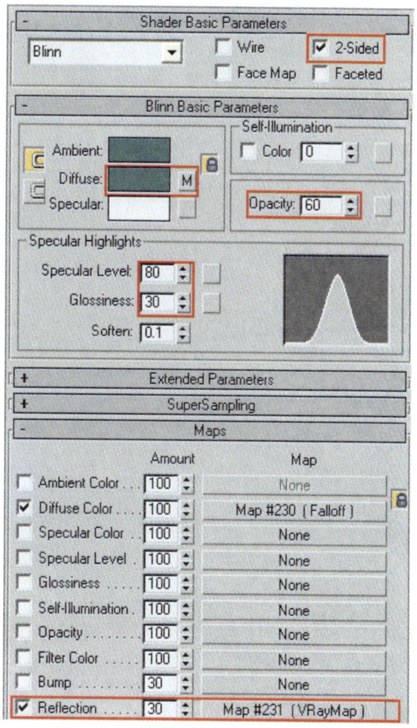

图 6-129

测试效果如图 6-130 所示。

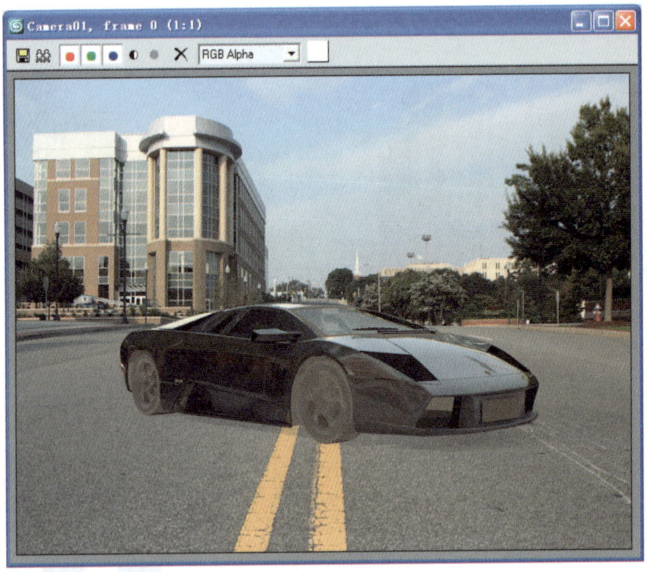

图 6-130

前风挡玻璃边的模型还没有赋予材质，在材质编辑器中找到材质球赋给它，命名为“玻璃窗边”，转换为“V-Ray 标准” 材质，将“Diffuse”设置为（R=58，G=58，B=58），“Reflect”设置为（R=30，G=30，B=30），“Refract”设置为（R=100，G=100，B=100），如图 6-131 所示。

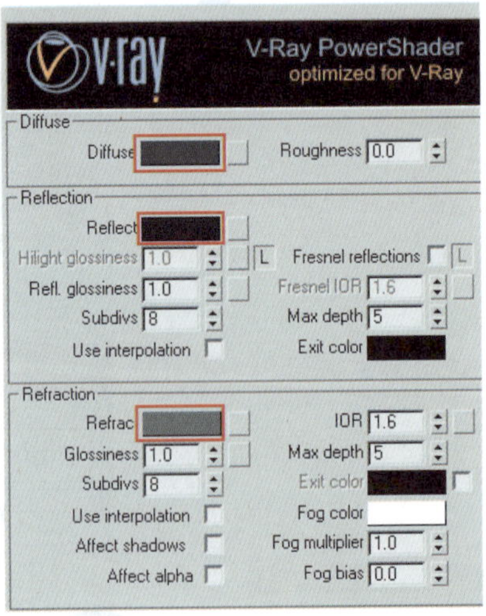

图 6-131

测试渲染如图 6-132 所示。这时感觉效果不错，只剩下模型的材质，可以慢慢地调节赋予模型。

（5）选择车牌的模型，在材质编辑器找到材质球赋给模型，默认 max 材质即可，找到光盘提供的车牌贴图，勾选双面。

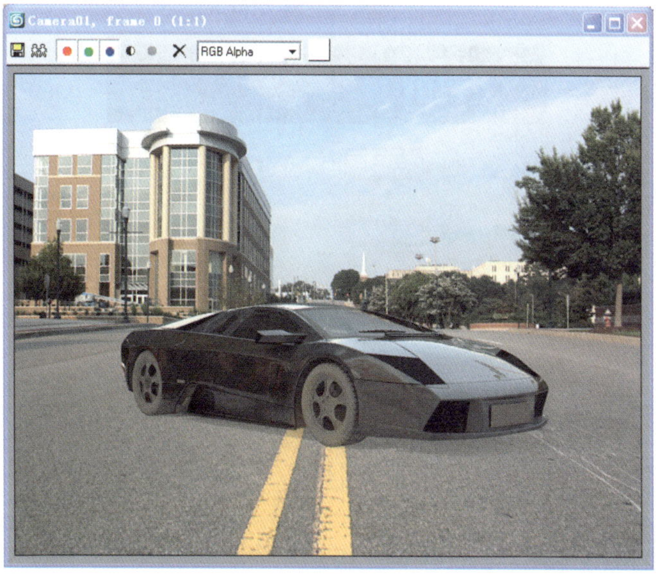

图 6-132

然后是车前边的车的 logo，将 max 的材质赋予它，加载光盘中提供的 logo 贴图，可以渲染测试一下，效果如图 6-133 所示。

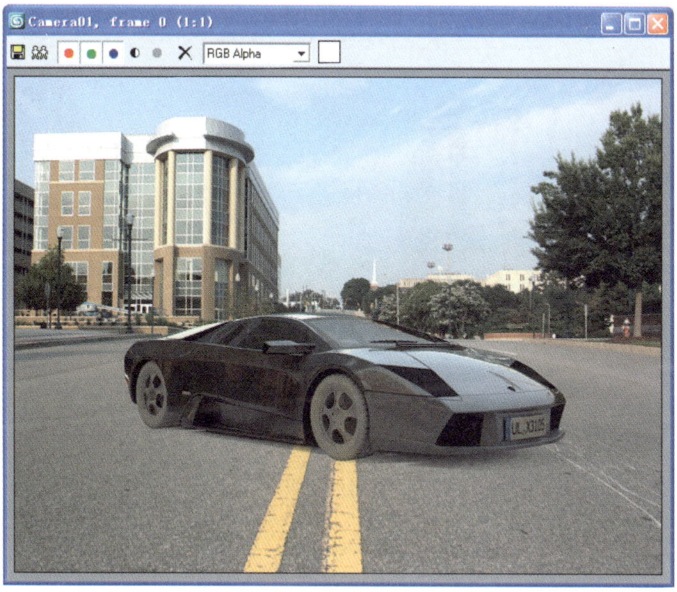

图 6-133

接下来设置轮胎和轮毂的材质，选择模型将组打开，分别赋予材质命名。轮胎的材质为 max 的默认材质，将“Diffuse”设置为（R=45，G=45，B=45），将“Specular Level”设置为 30，“Glossiness”值设置为 10。再来设置一下轮毂的材质，先将材质转换成 V-Ray 的标准材质，将“Diffuse”设置为（R=180，G=180，B=180），将“Reflect”设置为（R=220，G=220，B=220），“Refl.glossiness”设置为 0.85，如图 6-134 所示。

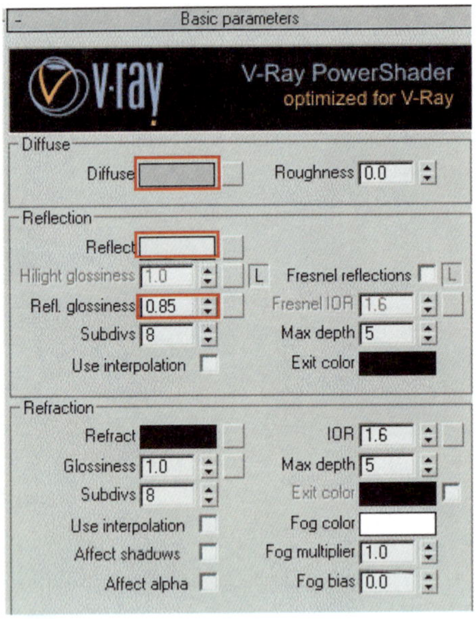

图 6-134

渲染测试效果如图 6-135 所示。

图 6-135

其他的车轮用同样的方法赋予材质。

接下来给车灯赋予材质。选择前车灯，赋予材质转换为 V-Ray 材质，将“Diffuse”设置为（R=126，G=126，B=126），“Reflect”设置为（R=220，G=220，B=220），这个材质接近于金属效果，设置如图 6-136 所示。

选择后车灯，赋予一个 max 材质，找到光盘提供的贴图加载。接着赋予前转向灯材质，同样赋予 max 默认材质，加载贴图，渲染测试效果如图 6-137 所示。

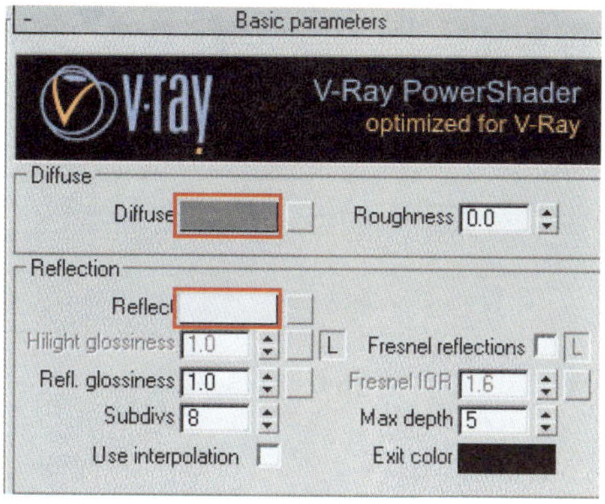

图 6-136

图 6-137

整体效果已经不错了，但在做标记的地方不是很好，如果再仔细处理一下就会更完美一些，可以用一个反光板挡一下，在车的后方建立一个半弧形的反光板，位置如图 6-138 所示。

图 6-138

反光板的材质为 V-Ray 材质的“V-Ray lightMtl”，设置“Color”的值为 0.6，如图 6-139 所示。

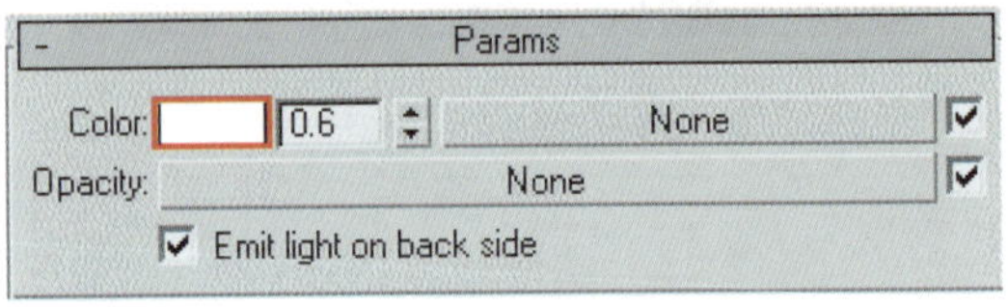

图 6-139

再测试一下效果，如图 6-140 所示。

图 6-140

本章总结： 虽然本章主要介绍 mental ray 渲染器，但强大而快捷的 V-Ray 渲染器也显示了优秀的功能和完备引擎，目前 CG 行业内有很多人特别青睐它的速度和质量。这里只介绍了它的一部分功能，但这是一个完整的工作流程。希望读者学习后能举一反三，更上一层楼。

第7章 NPR 渲染

NPR 渲染简介

NPR 是英文 Non Photo Realistic 的简写，即非真实渲染。NPR 是运用材质或渲染器生成一种模拟手绘效果的非真实效果，如矢量效果、素描效果、油画效果、版画效果、国画效果等。NPR 是一种非常独特的渲染方法，往往可以让 3D 作品表现出非常独特的视觉效果，也可以运用 3D 软件的很多优点来表现传统的 2D 动画效果，并在此基础上扩展了很多特殊的画面效果。3ds max 的 NPR 渲染插件很多，功能也很强大，如 FinalToon，它可以模拟出很好的 2D 效果。此外 mental ray、Brazil、Cartoon Reyes、NPR、Pencil+、DarkTree 等外挂渲染器和材质插件，也都是非常不错的 NPR 解决方案。3ds max 本身也带有一个较完善的 NPR 材质，叫做 Ink'n Paint，用它可以实现 2D 的渲染效果。除此之外，还可以运用程序贴图的很多特性来创建 NPR Shader，模拟各种特殊的画面效果。

在三维动画制作中，用 3D 渲染来表现 2D 卡通效果的表现手法是经常遇到的。三维模型有一定的优势，无论在哪个角度，只需要一个模型的转动即可，不需要像 2D 手绘那样每一帧都要绘制，工作效率也得到了很大的提高。同时在 3D 动画中，卡通风格的渲染也是一种特殊的艺术表现方法。

知识要点

- 掌握 NPR 渲染的用途；
- 掌握 NPR 的渲染流程；
- 掌握卡通渲染的方法；
- 掌握特殊效果的表现方法。

7.1 Ink'n Paint

Ink'n Paint 是 3ds max 自带的专门用于制作 NPN 渲染效果的材质。Ink'n Paint 的最大特点在于它的线框效果，它可以在物体的结构区域产生非常平滑的线框轮廓，甚至物体内部和交叉区域的线框都能分开调节，是一个非常简单实用的 NPR 渲染工具。

（1）在 3ds max 的 top 视图创建一个“teapot（茶壶）”，在修改面板将茶壶的段数改为 12，如图 7-1 所示。

（2）打开材质编辑器，找到一个空的材质球，将材质更换为 Ink'n Paint 并进行命名，设置如图 7-2 所示。

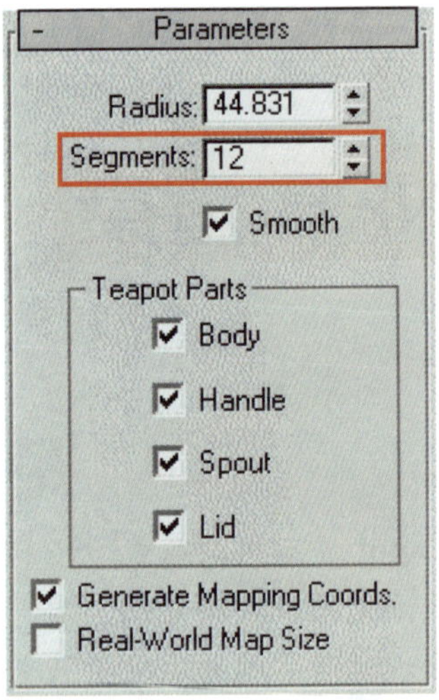

图 7-1

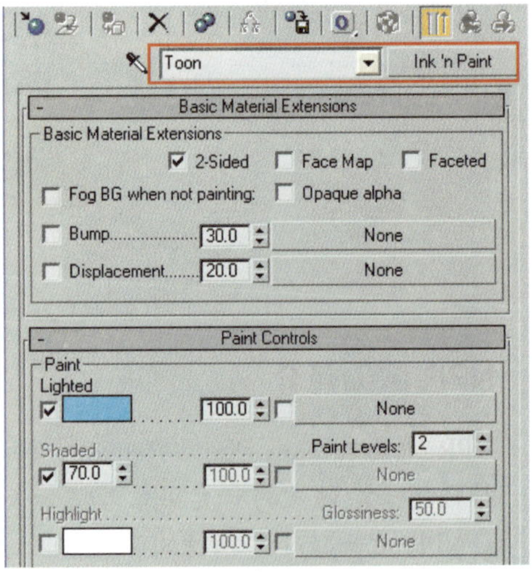

图 7-2

测试渲染效果如图 7-3 所示。

图 7-3

从图 7-3 中可以看到，使用默认的 Ink'n Paint 材质，已经产生了很好的轮廓线效果，而且轮廓线的准确程度也是很高的。接着设置“Toon”材质的色彩层级，打开“Paint Controls”面板，这个面板专门用于控制填色效果，其中可以设置的选项分别是“Lighted（受光色）”、“Shaded（阴影色）”、“Highlight（高光色）”。每个选项后面都有相应的贴图通道，可以使用程序贴图或位图贴图来控制这个区域的色彩。其中，“Lighted”控制着材质的主色调，等同于 Diffuse（漫反射）。“Shaded”控制着阴影，数值越高阴影越淡，如果取消此选项，可以用颜色来控制阴影的颜色和深度，也可以将颜色设置得和“Lighted”不一样，

“Paint Levels（阴影级别）值”设置得越高，物体上的阴影层数就越多。“Highlight”控制着物体的高光，选中此选项可以在材质上产生高光的效果，通过改变“Glossiness”值可以改变高光的大小。将三个同时选中的效果如图 7-4 所示。

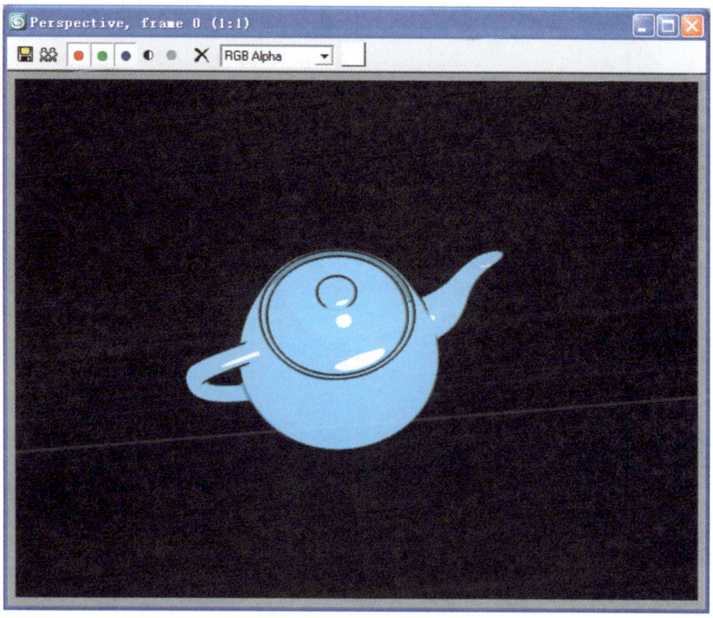

图 7-4

（3）如果在“Lighted”的通道设置一个贴图，可以改变色彩的颜色，也可以得到一些丰富的色彩效果。现在就加载一个“Falloff”贴图，查看一下效果，如图 7-5 所示。

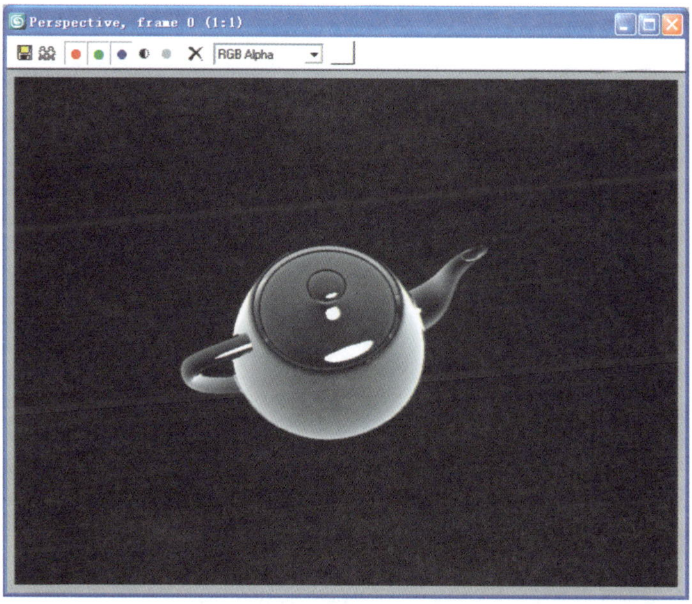

图 7-5

这样就得到了比较好的 2D 效果。可以将颜色改变一下，查看一下效果会有什么变化，改变颜色后效果如图 7-6 所示。

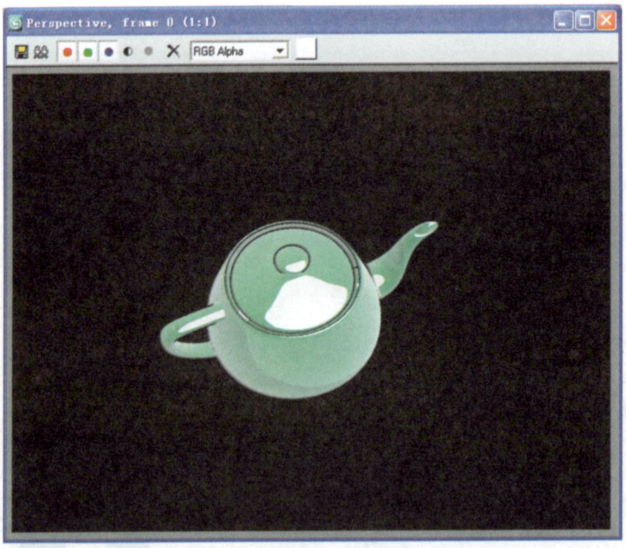

图 7-6

（4）设置 Ink'n Paint 材质的线框。打开“Ink Controls”面板，可以看到 5 个颜色设置，分别为“Outline（轮廓色）”、“Overlap（交叠色）”、“Underlap（向下交叠色）”、“SmGroup（平滑群组色）”、“Mat ID（材质 ID 色）”。这几项分别控制着物体上不同区域的线条色彩。其中，“Outline”控制的是物体的边缘轮廓线；“Overlap”和“Underlap”控制物体中心和相交区域的线条；如果模型分过 ID，那么“Mat ID”就控制着这些不同 ID 之间的线条。可以将这几个选项设置成不同的颜色来查看所在的区域，效果如图 7-7 所示。

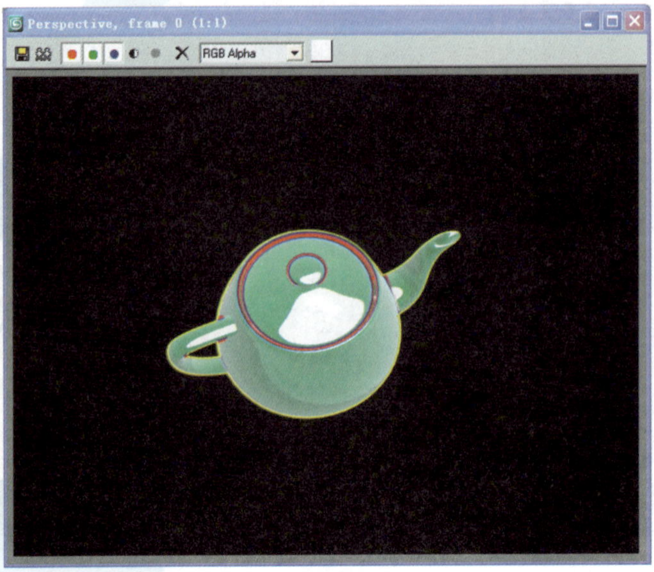

图 7-7

（5）设置线条属性。在“Ink Controls”面板中的“Ink Width（轮廓宽度）”是控制线条粗细的参数，其中有“Min（最细）”、“Max（最粗）”两个值，默认情况下“Min”值控制着线条的粗细程度，但是发现现在图中线条粗细均匀，没有变化，所以选择“Variable Width（宽度变化）”复选项，这样就可以设置“Min”和“Max”的值了。将“Min”的值设置到 4，“Max”的值设置为 9，渲染场景，会发现物体上的线条会变得有粗有细，有了变化，很像手绘的效果，如图 7-8 所示。

图 7-8

线条的粗细除了用参数控制之外，还可以用贴图来细致地控制，在“Ink Wided”旁边的贴图通道添加一个“Falloff”贴图，将衰减类型设置成“Shadow/Light”的方式，渲染当前的效果，得到一个类似水笔画的效果，如图 7-9 所示。

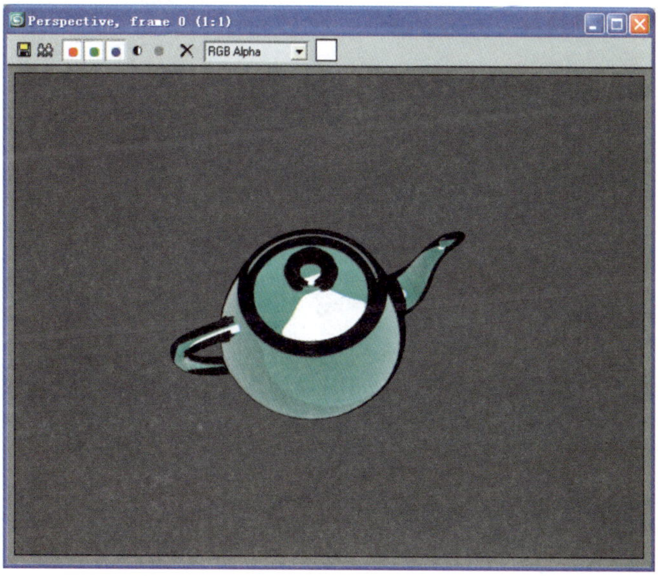

图 7-9

加载其他的贴图也可以得到一些意想不到的效果，用户可以自己进行尝试。

（6）在线条的设置上还有一个非常重要的参数，就是"Bias（偏移）"值。在每一个区域的线条设置中都可以设置相应的偏移值，除了"SmGroup"区域（这是一个倍增参数，当这个值增高时线条会部分偏移消失，产生自然渐隐的效果，但也会导致很多物体的轮廓表现不出来）。为了得到最完整的线条结构，需要将这些相应的区域"Bias"值都设置为 0，这样就能将物体的结构都表现清楚。除参数外，还可以用贴图来控制，如图 7-10 所示。

图 7-10

Ink'n Paint 材质的功能基本就是这些了，与一些外挂渲染器的效果相比还差很多，但它可以用程序贴图来配合，达到满意的效果，

7.2 Ink'n Paint 的角色应用

（1）打开光盘找到模型文件，在 3ds max 中打开，如图 7-11 所示。

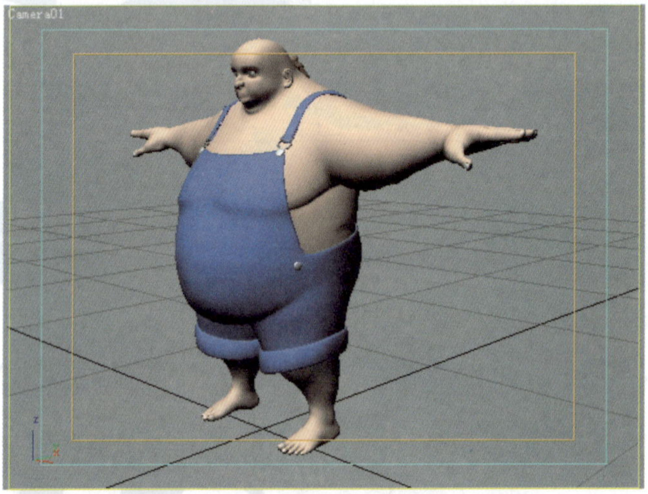

图 7-11

模型已经分好了 ID，指定了材质，但材质很简单，只给了一个颜色，调到一个适合的角度，放置一架摄像机。

（2）先查看一下 ID 号，分清 ID 是如何分配的。选择模型，打开材质编辑器，用工具将材质反吸到材质球上，将材质 ID 分别命名，一定要和模型匹配，如图 7-12 所示。

将材质 ID2 的材质更换为 Ink'n Paint 材质，将颜色更改一下，设置“Paint Levels”值为 3，如图 7-13 所示。

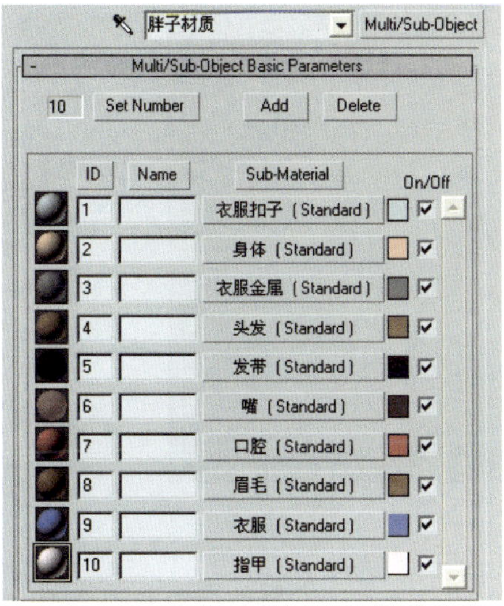

图 7-12

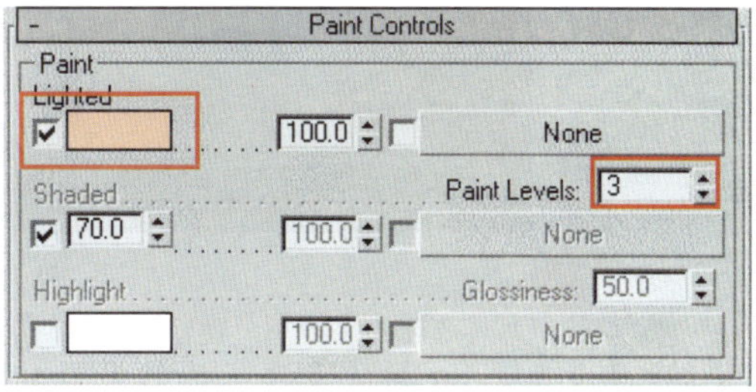

图 7-13

测试渲染如图 7-14 所示。

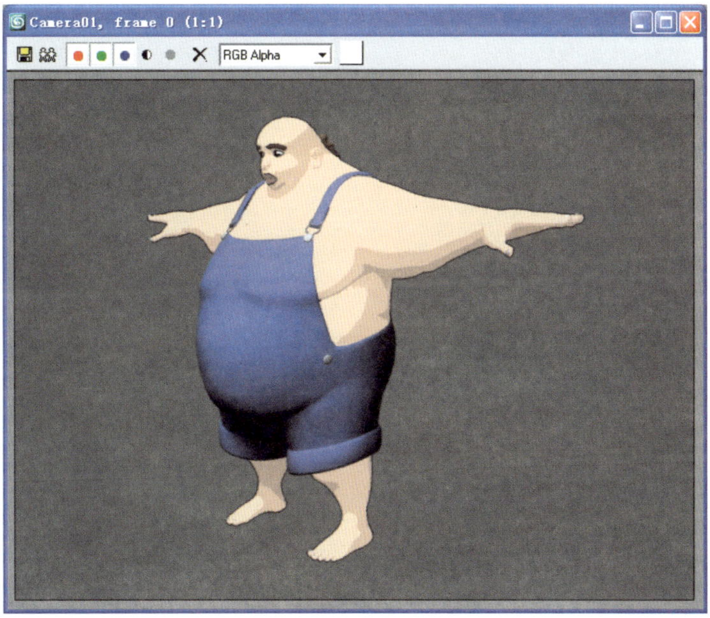

图 7-14

如图 7-14 所示已经有卡通效果了，用同样的方法把其他的材质也更换为 Ink'n Paint 材质，将颜色设置好。注意，有金属的地方，一定要把高光打开。最终效果如图 7-15 所示。

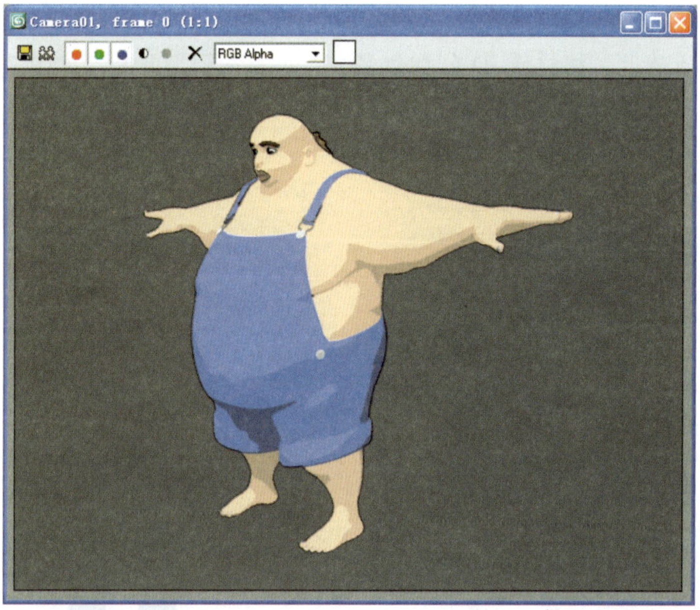

图 7-15

总结： Ink'n Paint 材质表现卡通效果是非常不错的，如果配合程序贴图和位图贴图加以控制，效果会更好一些。

第 8 章　渲染输出技巧和应用

知识要点

- 渲染输出注意事项；
- 掌握网络渲染技术。

8.1　渲染输出

8.1.1　输出注意事项

在三维软件中，渲染输出是很关键的一步，因为它和成品的颜色关系、画面构图、图像质量都是息息相关的，所以在这一步一定要把好关，不要认为执行一下渲染就可以了，在渲染之前一定要检查一下如下相关设置：

（1）动画渲染的起始和终止的帧数设置。如果渲染的帧数没有设置或起始和终止的帧数不对，会很浪费时间。这样马虎的后果很严重，会影响到项目的进度。所以在渲染前，一定要检查帧数的设置。

（2）序列存放的路径。这一步很关键，如果设置好了渲染的帧数，序列的存放路径却没有设置，执行渲染后看似在渲染序列，结果一张图片也得不到，最多得到最后一张图片，那就是浪费时间，影响项目进度。

（3）采样值的最终设置。正式渲染时没有设置好采样值，直接用测试时低质量的采样或者看似图像质量不错，结果序列出来画面闪烁，不可以用，也是浪费时间。所以在正式渲染之前，一定要渲染连续图片 3～5 张，进行检查，设置好采样值。

（4）强制双面的勾选。在场景中可能有很多模型是以面片的形态出现的，测试的时候没有问题，但忽略了动画场景，摄像机是在动的，转到某一个角度，突然发现东西不见了，千辛万苦地找，非常麻烦。所以为了不浪费时间，先把双面勾选就不会出现这个问题了。

（5）渲染尺寸的设置。有时由于工作疲劳和任务比较紧，本来时间就不够了，很慌忙地执行了渲染，结果渲染图像的尺寸出现问题了，那就得不偿失了，体会一下“磨刀不误砍柴工”的道理吧。

（6）长宽像素比（根据合成部门要求进行设置）。我国的电视上的像素比为 1∶1.0667，这点一定要牢记，做电视节目或电视上播放的动画时一定要这样设置。如果不设置像素比，那就是一个正圆形图像，到电视的屏幕上会被压扁产生变形，在电影里像素要求可以是 1∶1，特殊情况除外。

（7）渲染视图错误（正常渲染摄像机视图，特殊需要除外）。在渲染时，经常会出现没有选择正确的视图导致渲染视图错误，所以在执行渲染后一定要检察是否是摄像机视图，是否是要执行渲染的摄像机，再观察几帧视图看是否正确，然后关闭显示器（这样可以省电）。

（8）N 制和 P 制的设置（N 制 30 帧/s、P 制 25 帧/s）。由于视频最终需要在电脑或电视上播放，所以要了解制式的基本原理。视频信号输出是一种简单的模拟信号，由视频模拟数据和视频同步数据构成，用于接收端正确地显示图像。信号的细节取决于应用的视频标准或者“制式”——NTSC（美国全国电视标准委员会，National Television Standards Committee）、PAL（逐行倒相，Phase Alternate Line）以及 SECAM（顺序传送与存储彩色电视系统，法国采用的一种电视制式，Sequential Couleur Avec Memoire）。所以正确地设置才会显示正确的效果，反之就会出现输出信号错误的问题。

8.1.2 实例讲解

下面用一个例子来讲解输出的设置。

（1）在 3ds max 界面的右下方单击按钮，出现对话框，如果是在电视上播放，设置如图 8-1 所示。

如果是电影播放，可以选择“Film”选项，也可以根据需要进行设置。注意不要漏掉这一项。

（2）打开渲染设置面板，设置如图 8-2 所示。

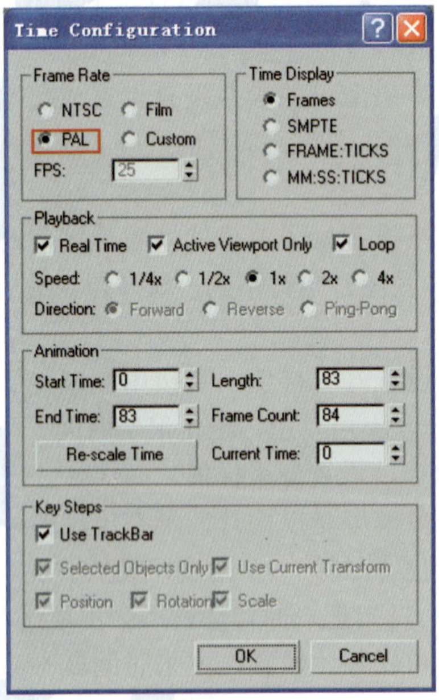

图 8-1

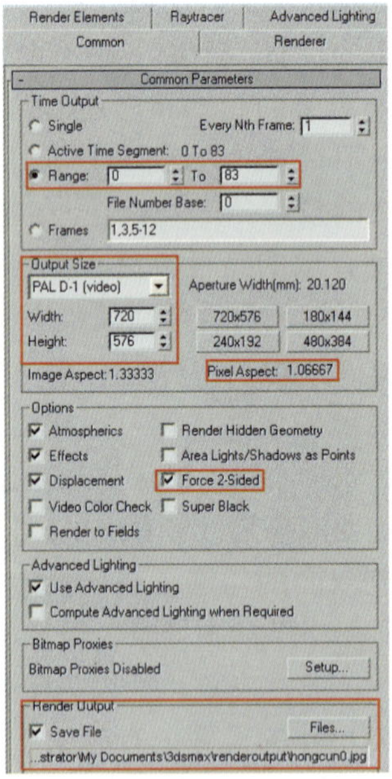

图 8-2

这些设置都很重要，尽量不要漏掉，不然会影响工作的进度和工作效率。

注意：像素比的设置只有在“Custom（自定义）”模式时才有效。

（3）将渲染设置面板切换到“Renderer”选项卡，默认设置如图 8-3 所示。

默认设置的抗锯齿模式为“Area”，也可以选择适合的抗锯齿方式。“Global SuperSampling（全局超级采样）”没有开启，需要手动设置，设置如图 8-4 所示。

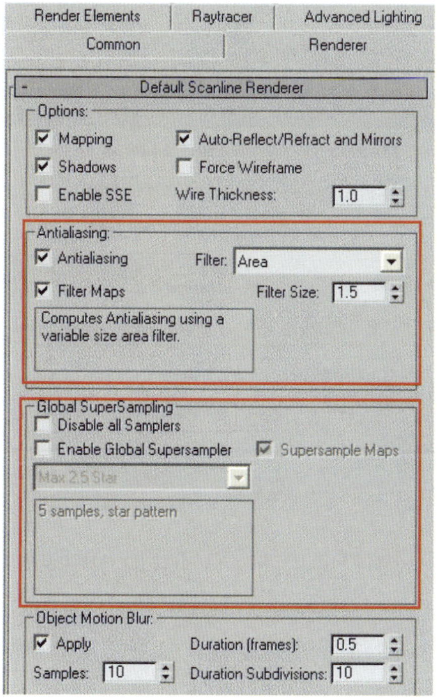

图 8-3

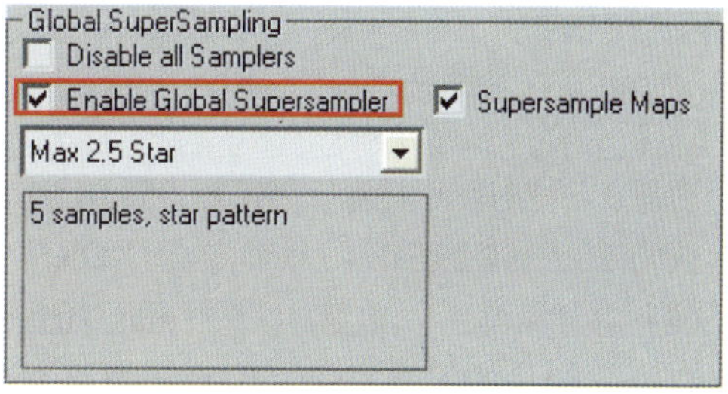

图 8-4

8.1.3 网络渲染简介

网络渲染是处理大量渲染任务的方式。利用网络渲染，必须每个计算机都安装相同版本的 3ds max。Backburner 软件负责协调如何处理作业，指定分配，通常用于渲染具有数百或数千帧的动画，但即使是具有三台或四台 PC 的小型网络也能显著缩短渲染时间，从而帮助用户能够按照预期的时间完成任务。如果是插件渲染器，就要保证每一个需要联机的主机都安装相同版本的插件渲染器。

8.1.4 网络渲染的基本步骤

（1）需要联机的机器必须在同一个局域网内且连接正常，最好都设有 IP 地址，计算机命名要易于识别（最好用英文名或中文名前边加同一个字母），作为服务器的机器必须设有共享文件夹（打开全部权限），如共享文件夹名字为“项目 A”。

（2）现在以两台机器为例讲解一下具体设置，一台计算机名叫“a 黄河 ”，另一台计算机名叫“ a 泰山”。先在“a 黄河”的主机上建立一个共享文件夹，以后渲染的图片序列就保存在这个目录里面。设置好网络后，再进行网络渲染联机工作。

（3）把“a 泰山”这台机器设为管理机器，“a 黄河”设为渲染服务工作站。先打开“a 泰山”上的渲染管理器，选择菜单“开始”→“discreet”→“Backburner”→“Manager”命令，使用 Server（服务器）运行它们，如图 8-5 所示。

然后用相同的方法把“a 黄河”机器上的“Server”也打开。

注意：第一次运行时应该出现如图 8-6 所示对话框，如果没有出现，也可以通过“Edit→General settings”命令调出它。

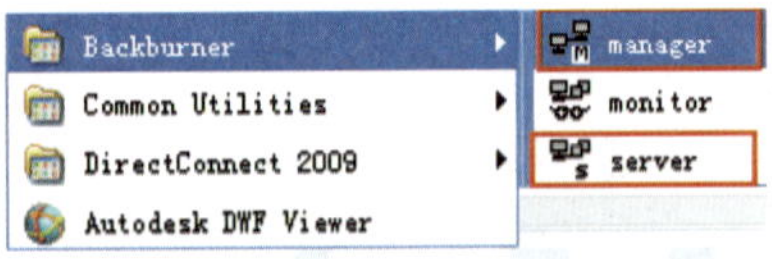

图 8-5

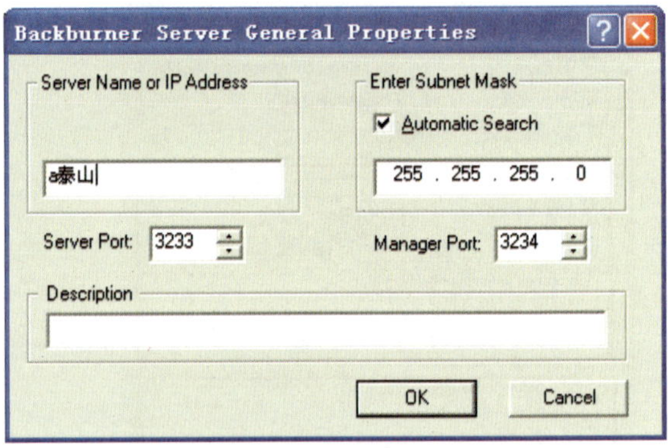

图 8-6

注意，子网掩码设为 255.255.255.0，要与用户的网络设置相同（自动获取 IP 时子网掩码默认为 255.255.255.0），然后单击“OK”按钮。

（4）在“a 泰山”电脑上打开 max 场景文件，对场景进行渲染设置。打开渲染设置，选择要渲染的图片的保存目录。注意，网络渲染不能将保存路径直接设为本地磁盘某个目录，而一定要保存在“网上邻居”的某个目录中。选择“a 黄河”机器，找到原来共享的“项目 A”文件夹，命名后保存，如图 8-7 所示。

现在可以看到图 8-7 中保存目录开头是“\\”，这代表网上的机器路径。以后两台机器渲染的图片都将保存在这个目录里。现在选中“Net Render”，表示要进行网络渲染，如图 8-8 所示。

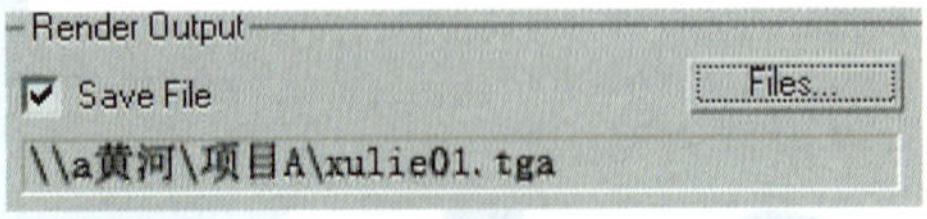

图 8-7

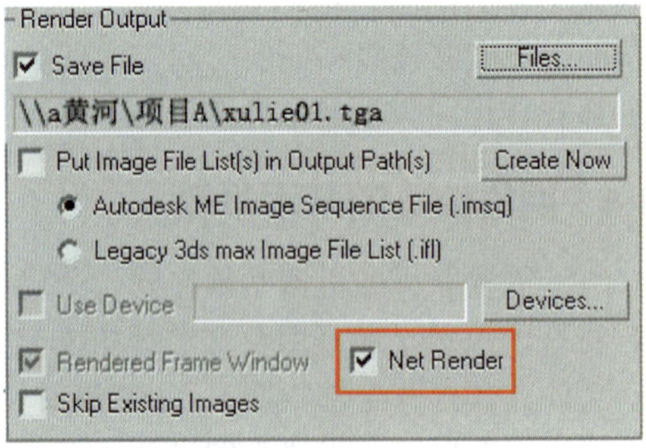

图 8-8

（5）执行渲染后出现对话框，进行命名设置以便于管理（最好英文或拼音），然后单击“Connect”按钮，设置如图 8-9 所示。

单击“Connect”按钮后，出现可用的网络机器名称，如图 8-10 所示。

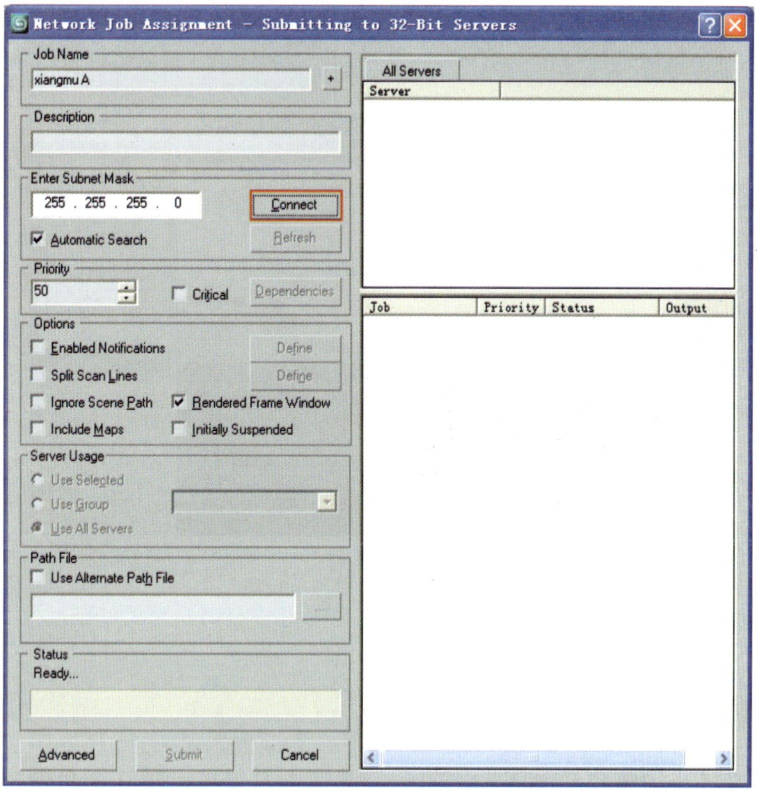

图 8-9

图 8-10

可以看到两台计算机的渲染服务已经准备就绪，右边出现了绿色的两台机器，代表可用。然后单击“Submit”按钮，过一会就开始自动进行网络渲染了，如图 8-11 所示。

提示：设置两台机器和多台机器联机道理是一样的，（在局域网连接没有问题的情况下）只需要设置一台机器作为服务器，建立一个共享文件夹，它的主要任务是负责渲染的序列存放，管理机器可以随意选择，设置好后可以把 3ds max 关掉，打开 Server 参加渲染工作。

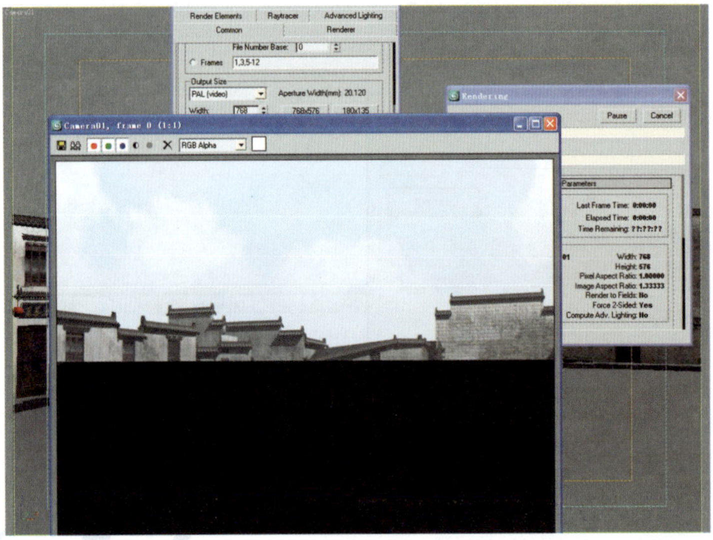

图 8-11

8.2 渲染闪烁问题分析

在渲染输出时，经常会遇到闪烁的问题，其原因有很多，现在简单分析一下：场景中有大量的细节的时候，非常容易产生闪烁的问题；贴图的分辨率过低也可以导致闪烁；渲染设置采样过低同样会导致闪烁。

解决办法：

（1）提高图像采样。设置合适的抗锯齿的过滤方式，可以合理地解决闪烁问题。图像采样的提高会成倍地增加渲染时间，如果更改抗锯齿的过滤方式，有时会减少一些时间，可以根据不同的要求进行设置。

（2）增加渲染尺寸。例如，原来渲染需要尺寸为 720×405，现在改为 1440×810，这样也可以解决闪烁问题，但增加了渲染时间。

（3）提高全局超级采样。这个设置只对 3ds max 的 Scanline 有效，启用后也可以解决闪烁问题。

8.3 分层渲染

分层渲染是非常实用的一种渲染方法，它可以为合成提供可控性较高的素材，有利于合成部门校色，这在 CG 电影、电影制作上是很普遍的。当然它也有很多优点，如一个复杂的场景，可以分成不同的 layers 渲染，也可以省下一些 memory（记忆体）；在后期里可以更容易控制不同的 layers & passes，而不需要再进行 3D 渲染，也可以个别调教偏色、增加特效等。下面结合实例讲解一下分层的渲染输出方法，具体的合成步骤可参考合成方面的书籍。

（1）打开要渲染的场景。这个场景很简单，只用了 3ds max 默认的标准几何形体搭建，如图 8-12 所示。

图 8-12

打开渲染面板选择“Renderer Elements（渲染要素）”选项卡，在这里可以对场景物体进行要素渲染设置，如图 8-13 所示。

- Elements Active（元素激活）：只有该项激活时，才可以进行元素渲染。
- Display Elements（显示元素）：该项用于控制在渲染时是否显示渲染的图像结果。
- Add ：添加可选元素类型。
- Merge：合并元素类型。
- Delete：删除选择的元素。

（2）这个场景已经设置好灯光、材质、摄像机和渲染设置（这里选用 mental ray 渲染器），也就是说，只有在前面的流程完成后才进行元素渲染，它是 3D 环节中最后一个步骤。单击“Add”按钮，出现备选对话框，如图 8-14 所示。

图 8-13

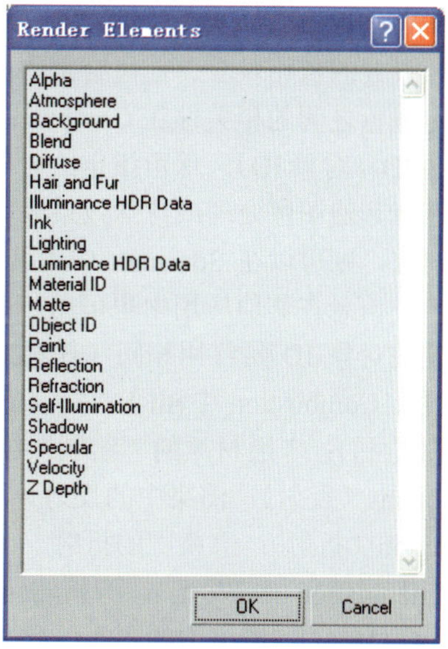

图 8-14

在备选对话框中，可以选择的元素很多，现在来了解一下它们。

- Alpha：场景中“Alpha”通道或透明度的灰度表示。透明的像素呈现为白色（值为 255），不透明的像素呈现为黑色（值为 0）。半透明的像素呈现为灰色，像素越暗，透明度越高。
- Atmosphere（大气）：渲染中的大气效果。
- Background（背景）：场景的背景。其他元素不包括场景背景。如果要在合成中使用背景，可以包括此元素。该选项不会修改几何体的背景，因此，元素应在背景进行合成。
- Blend（混合）：前面元素的自定义组合。
- Diffuse（漫反射）：渲染的漫反射组件。
- Hair and fur（头发和毛发）：由“头发和毛发”修改器创建渲染的组件。
- Illuminance HDR Data（照度 HDR 数据）：生成一个包含 32 位浮动点数据的图像，该数据可用于分析照在与法线垂直的曲面上的灯光量。照度数据忽略材质特性，如反射比和透射比。
- Ink（墨水）：卡通材质的“墨水”组件（边界）。
- Lighting（照明）：场景中直接和间接灯光以及阴影的效果。
- Luminance HDR Data（亮度 HDR 数据）：生成一个包含 32 位浮动点数据的图像，该数据在曲面材质“吸收”灯光之后可用于分析曲面所接收的亮度。亮度数据考虑材质特性，如反射比和透射比。为获得最佳效果，请使用 mental ray 或支持 32 位浮动点输出的其他渲染器进行渲染，并将输出格式设置为 PIC、HDR 或 EXR。如果使用扫描线或不支持 32 位浮动点输出的其他渲染器，则设置“比例因子”参数作为增强输出数据调整值的范围。
- Material ID（材质 ID）：保留指定给对象的材质 ID 信息。此信息在对其他图像处理或特殊效果应用做出选择时非常有用，如“Autodesk Combustion”。例如，可以选择“Combustion”中具有给定材质 ID 的所有对象。材质 ID 与用户为具有材质 ID 通道的材质设置的值相对应。任何给定的材质 ID 始终用相同的颜色表示。特定材质 ID 和特定颜色之间的相关性在 Combustion 中相同。
- Object ID（对象 ID）：保留指定给对象的 ID 信息。与材质 ID 很相似，对象 ID 信息用于选择其他图像处理或特殊效果应用中基于 ID 的对象。如果知道之后要一次选择几个对象，则可以在 3ds max 中为其指定所有相同对象 ID。通过使用对象 ID 进行渲染，此信息在其他应用中也可用。可以在“对象属性”对话框中指定对象 ID。任何给定的对象 ID 始终用相同（任意）的颜色表示。特定材质 ID 和特定颜色之间的相关性在 Combustion 中相同。
- Paint（绘制）：卡通材质的“绘制”组件（曲面）。
- Reflections（反射）：渲染中的反射。
- Refraction（折射）：渲染中的折射。
- Self-Illumination（自发光）：渲染的自发光组件。
- Shadow（阴影）：渲染中的阴影。此元素只保存黑白阴影。

注意：mental ray 渲染器不包含由“阴影”渲染元素输出中的全局照明和最终聚集创建的阴影。

- Specular（高光反射）：渲染高光反射组件。
- Velocity（速率）：可在其他应用中使用的运动信息，如创建运动模糊或重新调整动画。
- Z Depth（Z 深度）：场景内对象的 Z 深度或视图内深度的灰度表示。最近的对象呈现为白色，而场景的深度呈现为黑色。中间的对象呈现为灰色，颜色越暗，视图内对象的深度就越深。

在渲染一个或多个元素时，同时也生成一个正常的完整渲染。实际上，元素渲染是在同一渲染通道期间生成的，因此渲染元素耗费很少额外的渲染时间。

只有使用默认的扫描线渲染器或mental ray 渲染器进行生产渲染时，“渲染到元素”才可用。

注意：默认的扫描线渲染器最多可以支持每场景 32 个渲染元素，而 mental ray 渲染器没有限制渲染元素的数目。如果使用第三方渲染器，对于渲染元素数目可能有限制。

使用默认的扫描线渲染器时，必须启用“抗锯齿”，以便渲染元素。禁用“抗锯齿”之后，将禁用渲染元素。

提示：虽然渲染元素很多，但不一定都选择，可以根据需要进行选择，常用的一般在 10 种以内，因为有些元素的作用和功能是重复或相似的，没有必要时不选，如果渲染元素过多反而会加重合成部门的负担，效果不一定好。所以作为渲染工作者，一定要了解合成的需要是什么，这样才会提高工作效率。

现在开始为场景设置渲染元素，根据正常渲染时场景的元素类型进行设置。场景中有金属材质、玻璃材质、单颜色物体，那就意味着有漫反射、反射、折射、高光、阴影、Z 深度，这些也是最常用的元素设置，如图 8-15 所示，也可以加入一个“对象 ID”。

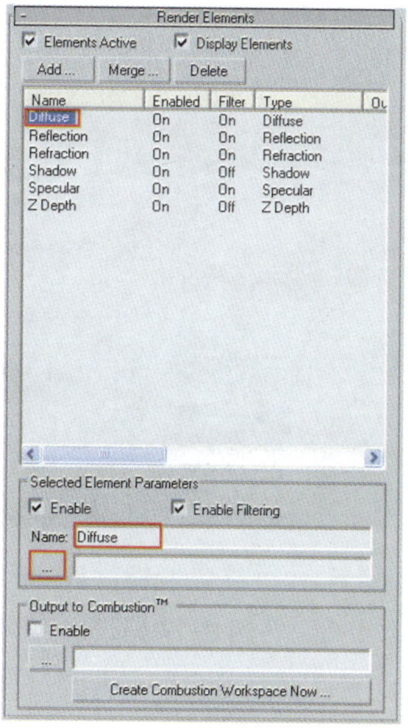

图 8-15

接着设置渲染输出路径。这里的输出路径要一一设置，如图 8-15 所示，选择“Diffuse”，在下面的“Name”栏中进行命名（一般只加前缀或后缀即可，不完全改变元素的默认名字，这样易于识别），然后单击 ... 指定路径，每一个元素都要指定好，不然渲染的序列会丢失，那就浪费时间了。设置好后执行渲染。

（3）渲染结果如图 8-16 所示。

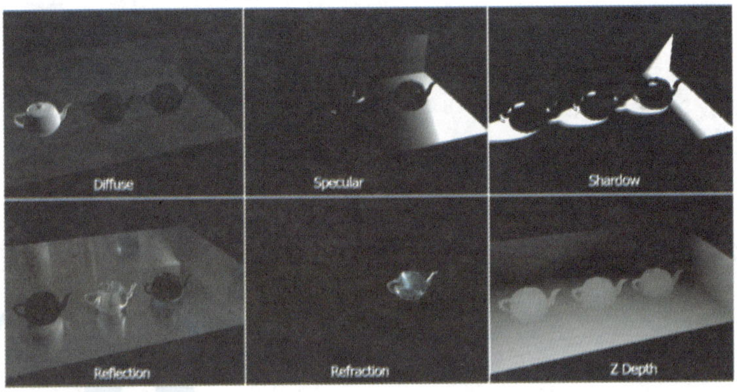

图 8-16

提示：有些渲染元素渲染后只在“Alpha”通道显示，所以当渲染完成后，查看通道即可。

用这 6 个元素在后软件中进行合成后，得到结果如图 8-17 所示。

图 8-17

反侵权盗版声明

举报电话：（010）88254396；（010）88258888
传　　真：（010）88254397
E-mail：dbqq@phei.com.cn
通信地址：北京市海淀区万寿路 173 信箱
　　　　　电子工业出版社总编办公室
邮　　编：100036